高等职业教育"互联网+"新形态一体化教材

U0367421

动力电池梯次利用技术

主　编　胡敏艺　　蒋光辉

副主编　欧阳全胜　易振鸿

参　编　葛建华　　赵群芳　　张淑琼

　　　　　王　嫦　　江名喜　　智福鹏

机械工业出版社

本书介绍了新能源汽车退役动力电池梯次利用技术，主要内容包括动力蓄电池概述，新能源汽车动力蓄电池及其管理技术，废旧动力蓄电池回收，动力蓄电池拆解，单体蓄电池筛选，动力蓄电池重组、系统集成及应用，废旧失效电池资源化利用。本书采用项目—任务形式编写，结构清晰，图文并茂，贴近企业生产实际，符合高等职业教育教学特点。

本书可作为高等职业院校储能材料、新能源汽车、化学、环境等相关专业的教材，也可供动力蓄电池上下游企业的从业者学习参考。

为方便教学，本书配套电子课件、电子教案、动画视频（二维码形式）等资源，选择本书作为授课教材的教师可登录 www.cmpedu.com 注册并免费下载。

图书在版编目（CIP）数据

动力电池梯次利用技术/胡敏艺，蒋光辉主编. —北京：机械工业出版社，2023.6（2024.8 重印）
高等职业教育"互联网+"新形态一体化教材
ISBN 978-7-111-73059-0

Ⅰ.①动… Ⅱ.①胡… ②蒋… Ⅲ.①电动汽车-蓄电池-永续利用-高等职业教育-教材 Ⅳ.①U469.720.3

中国国家版本馆 CIP 数据核字（2023）第 069753 号

机械工业出版社（北京市百万庄大街 22 号　邮政编码 100037）
策划编辑：赵红梅　　　　　　　责任编辑：赵红梅　王宗锋
责任校对：郑　婕　赵文婕　　　封面设计：马若濛
责任印制：张　博
北京建宏印刷有限公司印刷
2024 年 8 月第 1 版第 2 次印刷
184mm×260mm · 14 印张 · 337 千字
标准书号：ISBN 978-7-111-73059-0
定价：58.00 元

电话服务　　　　　　　　　　网络服务
客服电话：010-88361066　　机　工　官　网：www.cmpbook.com
　　　　　010-88379833　　机　工　官　博：weibo.com/cmp1952
　　　　　010-68326294　　金　书　网：www.golden-book.com
封底无防伪标均为盗版　　　机工教育服务网：www.cmpedu.com

前 言

随着汽车电动化的兴起，新能源汽车的产销量快速增长，我国从电动汽车上退役下来的废旧动力电池（即动力蓄电池）达到数万吨/年，而且其数量将逐年增多。动力电池的制造标准要求很严格，从电动汽车上退役下来的动力电池仍然具有很高的安全性和电性能，并没有完全失去使用价值，可以根据电池容量的不同，将它们再利用在储能、供电基站、低速电动车、电动自行车及路灯照明等要求较低的场合。对于无法再作为电池使用的报废电池，还可以将其中的有用组分提取出来，重新用作新电池的制造原料，这就是动力电池的梯次利用。废旧动力电池的梯次利用是提升电池使用效益的重要手段，是环境保护的需要，是实现循环经济的需要。

贵州轻工职业技术学院联合中伟新材料股份有限公司、湖南有色金属职业技术学院及兰州资源环境职业技术大学编写了本书。本书紧密结合我国新能源汽车退役动力蓄电池梯次利用技术的发展现状与趋势，将理论基础与实践应用完美融合。在编写过程中，参考最新资讯，结合专业知识和技能，将素质教育渗透到每一个章节中，以"润物细无声"的方式对学生的世界观、人生观、价值观进行正确引导。

本书采用项目—任务形式编写，共有7个项目、21个任务，具体内容包括动力蓄电池概述，新能源汽车动力蓄电池及其管理技术，废旧动力蓄电池回收，动力蓄电池拆解，单体蓄电池筛选，动力蓄电池重组、系统集成及应用，以及废旧失效电池资源化利用。

本书配套立体化教学资源，包含PPT、学习工作页、习题和电子教案等，并可通过扫描二维码观看微课及动画教学资源，方便教师授课和学生自学。

本书内容结构清晰、深入浅出、图文并茂、通俗易懂，贴近企业实际工作，符合高等职业教育教学特点，注重理论与实操相结合。本书可作为高等职业院校储能材料、新能源汽车、化学、环境相关专业的教材，根据各专业不同，建议学时为36~72学时。

本书由贵州轻工职业技术学院胡敏艺、蒋光辉任主编，贵州轻工职业技术学院欧阳全胜、中伟新材料股份有限公司易振鸿任副主编；贵州轻工职业技术学院葛建华、赵群芳、张淑琼、王嫱，湖南有色金属职业技术学院江名喜，兰州资源环境职业技术大学智福鹏参与编写。本书各部分内容的编写分工如下：欧阳全胜和王嫱编写项目一，胡敏艺和蒋光辉编写项目二和项目三，张淑琼和葛建华编写项目四，蒋光辉和江名喜编写项目五，赵群芳和欧阳全

胜编写项目六，易振鸿和智福鹏编写项目七。全书由胡敏艺和蒋光辉补充修改并统稿。

在编写本书的过程中，编者得到了行云新能科技（深圳）有限公司的技术支持，在此表示感谢！

由于编者水平有限，书中难免有错漏与不足之处，恳请广大读者批评、指正，以便再版时修正。

编　者

二维码索引

（续）

页码	名　称	图形	页码	名　称	图形
129	锂离子电池的材料体系与特点		195	电芯的分解方法	
138	单体电池的容量、内阻、循环寿命检测		199	电解液的处理方法	
151	电池管理系统（BMS）的工作原理与测试		200	极片的处理方法	
172	单体电池的测试与配对、模组与总成的组装与测试		205	电池材料废弃物回收利用的工艺流程	
193	电池材料的分类方法				

目 录

参考文献

动力蓄电池概述

任务一 初识动力蓄电池

学习目标▶

> **知识目标**
1. 了解动力蓄电池的发展进程。
2. 了解动力蓄电池的结构和工作原理。
3. 了解动力蓄电池的分类和应用。

> **技能目标**
1. 具备正确认知动力蓄电池种类的能力。
2. 具备了解动力蓄电池结构和工作原理的能力。

> **素养目标**
1. 通过了解动力蓄电池的发展历史，培养学生勇于创造的科学精神。
2. 通过小组讨论各类动力蓄电池的优缺点，培养学生辩证分析的思维能力。
3. 通过古迪纳夫的案例，培养学生对待工作精益求精的匠心精神。

任务导入▶

　　从第一代铅酸蓄电池开始，动力蓄电池已经历多次更迭：从铅酸蓄电池到碱性动力蓄电池，从碱性动力蓄电池到锂离子动力蓄电池……时至今日，我们已能在市场上看到各种各样的动力蓄电池，它们的结构、工作原理、应用途径也不尽相同。如果要了解退役动力蓄电池的回收与梯次利用技术，那么我们也需要了解一下动力蓄电池的相关知识。你了解动力蓄电池的种类、结构和发展历史吗？

相关知识▶

　　电动汽车的三大核心部件是电池、电机和电控，如图 1-1 所示。其中，电池是核心，相当于传统燃油汽车的油箱，存储的电能相当于汽油，为电动汽车行驶提供能量。因此，电池一直以来被视为电动汽车发展的标志性技术，其成本占整车成本的 30%以上。

无论是动力性、平顺性还是舒适度，电动汽车都不比燃油汽车差，甚至优于燃油汽车。而从销量上来看，电动汽车还是远远低于燃油汽车。除了价格的原因，电动汽车的不足集中反映在续驶里程太短和顾客对其安全性有顾虑这两个方面。造成这样的差距，主要原因是电动汽车三大核心部件中的电池。电动汽车对动力蓄电池系统的需求，如图 1-2 所示。

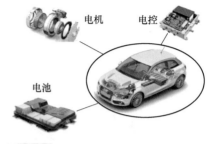

图 1-1　新能源汽车的三大核心部件

图 1-2　电动汽车对动力蓄电池系统的需求

一、动力蓄电池的定义和类型

蓄电池是一种电化学储能体系，其能量贮存和释放是通过两个电极的电化学反应实现的，并且伴随着化学能与电能的相互转换。动力蓄电池是为交通运输工具提供动力来源的电源，通常指为电动两轮车、电动三轮车、微型电动车、新能源汽车等提供动力的蓄电池。动力蓄电池的类型主要有铅酸蓄电池、镍氢电池、镍镉电池、锂离子蓄电池、钠硫电池、钠/氯化镍电池等。理想的电动汽车动力蓄电池需要具有安全性好、绿色环保、能量密度高、功率密度高、循环寿命长、成本低等特点。

二、动力蓄电池发展历史

动力蓄电池是纯电动汽车驱动能量的唯一来源，直接关系到纯电动汽车的动力性能、续驶能力和安全性。从成本构成看，动力蓄电池系统占据了纯电动汽车总体成本的 30% 以上。根据动力蓄电池的使用特点、要求、应用领域不同，国内外动力蓄电池的研发历史大致如下。

1. 第一代动力蓄电池

第一代动力蓄电池为铅酸蓄电池，主要是阀控密封式铅酸蓄电池，其优点是大电流放电性能良好，价格低廉、资源丰富、退役电池回收率高。缺点是质量比能量低，主要原材料（铅）有污染。

2. 第二代动力蓄电池

第二代动力蓄电池为碱性蓄电池，如镍镉电池、镍氢电池。镍镉电池因存在镉污染问题,已被欧盟各国禁用,镍氢电池的性价比明显比铅酸蓄电池高,是目前混合动力汽车(Hybrid Electric Vehicle,HEV)的主要动力蓄电池。镍氢电池具有良好的耐过充、过放能力,不存在重金属污染问题,而且在工作过程中不会出现电解质溶液(简称电解液)增减现象,可以实现密封设计和免维护设计,具有比铅酸蓄电池更优的比能量、比功率及循环寿命。

3. 第三代动力蓄电池

第三代动力蓄电池为锂离子蓄电池,它的能量密度高于阀控式密封铅酸蓄电池和镍氢电池,质量比能量达到 $200W·h/kg$,且单体电压高(3.6V),除安全问题外,是最具竞争力的动力蓄电池。锂离子蓄电池具有相对较高的工作电压和较大的比能量,是镍氢电池的3倍。锂离子蓄电池的体积小、质量小,循环寿命长、自放电率低、无记忆效应,且无污染。电动汽车用锂离子蓄电池是在一次性锂电池基础上发展起来的,是目前纯电动汽车用动力蓄电池研发的主要方向。

4. 第四代动力蓄电池

第四代动力蓄电池为质子交换膜燃料电池和直接甲醇燃料电池,属于电化学发电装置,其特点是无污染,放电产物为 H_2O。燃料电池是一种将存在于燃料与氧化剂中的化学能直接转化为电能的发电装置。将燃料和空气分别送进燃料电池,电就产生了。它有正负极和电解质等,像一个动力蓄电池,但实际上是一个"发电厂"。

三、铅酸蓄电池

1. 铅酸蓄电池的发展历史

铅酸蓄电池是由法国物理学家加斯顿·普兰特(Gaston Plante)于1859年发明的,是第一种商业化应用的可充电电池。图1-3为普兰特制作的原始铅酸蓄电池模型。以往的铅酸蓄电池是开口式的富液式电池,电池不能卧放,电解液需要经常通过加水、加酸和调整酸的密度等进行较复杂的维护。1957年,德国阳光公司(Sonnenschein)发明了胶体电解质技术。1971年,美国盖茨(Gates)公司发明了吸液式超细玻璃棉隔板(Absorbent Glass Mat,AGM)技术,从实践上解决了电池内部氧气的复合循环问题,使铅酸蓄电池实现了密封、不漏液的梦想。目前,作为车载动力的铅酸蓄电池大都是阀控式密封铅酸蓄电池,如图1-4所示。

图1-3 原始铅酸蓄电池模型　　　图1-4 阀控式密封铅酸蓄电池

国外已有公司推出了超级电池和Pb-C电池产品,如图1-5所示。这种电池在高倍率放电(HRPSoC)下的循环寿命比传统铅酸蓄电池高出5倍以上,与镍氢电池相当,但价格只有镍氢电池的 1/3。

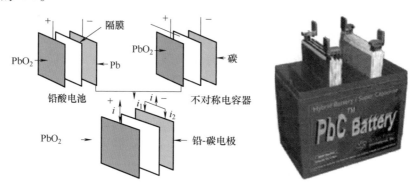

图 1-5　超级电池和 Pb-C 电池

回顾铅酸蓄电池 160 多年（1859—2022 年）的发展历史，技术进步是铅酸蓄电池能够持续发展的动力，见表 1-1。

表 1-1　铅酸蓄电池的主要技术发展

年　　份	主　要　技　术
1881	Faure 成功研制出涂膏式极板
	Swan 发明了板栅，可代替平板铅片
	Sellon 成功研制出 Pb-Sb 板栅合金并沿用至今
1882	Tribe 和 Gladstone 提出了铅酸蓄电池电极反应的双极硫酸盐化理论
	Tudor 在卢森堡建立了第一座铅酸蓄电池厂
1890	Phillipart 和 Woodward 发明了管式正极
1935	Haring 和 Thomas 成功研制出 Pb-Ca 板栅合金
1938	A. Dassler 提出了气体复合原理，为密封铅酸蓄电池奠定了理论基础

2. 铅酸蓄电池的结构和工作原理

（1）铅酸蓄电池的结构　阀控式铅酸蓄电池（Valve Regulated Lead Acid Battery，VRLA 电池）具有以下特征：

1）VRLA 电池的内部与周围大气之间没有连续的气体交换通道；

2）VRLA 电池不能做到完全密封，而必须安装一个阀，甚至在正常条件下，阀也会打开以释放气体。

图 1-6 为 6V 铅酸蓄电池的结构。它由 3 个相同的单格电池组成。每个单格电池的电压为 2V，用跨桥连接条把 3 个单格串联起来，便组成了一个 6V 铅酸蓄电池。

（2）铅酸蓄电池的工作原理　双极硫酸盐化理论至今仍然是铅酸蓄电池充、放电反应的

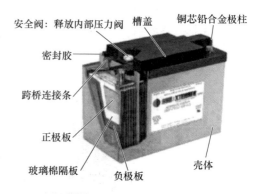

图 1-6　6V 铅酸蓄电池的结构

理论基础。在放电状态下，铅酸蓄电池正极的主要成分为二氧化铅，负极的主要成分为铅；充电状态下，正极、负极的主要成分均为硫酸铅。充放电反应如下：

$$\text{负极反应：} \quad Pb+SO_4^{2-} \underset{充电}{\overset{放电}{\rightleftharpoons}} PbSO_4+2e^- \tag{1-1}$$

$$\text{正极反应：} \quad PbO_2+2H_2SO_4+2e^- \underset{充电}{\overset{放电}{\rightleftharpoons}} PbSO_4+2H_2O \tag{1-2}$$

$$\text{电池反应：} \quad Pb+PbO_2+2H_2SO_4 \underset{充电}{\overset{放电}{\rightleftharpoons}} 2PbSO_4+2H_2O \tag{1-3}$$

目前，铅酸蓄电池最大的改良是采用高效率氧气重组技术完成水分再生，借此达到完全密封、不需要加水的目的，从而制成"免加水电池"。这种电池的寿命可长达 4 年（单一极板电压为 2V）。密封 VRLA 电池的氧复合原理如图 1-7 所示。

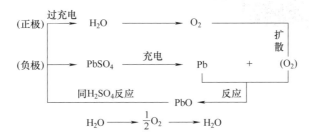

图 1-7　密封 VRLA 电池的氧复合原理

四、镍氢电池

1. 镍氢电池的发展历史

镍氢（Ni-MH）电池是由荷兰菲利浦公司于 1985 年首先研制成功的。镍氢电池的诞生应该归功于储氢合金的发现，储氢合金在一定的温度和压力条件下可吸放大量氢。其中，有些储氢合金可在强碱性电解液中反复充放电并长期稳定存在，从而成为一种新型的电池负极材料。在此基础上，镍氢电池被发明出来。

随着电子、通信、电动汽车、新能源等产业的发展，Ni-MH 电池的应用领域不断扩大，容量大、污染小、寿命长的绿色 Ni-MH 电池仍是 21 世纪应用最广的高能电池之一。目前，商品化效果最好的丰田 Prius HEV 使用的就是 Ni-MH 电池，如图 1-8 所示。截至 2021 年 7 月，丰田 Prius HEV 的销售量已超过 2000 万辆。

图 1-8　丰田 Prius HEV 采用的镍氢电池单元

2. 镍氢电池的结构和工作原理

（1）镍氢电池的结构　圆柱形镍氢电池及其结构如图1-9所示。

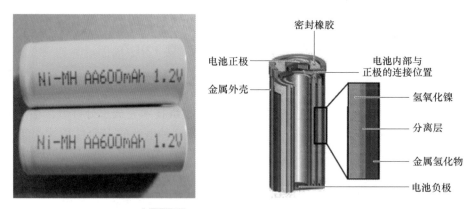

图1-9　圆柱形镍氢电池及其结构

（2）镍氢电池的工作原理　镍氢电池是一种碱性电池，其正极材料是氢氧化镍 Ni $(OH)_2$，负极材料采用由储氢材料作为活性物质的氢化物电极，即储氢合金（MH），电解质为氢氧化钾水溶液，充放电时的电化学反应如下。

① 充电时

正极反应：　　　　　$Ni(OH)_2 + OH^- = NiOOH + H_2O + e^-$　　　　　　（1-4）

负极反应：　　　　　$M + H_2O + e^- = MH + OH^-$　　　　　　　　　　（1-5）

总反应：　　　　　　$M + Ni(OH)_2 = MH + NiOOH$　　　　　　　　　（1-6）

② 放电时

正极反应：　　　　　$NiOOH + H_2O + e^- = Ni(OH)_2 + OH^-$　　　　　　（1-7）

负极反应：　　　　　$MH + OH^- = M + H_2O + e^-$　　　　　　　　　　（1-8）

总反应：　　　　　　$MH + NiOOH = M + Ni(OH)_2$　　　　　　　　　（1-9）

式中，M 代表储氢合金；MH 代表吸附了氢原子的金属氢化物。

如图1-10所示，镍氢电池的工作原理：充电时，正极的 $Ni(OH)_2$ 转变为 $NiOOH$，负极则发生水分解反应，合金表面吸附氢，生成氢化物。放电过程是充电过程的逆反应，即正极的 $NiOOH$ 转变为 $Ni(OH)_2$，负极的储氢合金脱氢，在表面生成水。

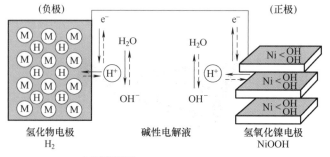

图1-10　镍氢电池工作原理

五、锂离子蓄电池

1. 锂离子蓄电池的发展历史

2019 年的诺贝尔化学奖颁给了约翰 B·古迪纳夫（JohnB. Goodenough）、斯坦利·威廷汉（M. StanleyWhittingham）和吉野彰（Akira Yoshino），以表彰他们"开发锂离子蓄电池"的贡献，如图 1-11 所示。20 世纪 70 年代初，M. 斯坦利·威廷汉在开发首个功能性锂电池时就利用了锂的巨大动力来释放其外部电子。约翰 B·古迪纳夫将锂电池的潜力提高了一倍，为功能更强大、更有用的电池的出现创造了合适的条件。吉野彰成功地从电池中去除了纯锂，取而代之的是比纯锂更安全的锂离子。这使得锂离子蓄电池在实践中取得了较大的进步。根据正极材料的不同，锂离子蓄电池可分为钴酸锂电池、锰酸锂电池、磷酸铁锂电池和三元锂电池等，实物如图 1-12 所示。

图 1-11 古迪纳夫（左）、威廷汉（中）和
吉野彰（右）

图 1-12 锂离子蓄电池实物

2. 锂离子蓄电池的主要种类

（1）钴酸锂电池 钴酸锂电池（见图 1-13）是运用最早的锂电池，容量密度大是其优点，但安全性、稳定性差，在数码电子领域应用较广。因其安全性、稳定性差，钴酸锂电池并不适用于大多数新能源汽车，但其超强续航能力获得了特斯拉（Tesla）的青睐。特斯拉的部分车型采用的就是钴酸锂电池。

（2）锰酸锂电池 锰酸锂电池是目前主流的动力蓄电池，其综合能力出色，如图 1-14 所示。这种电池的容量密度适中、价格便宜，且安全环保，得到众多新能源汽车企业的青睐。

图 1-13 钴酸锂电池

图 1-14 锰酸锂电池

（3）磷酸铁锂电池　磷酸铁锂电池在国内新能源汽车中应用广泛，其最大优点是安全性、稳定性高和寿命长，但其能量密度较低且续航能力低。比亚迪 E6、比亚迪秦等采用的就是磷酸铁锂电池。2020 年 3 月，比亚迪发布了"刀片电池"，其中使用了磷酸铁锂电池，如图 1-15 所示。"刀片电池"通过结构创新，大幅提高了体积利用率，最终达成在同样的空间内装入更多电芯的设计目标，能量密度得以提高。

图 1-15　磷酸铁锂电池

（4）三元锂电池　三元锂电池是近期兴起的新型锂电池，如图 1-16 所示。这种电池的正极材料是用镍钴锰或镍钴铝按一定比例混合搭配而成，其优点是能量密度大、续航能力强，但其安全性能略差（优于钴酸锂电池）。国内电池企业宁德时代以生产三元锂电池为主，市面上中高端乘用车几乎全部采用了三元锂电池，如蔚来 ES8、北汽 EU450 等。

图 1-16　三元锂电池

六、燃料电池

1. 燃料电池的发展历史

截至 2022 年年底，全球主要国家燃料电池汽车总保有量达 6 万多辆，主要以燃料电池乘用车为主。美国是目前燃料电池汽车的主要市场，燃料电池汽车保有量占比达 45.5%。燃料电池已进入实用化阶段，除了汽车领域，在其他领域也发挥着较大的优势和作用。

2. 燃料电池的结构和工作原理

以燃料电池中最典型的质子交换膜燃料电池为例，如图 1-17 所示。质子交换膜主要起隔绝正极、负极的作用，相当于蓄电池中的隔膜和电解质。质子交换膜紧邻的催化剂层，是将燃料和氧化剂分开进行电化学反应的场所，是整个电池的核心。催化剂层外是扩散层，该层既有收集电流的作用，也是气体扩散和电流通道。

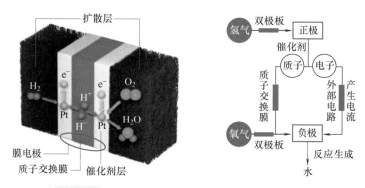

图 1-17　质子交换膜燃料电池的结构和工作原理

电池工作时，电池内部的负极供给燃料（氢气），正极供给氧化剂（空气中的氧气）。氢气在覆盖有催化剂的质子交换膜作用下，在负极被催化、分解成质子（氢离子）和电子，氢离子穿过质子交换膜到达到正极。而电子不能通过质子交换膜达到正极，只能沿外部电路移向正极，电子在外电路形成直流电。在正极上，空气中的氧气与电解液中的氢离子吸收抵达正极的电子，从而形成水并释放热量。氢氧燃料电池（酸性介质）的电极反应如下：

正极反应：　　　　　　　　$O_2 + 4H^+ + 4e^- = 2H_2O$　　　　　　　　（1-10）

负极反应：　　　　　　　　$2H_2 - 4e^- = 4H^+$　　　　　　　　　　（1-11）

总反应式：　　　　　　　　$2H_2 + O_2 = 2H_2O$　　　　　　　　　（1-12）

用电的负载就接在燃料电池的外部电路中。因此，只要源源不断地向燃料电池正极和负极供给氢气和氧气（空气），就可以向外部电路中的负载连续地输出电能。

七、4 种动力蓄电池性能比较

每种电池都有自身的特性，不同的电池性能决定了其应用的领域，没有一种电池能够满足所有的用途。在既定的应用领域内，也会出现根据不同的使用要求而同时存在不同电池的情况。各类动力蓄电池的性能比较和优缺点见表 1-2 和表 1-3。

表 1-2　动力蓄电池的性能比较

电池类型	比能量/(W·h/kg)	比功率/(W/kg)	循环寿命/次	成本/(USD/kW·h)
铅酸蓄电池	30～45	200～300	400～600	150
镍氢电池	60～80	160～1350	600	150
锂离子蓄电池	90～130	250～450	800～1200	230
燃料电池	60～80	300～350	/	1500～2000

表 1-3　各类动力蓄电池的优缺点

电池类型	优　　点	缺　　点
铅酸蓄电池	成本低、无记忆效应、安全稳定性好、大电流放电性能好、高低温放电性能好	质量大、循环寿命短、充电时间长、富液式电池存在一定污染
镍氢电池	比能量高、充电时间短、无记忆效应、无铅镉污染、耐过充/过放电能力强	成本较高、循环寿命短、自放电率较高、高低温放电性能差
锂离子蓄电池	质量小、比能量高、循环寿命长、无记忆效应、充电时间短	成本较高、安全性能较差、大电流放电性能差
燃料电池	节能环保、行驶里程长、运行质量高、能量转化率高	成本高、安全性能差、燃料种类单一、要求高质量的密封、需要配备辅助电池系统

任务实施 ▶

一、任务准备

1. 进行任务分组，每 5~8 个人为一组。
2. 进行任务分工。

二、实施步骤

步骤 1：以小组为单位，查阅教材内容，利用互联网、相关书籍、文献等，对铅酸蓄电池的应用进行学习了解，并完成表 1-4。

表 1-4　铅酸蓄电池的应用

序号	应 用 领 域	优　　点	缺　　点
1			
2			
3			

步骤 2：请结合教材内容，整理锂离子蓄电池的主要种类及应用场景，可以利用互联网、相关书籍、文献等进行资源收集和学习，并完成表 1-5。

表 1-5　锂离子蓄电池种类及应用

序号	种类	应用场景	优缺点	使用注意事项
1				
2				
3				
4				

步骤3：每个小组分别对磷酸铁锂电池的特点进行收集整理，并做好记录。完成后，小组间进行讨论，并将讨论的结果写在下面的横线上。

_____

_____

步骤4："锂离子蓄电池的特点是质量小、成本高、安全稳定性好。"请你想一想，这句话对吗？如果不对，应该怎么改正？

任务二　退役动力蓄电池梯次利用与资源化概述

学习目标▶

➢ **知识目标**

1. 了解退役动力蓄电池梯次利用与资源化的意义。
2. 了解我国关于退役动力蓄电池的相关政策。
3. 了解退役动力蓄电池的处理方法。

➢ **技能目标**

1. 具备正确选择退役动力蓄电池处理方法的能力。
2. 具备对废旧动力蓄电池回收的相关政策进行解读的能力。

➢ **素养目标**

1. 通过了解退役动力蓄电池的梯次利用与资源化，培养学生的环保意识。
2. 通过小组讨论各类废旧动力蓄电池回收处理方法的优缺点，培养学生辩证分析的思维能力。
3. 通过了解国内外废旧动力蓄电池回收企业的发展现状，培养创新意识。

任务导入▶

大量退役的动力蓄电池如果处置不当，既会给社会带来环境和安全隐患，也会造成资源浪费，同时还会制约新能源汽车产业的健康可持续发展。我国高度重视新能源汽车退役动力蓄电池的回收利用，并召开专题会议进行研究部署。推动从新能源汽车上退役动力蓄电池的回收利用，不仅有利于保护环境和社会安全，而且能有效地提高资源循环利用水平，促进我国新能源汽车产业健康发展，实现碳达峰、碳中和，对于加快绿色发展、建设生态文明和美丽中国具有重要意义。你了解目前国内外废旧动力蓄电池回收行业的概况吗？

相关知识▶

一、动力蓄电池梯次利用与资源化的定义

动力蓄电池的梯次利用是针对容量降低，致使动力蓄电池无法使新能源汽车正常运行，但是本身没有报废，仍可以在别的途径继续使用的动力蓄电池。从新能源汽车上退役的动力蓄电池，可以通过必要的检验检测、分类、拆分、电池修复或重组，作为梯次利用产品应用于其他领域，如电力储能、通信基站、后备电源等，如图1-18所示。

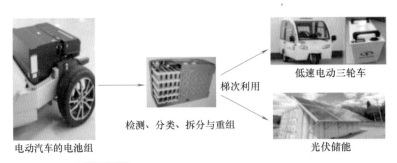

低速电动三轮车

光伏储能

电动汽车的电池组

检测、分类、拆分与重组

梯次利用

图 1-18 退役动力蓄电池的梯次利用示意图

当退役的动力蓄电池无法进行梯次利用时，则需要进行拆解回收，将电极材料、电解液、隔膜和外壳包装等进行资源化分类处理，返回生产企业进行材料再制造，如图 1-19 所示。

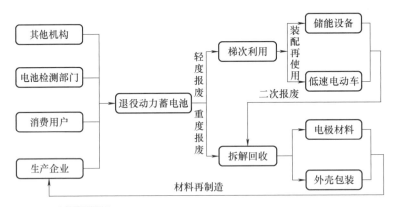

图 1-19 退役动力蓄电池的梯次利用与资源化流程

二、退役动力蓄电池的梯次利用

1. 退役动力蓄电池梯次利用的背景

据 EV Sales 网站公布的全球电动汽车（乘用车）销售数据，在全球汽车销量同比下降 14% 的背景下，2020 年全球电动汽车销量逆势上涨 41%，销量达到 312.5 万辆，市场份额达到 4%。其中，纯电动汽车的市场份额为 2.8%，插电式混合动力汽车的市场份额为 1.2%。在电动汽车市场快速增长的带动下，动力型锂离子蓄电池继续保持快速增长势头。目前，国外以三元锂电池为主，国内是三元锂电池和磷酸铁锂电池同步发展。全球动力蓄电池年新增装机量保持稳定增长，预计 2025 全球年装机量可达 623GW·h；国内年装机量可达 312GW·h。其中，三元锂电池的年装机量可达 174.5GW·h，磷酸铁锂电池的年装机量可达 137.4GW·h。

从电动汽车上退役的动力蓄电池通常具有初始容量 60%～80% 的剩余容量，并且仍具有一定的使用寿命。磷酸铁锂电池的平均寿命为 4～6 年，三元锂电池则为 2～4 年。我国于 2014 年开始普遍应用新能源汽车，因此在 2018 年迎来了首个动力蓄电池退役潮。预计到 2025 年，我国动力蓄电池退役量将达到 137.4GW·h，如图 1-20 所示。随着动力蓄电池退役潮的临近，退役动力蓄电池的梯次利用与资源化将会成为下一个"蓝海"。

单位：GW·h

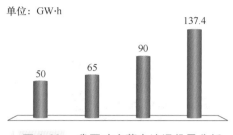

图 1-20 我国动力蓄电池退役量分析

从电动汽车上退役的动力蓄电池，经过检测、分类、重组等环节，完全可以继续满足分布式发电、微网、移动电源、应急电源、后备电源等中小型储能设备、大型商业储能及电网储能市场的使用。当退役动力蓄电池无法进行梯次利用时，则需要进行拆解回收，进行资源化处理，如图 1-21 所示。

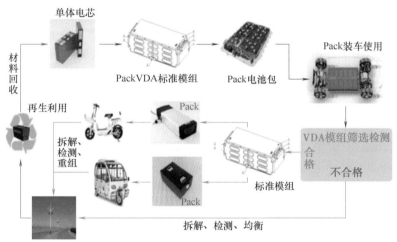

图 1-21 退役动力蓄电池的梯次利用领域

如果退役动力蓄电池梯次利用技术提高、经济成本下降，在梯次利用领域，动力蓄电池的全生命周期（见图 1-22）、使用价值将会得到充分利用，可以缓解大批量退役动力蓄电池的回收压力，同时有效减少国家相应资源的消耗量，提高资源的使用效率。

2. 退役动力蓄电池梯次利用的目标市场

目前，当动力蓄电池到了国家规定的使用寿命之后，便可以进行梯次利用，如用于供家庭、移动电源、后备电源、应急电源等的储能。退役动力蓄电池梯次利用的目标市场如图 1-23 所示。退役动力蓄电池梯次

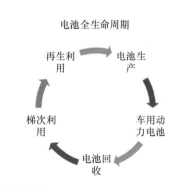

图 1-22 动力蓄电池的全生命周期

利用的主要目标如下：

1）48V 通信备份动力蓄电池，这是目前由中国铁塔股份有限公司（以下简称中国铁塔）主导的模式。

电力储能　　　　　备用电源　　　　　低速电动车　　　　家用储能　　　　电动自行车

图 1-23　动力蓄电池梯次利用的目标市场

2）太阳能分布储能电池，有益于解决分布式发电随机性波动所面临的一系列并网和调度难题。

3）直流充电站的蓄能电池，可平滑直流充电站的功率需求。

4）UPS 储能电池，这个领域与铅酸动力蓄电池的竞争，胜算不大。

5）低速电动工具市场。低速电动车与电动自行车主要采用铅酸蓄电池，虽然它价格便宜，但环境污染大。如果采用退役锂离子蓄电池，可以在价格、行驶里程和寿命之间进行更好的平衡，能快速地推动锂离子蓄电池在低速车市场的应用。

3. 退役动力蓄电池梯次利用的意义

在碳中和背景下，电动车和储能市场将快速增长，根据彭博社新能源财经在 2020 年的预测：2020—2040 年，全球电动乘用车的销售量将从 200 余万辆增至约 5500 万辆（约 3300GW·h，以 60kW·h/辆计算），是 2020 年的 27.5 倍。2020—2050 年，全球储能市场累计装机量将从约 20GW·h 增至约 1700GW·h，是 2020 年的 85 倍。退役动力蓄电池的梯次利用和回收意义主要在于环境保护、资源节省、有利可图这 3 个方面。

（1）环境保护　动力蓄电池的正极材料包含镍、钴、锰等重金属元素，这些重金属元素会对环境、水资源等造成污染；负极材料里面的碳材、石墨等会造成粉尘污染等。

（2）资源节省　动力蓄电池中含有大量的金属元素，镍、石墨等资源在我国储量较丰富，但是像钴之类的金属元素是我国稀缺的；我国的锂资源绝对含量很多，但是开采难度比较大，一般都分布在西藏、青海、四川等条件比较艰苦的矿山；盐湖中的镁和锂含量比较高，但锂的提取难度也很大。

（3）有利可图　退役动力蓄电池的梯次利用及资源化处理可商业化，因为最近几年大量汽车企业涉足电动化，动力蓄电池需求量增加，导致上游的金属材料价格非常高。2022 年初，通过市场交易数据可以了解到，金属钴的价格为 55 万元/t，金属钴镍的价格为 18 万元/t，碳酸锂的价格为 40 万元/t，金属锂的价格为 217 万元/t。

三、退役动力蓄电池回收行业的发展现状

随着动力蓄电池性能的提升、成本大幅下降且趋稳，现有的及未来的退役动力蓄电池梯次利用的价值大大提高，国内很多企业也开始在退役动力蓄电池回收和梯次利用领域布局。目前，退役动力蓄电池的梯次利用在国内外均处于研发试点阶段，但已经可以看出，新能源汽车退役动力蓄电池的梯次利用和回收是大势所趋。

1. 报废拆解是当前主流

目前，动力蓄电池的拆解回收主要集中在对正极材料的回收上，见表1-6。

表1-6 动力蓄电池正极材料回收方法对比

处理方法	内 容	优 点	缺 点
干法回收	使用机械分选法和高温热解法直接实现各类电池材料或者有价金属的回收	可回收汞、镍、锌等重金属	易造成二次污染且能耗高，不符合国家节能减排的环保政策
湿法回收	对锂电池进行破碎分选-溶解浸出-分离回收的处理过程。主要包括湿法冶金、化学萃取及离子交换3种方式	产品纯度高，化学反应选择多，对操作和设备要求低	反应速度慢，工艺复杂、成本偏高
生物回收	利用微生物浸出，将体系的有用组分转化为可溶化合物并选择性地溶解出来，实现目标组分与杂质组分分离，最终回收锂、钴、镍等有价金属	成本低，污染小，能源消耗低，微生物可重复利用	微生物菌类培养困难，浸出环境要求高

目前，国外部分企业已经实现了废旧动力蓄电池处理工业化。他们采用的技术手段不同，回收的材料以锂、钴、镍等金属为主，见表1-7。我国动力蓄电池回收企业如格林美、邦普循环等在资源再生领域深耕多年，工艺水平已经达到国际水准，见表1-8。

表1-7 国外主要废旧动力蓄电池回收企业

国 家	企业名称	回收工艺	回收材料
比利时	Umicore	高温热解	钴、镍等
美国	Retriev Technolongies	低温球磨-湿法冶金	锂、镍、钴等
法国	Recupyl	拆解-湿法、浸出-净化	铝、钴、镍、不锈钢等
日本	住友金属矿山	基于原有镍、铜冶炼工艺	镍、铜
德国	IME	热解-湿法工艺	铁、镍、钴合金、碳酸锂
日本	Mitsubishi	冷冻-热解-干法	铁、铜箔、碳酸锂等
瑞士	Batrec	破碎-高温热解	镍、钴、氧化锰等

表1-8 我国代表企业回收工艺情况

企业名称	重要工序	主要产出
格林美	液相合成和高温合成	球状钴粉
邦普循环	定向循环和逆向产品定位	镍钴锰酸锂、电池级四氧化三钴
赣锋锂业	电解法和纯碱净压法	碳酸锂和电池级氧化锂

2. 梯次利用是发展方向

目前，阻碍梯次利用发展的主要有两个技术问题，即离散整合技术和寿命检测技术。不同厂商电池的一致性较低也阻碍了我们对电池更有效地进行梯次利用。另外，在梯次利用时电池的容量、电压等会在很少的循环次数下形成断崖式下跌，内阻急剧升高，对后期使用维护造成极大困难。整体来看，目前梯次利用的投入成本仍高于采购新电池的成本，因此国内的退役动力蓄电池梯次利用仍处在试点阶段。

中国铁塔有着庞大的基站、储能布局，有足够的能力承接退役磷酸铁锂电池的梯次利用。我国政府鼓励电池企业、汽车企业与中国铁塔合作，开展动力蓄电池梯次利用试点。2018 年 7 月 25 日，工信部等七部门联合发布《关于做好新能源汽车动力蓄电池回收利用试点工作的通知》，要求扩大梯次利用试点范围，以 17 个省市和地区及中国铁塔为试点，做好新能源汽车动力蓄电池回收利用试点工作，见表 1-9。

表 1-9　我国梯次利用试点项目

国内企业	相关项目
中国铁塔	首批试点 57 个基站，运行状况良好。2017 年，中国铁塔进一步扩大试点规模，在 5 个省建立了总计 0.3GW·h 的梯次利用基站。2018 年 1 月，中国铁塔还与桑德集团等 16 家企业签订了新能源汽车动力蓄电池回收利用战略合作伙伴协议
煦达新能源	2017 年 9 月，国内首套 MW·h 级工商业梯级电池储能系统项目在江苏投运，储能系统成本低于 1 元/W·h，通过削峰填谷每天可生产 625 元/kW·h 的峰谷价差收益，预计 5 年即可收回投资成本
中航锂电	梯次利用电池已应用于中国铁塔的通信基站，并在其园区实施了太阳能储能示范项目
宁德时代	与宇通、上汽、北汽、吉利等汽车企业展开合作，回收废旧动力蓄电池，并将其改造后用于储能
比亚迪	委托授权经销商将废旧动力蓄电池运到宝龙工厂进行梯级利用，无法进行梯级利用的废电池则被运送到惠州材料工厂拆解回收

国外企业的梯次利用项目概况见表 1-10。

表 1-10　国外梯次利用项目概况

国外企业	相关项目
日产聆风（日本）	日产聆风电动车的二次电池为某体育场供电。该公司安装了一个巨大的储能系统，由 148 个日产聆风电池组组成，每小时能产生 2.8MW 能量，并从安装于体育场屋顶的 4200 多块太阳能电池板中获取能量
FreeWire（美国）	该公司推出了一款称为 Mobi 的电动汽车移动充电站。这款产品是由废旧电动车电池制成，能存储 48kW·h 的电量，超过目前市面上大部分电动汽车的电池容量
4REnergy（日本）	该公司由日产汽车与住友商事株式会社在 2010 年合资成立，致力于实现日产聆风的锂电池二次商业化利用。该公司回收日本和美国市场中日产聆风汽车的废旧电池，并将其用于住宅及商用的储能设备，目前已经推出两款储能电池产品
Younicos（欧洲）	在欧洲，Younicos 将回收的电池用来建立组合分布式能源的虚拟电池，并会参与一次调频市场的电价制定。德国博世集团利用宝马 ActiveE 和 i3 纯电动汽车的损废电池制造了 2MW/2MW·h 的大型光伏电站储能系统
特斯拉（美国）	特斯拉也对电网级储能应用、家用储能墙、太阳能储能等业务做了部署。这些未来也都是潜在的梯次利用场景

四、我国退役动力蓄电池梯次利用与资源化的相关政策

1. 我国动力蓄电池回收的相关政策

（1）第一阶段 2017 年之前，我国就提出了动力蓄电池回收要求，但相关技术规范尚不完善，回收利用体系还未建立，出台的政策为鼓励性政策，具体回收要求不是很明确，缺乏动力蓄电池回收惩罚机制，相关政策见表 1-11。

（2）第二阶段 2017—2018 年，我国初步建立了动力蓄电池回收体系，明确了汽车企业、电池企业、综合利用企业未按要求进行回收的罚则办法，相关政策见表 1-12。

（3）第三阶段 2018 年至今，我国逐渐完善了动力蓄电池回收体系，提出了动力蓄电池回收利用试点实施方案，相关政策见表 1-13。

表 1-11 我国 2017 年前的动力蓄电池回收相关政策

发布时间	政策名称	内容摘要
2006 年 2 月	《汽车产品回收利用技术政策》	提出了电动汽车企业负责回收处理其销售的电动汽车电池
2012 年 6 月	《节能与新能源汽车产业发展规划（2012—2020）》	制定动力蓄电池回收利用管理办法，建立动力蓄电池梯次利用和回收管理体系
2014 年 7 月	《关于加快新能源汽车推广应用的指导意见》	研究制定动力蓄电池回收政策，探索利用基金、押金、强制回收等方式促进动力蓄电池回收
2016 年 1 月	《电动汽车动力蓄电池回收利用技术政策（2015 年版）》	指导企业合理开展电动汽车动力蓄电池的设计、生产及回收利用工作
2016 年 12 月	《废电池污染防治技术政策》	逐步建立废旧铅酸蓄电池、废旧新能源汽车动力蓄电池等的收集、运输、贮存、利用、处理过程的信息化监管体系

表 1-12 我国 2017—2018 年间的动力蓄电池回收相关政策

发布时间	政策名称	内容摘要
2017 年 1 月	《生产者责任延伸制度推行方案》	建立电动汽车动力蓄电池回收利用体系
2017 年 1 月	《新能源汽车生产企业及产品准入管理规则》	实施新能源汽车动力蓄电池溯源信息，管理、跟踪、记录动力蓄电池回收利用情况
2017 年 1 月	《关于加快推进再生资源产业发展的指导意见》	开展新能源汽车动力蓄电池回收利用试点，建立并完善废旧动力蓄电池资源化利用的标准体系
2017 年 3 月	《促进汽车动力电池产业发展行动方案》	适时发布动力蓄电池回收利用管理办法，逐步建立并完善动力蓄电池回收利用管理体系
2017 年 5 月	《车用动力电池回收利用拆解规范》	对废旧动力蓄电池回收利用的安全性、作业程序、贮存和管理等方面进行了严格要求
2017 年 7 月	《电动汽车用动力蓄电池产品规格尺寸》	要求动力蓄电池单体、模组和电池包的规格尺寸统一，以降低动力蓄电池回收自动化拆解难度

表 1-13　我国 2018 年后的动力蓄电池回收相关政策

发布时间	政策名称	内容摘要
2018 年 2 月	《新能源汽车动力蓄电池回收利用管理暂行办法》	对在生产、使用、利用、贮存及运输过程中产生的废旧动力蓄电池的回收处理方法进行规定
2018 年 3 月	《新能源汽车动力蓄电池回收利用试点实施方案》	完善动力蓄电池回收利用体系，探索形成动力蓄电池回收利用创新商业合作模式
2018 年 7 月	《新能源汽车动力蓄电池回收利用溯源管理暂行规定》	对动力蓄电池生产、销售、使用、报废、回收、利用等全过程进行信息采集，对各环节主体履行回收利用责任的情况实施监测
2019 年 2 月	《汽车产业投资管理规定》	在动力蓄电池回收利用领域重点发展动力蓄电池高效回收利用技术和专用装备
2019 年 10 月	《新能源汽车动力蓄电池回收服务网点建设和运营指南》	提出了新能源汽车废旧动力蓄电池和报废的梯次利用电池回收服务网点建设、作业及安全环保要求
2020 年 1 月	《新能源汽车废旧动力蓄电池综合利用行业规范条件（2019 年本）》	对新能源电池企业在布局和项目选址、技术装备和工艺、资源综合利用及能耗、环境保护要求、产品质量和职业教育，以及安全生产、人身健康和社会责任等方面做出具体解释和原则要求
2020 年 4 月	《中华人民共和国固体废物污染环境防治法（2020 修订）》	车用动力蓄电池的生产者应当按照规定以自建或者委托等方式建立与产品销售量相匹配的废旧产品回收体系，并向社会公开，实现有效回收和利用
2020 年 10 月	《新能源汽车动力蓄电池梯次利用管理办法（征求意见稿）》	加强新能源汽车动力蓄电池梯次利用管理，提升资源综合利用水平，保障梯次利用电池产品的质量，保护生态环境

2. 我国地方政府动力蓄电池回收的部分政策

我国发布的动力蓄电池回收产业政策主要是对动力蓄电池回收整体进行统筹规划。各地方政府部门则根据国家政策出台了各种具体补贴措施，见表 1-14。

表 1-14　我国各地方政府动力蓄电池回收利用产业的部分政策及法律法规

发布时间	政策名称	内容摘要
2018 年 2 月	《北京市推广应用新能源汽车管理办法》	北京市经济和信息化委员会同相关部门督促生产企业落实动力蓄电池回收的主体责任
2018 年 4 月	《深圳市开展国家新能源汽车动力电池监管回收利用体系建设试点工作方案（2018—2020 年）》	实现对纳入国家和地方购置补贴范围的新能源汽车动力蓄电池的全生命周期监管，使动力蓄电池的生产、使用、贮运、回收、利用各环节规范有序，建立起较完备的动力蓄电池监管回收利用示范体系，形成在全国可复制、可推广的动力蓄电池监管回收利用经验
2018 年 9 月	《广东省新能源汽车动力蓄电池回收利用试点实施方案》	全省基本建立动力蓄电池回收利用体系，建成一批梯级利用和再生利用示范项目
2018 年 10 月	《天津市新能源产业发展三年行动计划（2018—2020 年）》	推进电池检测与回收。加快动力蓄电池编码化追溯体系建设，与回收利用企业合作，开展动力蓄电池回收利用技术开发与回收网络建设，率先建成覆盖全市、体系完善的动力蓄电池回收、交易、拆解、梯次利用网络

（续）

发布时间	政策名称	内容摘要
2018 年 12 月	《京津冀地区新能源汽车动力蓄电池回收利用试点实施方案》	结合京津冀地区新能源汽车及动力蓄电池回收利用产业发展实际和各自优势，制定试点实施方案
2019 年 3 月	《四川省新能源汽车动力蓄电池回收利用试点工作方案》	根据《关于做好新能源汽车动力蓄电池回收利用试点工作的通知》，制定新能源汽车动力蓄电池回收利用试点工作方案
2019 年 4 月	《湖南省新能源汽车动力蓄电池回收利用试点实施方案》	强化新能源汽车动力蓄电池回收主体责任，鼓励共建共享的回收网络体系

五、退役动力蓄电池的梯次利用与拆解的选择

1. 废旧动力蓄电池回收处理方法

目前，可行的废旧动力蓄电池回收处理方法主要有两种：梯次利用，即将退役的动力蓄电池作为电能的载体用于储能等其他领域，充分发挥剩余价值；拆解回收，即将退役的动力蓄电池进行放电和拆解，提炼原材料，从而实现循环利用。相对而言，梯次利用更能够发挥产品的最大价值，实现循环经济的利益最大化，是更加绿色和环保的做法。但是，梯次利用所面临的难题和挑战很多，如果不能有效解决，就难以产业化。

2. 处理方法的选择

政策引导是鼓励先梯次利用、再拆解回收，以充分发挥废旧动力蓄电池的经济效益。目前，市场上对于废旧动力蓄电池的处理主要是直接拆解，而梯次利用的量还很小。原因如下：梯次利用技术不成熟；梯次利用的成本高；梯次利用的安全性难管控；直接拆解带来的经济效应好。未来，随着我国针对电池管理的技术标准出台，对电池的跟踪检测会逐渐普及，回收技术成熟，动力蓄电池主要金属回收的经济效益会越来越好。

3. 电池拆解的难点

动力蓄电池退役时，是从车上拆解出整个电池模组（PACK）。不同的车型有不同的电池模组设计，其内外部结构设计、模组连接方式、工艺技术各不相同，意味着不可能用一套拆解流水线拆解所有的电池模组和内部模组。那么，在电池拆解方面，就需要进行柔性化的配置，将拆解流水线进行分段细化，针对不同的电池模组，在制定拆解操作流程时，尽可能地复用现有流水线的工段和工序，以提高作业效率，降低重复性投资。在拆解作业时，不可能完全实现自动化，必然存在大量的人工作业，而模组本身是高能量载体，如果操作不当，可能会发生短路、漏液等各种安全问题，容易造成起火或爆炸，导致人员伤亡和财产损失。

4. 梯次利用的难点

目前，梯次利用仍然存在很多技术难题。例如，电池包的拆卸和拆解主要为人工操作，没有自动化设备，拆解成本高；电池的健康状况和剩余容量测试流程复杂、周期长，即使通过测试也不能具体体现电池组中每个电芯的健康状况。对于整个电池组，无法测试检出电池组中的失效电芯，因此较难获取其中失效电芯的信息。由于需要考虑电池是否能进行二次利用，所以对电池组进行的安全测试较为宽松，为非破坏性的测试。对于电池生产厂商来说，新的电芯抽样测试可代表整体的安全性，但对于梯次利用而言，抽样检测结果明显不具备代

表整体的效果，所以对电池组的安全性能全面的评估还需要深入优化。在对电池进行梯级利用的过程中，筛选是一个高成本的环节，如果电池编码及剩余容量监控能够顺利推行，那么筛选过程将节省大量成本，并且可以改变当前废旧电池按吨定价的现状，进而实现按剩余容量进行交易的情景。

5. 梯次利用的案例

中国铁塔在廊坊市建立了一个新能源基站梯次电池试点。新基站综合运用了"光伏、塔、机房一体化""削峰填谷""动力蓄电池梯次利用""自发自用、余电上网""分户计量""大风量节能空调"等新技术。据称，该基站具备4大优势：光伏并网发电，自发自用，余电上网享受国家、地方补贴；开关电源集成削峰填谷、光伏接入功能，利用峰谷价差降低基站电费；采用梯次锂电池替代铅酸蓄电池，在能量密度、循环寿命、高温性能等方面具备优势；采用大风量壁挂式基站空调降低空调能耗，实现节能目的。

退役动力蓄电池可以梯次利用于通信基站、储能、低速车、路灯等多个领域，但鉴于成本、安全等多重因素，目前真正有一定应用规模的仅有中国铁塔的通信基站。中国铁塔于2015年开始探索动力蓄电池回收及循环利用，先期组织9个省的分公司、10个厂商建设了57个试验站点，其地域范围覆盖了全国大部分地区和主要的基站类型。经过近两年的跟踪可以发现，试验站点运行良好，表明梯级电池应用于通信基站领域具有良好的可行性。2018年年初，中国铁塔与重庆长安、比亚迪、银隆新能源、国轩高科、桑顿新能源等16家企业签订了新能源汽车动力蓄电池回收利用战略合作伙伴协议。

任务实施 ▶

一、任务准备

1. 进行任务分组，每5~8个人一组；
2. 进行任务分工。

二、实施步骤

步骤1：废旧动力蓄电池的回收处理方法不止一种，常见的方法有哪些？优缺点分别是什么？请每个小组通过查阅相关书籍、文献、互联网或对附近相关企业单位进行参观和咨询后，完成表1-15。

表1-15 废旧动力蓄电池的回收处理方法及优缺点

序号	废旧动力蓄电池的回收处理方法	优　　点	缺　　点
1			
2			
3			
4			

步骤 2：每个小组结合教材内容，并通过查阅相关书籍、文献、互联网，了解退役动力蓄电池可以在哪些地方进行梯次利用，并完成表 1-16。

表 1-16　退役动力蓄电池的梯次利用

序号	梯次利用领域	特　　点
1		
2		
3		

步骤 3：分小组进行讨论退役动力蓄电池梯次利用的难点，并将讨论的结果写在下面的横线上。

_____

步骤 4：分小组进行讨论，说说下列哪些说法是正确的。

A. 当前的政策引导是鼓励先梯次利用、再拆解回收，以充分发挥废旧动力蓄电池的经济效益。

B. 目前，将退役动力蓄电池进行梯次利用获得的经济效益更好。

C. 从新能源汽车上退役的动力蓄电池通常具有初始容量 50% 的剩余容量，并且仍具有一定的使用寿命。

D. 梯次利用和回收退役动力蓄电池的意义主要在于环境保护、资源节省、有利可图这 3 个方面。

▷▷▷ ▶▶▶ 项目二

新能源汽车动力蓄电池及其管理技术

任务一 | 初识锂离子蓄电池

学习目标 ▶

➤ **知识目标**

1. 了解锂离子蓄电池的构成及电池工作原理。

2. 掌握锂离子蓄电池的分类方法。

3. 了解锂离子蓄电池的优缺点。

4. 了解锂离子蓄电池的充放电特性。

➤ **技能目标**

1. 具备正确识别各种锂离子蓄电池的能力。

2. 具备阐述锂离子蓄电池主要性能的能力。

3. 具备正确使用数字万用表对锂离子蓄电池进行电压测量和正负极判别的能力。

➤ **素养目标**

1. 通过比亚迪刀片电池的案例，引导学生树立"科技报国"的理想。

2. 通过小组讨论锂离子蓄电池的优缺点，培养学生辩证分析的思维能力。

3. 通过探讨锂离子蓄电池的工作原理、性能特点，激发学生探索绿色可持续储能器件的热情。

4. 在电池测量过程中严守岗位操作规程，保证工具、设备的安全使用，培养爱岗敬业精神。

5. 养成对实操定期进行反思与总结的习惯，改进不足，树立严谨、细致的科学态度。

6. 严格执行 6S 现场管理。

扫码观看锂离子电池认知

任务导入 ▶

一位客户第一次来到 4S 店，想要购买一台比亚迪汉 EV 车辆，并了解到比亚迪汉汽车使用的是磷酸铁锂电池（刀片电池），对它很感兴趣。刀片电池是锂离子蓄电池的一种。作为一名销售顾问，请你为客户介绍锂离子蓄电池的基本知识。

相关知识 ▶

一、锂离子蓄电池的结构和原理

1. 锂离子蓄电池的组成结构

锂离子蓄电池是以锂离子嵌入化合物为正极材料的电池的总称。目前，电动汽车所采用的锂离子蓄电池主要由电池包构成，电池包的组成结构如图 2-1 所示。锂离子单体蓄电池的结构基本相同，主要由正极、负极、隔膜、电解液和壳体等组成。以圆柱形锂离子蓄电池为例，单体蓄电池的组成结构如图 2-2 所示。

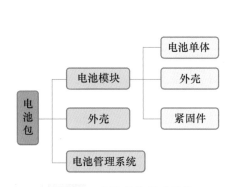

图 2-1 电池包的组成结构

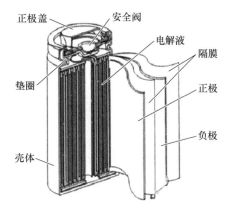

图 2-2 圆柱形锂离子单体蓄电池的组成结构

2. 锂离子蓄电池的工作原理

锂离子蓄电池是一种二次电池（可充电电池），主要依靠锂离子在正负极之间的往返（嵌入和脱嵌）来实现能量的存储和释放。

工作原理（见图 2-3）：在放电过程中，锂离子从负极中脱嵌，通过电解质、隔膜（隔板）向正极中嵌入；在充电过程中，锂离子从正极中脱嵌，通过电解质、隔膜（隔板）向负极嵌入。充放电过程中，锂离子在正负极之间来回迁移，这样的工作原理被形象地称为"摇椅电池"。参与嵌入和脱嵌的锂离子越多，锂离子蓄电池可存储的能量越大。

以钴酸锂（$LiCoO_2$）正极、石墨负极系锂离子蓄电池为例：充电时，在外加电场的作用下，正极材料 $LiCoO_2$ 分子中的锂脱离出来，成为带正电荷的锂离子（Li^+），从正极移动到负极，与负极的碳原子发生化学反应，生成 LiC_6，从而"稳定"地嵌入层状石墨负极中。

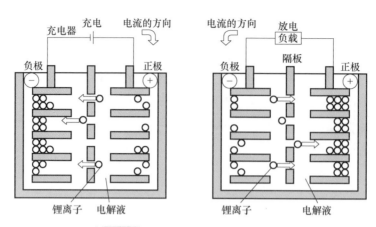

图 2-3 锂离子蓄电池的工作原理

放电时相反，内部电场转向，Li^+从负极脱嵌，从电解液移动回到正极，重新成为 $LiCoO_2$ 分子。

锂离子蓄电池正极反应：充电时锂离子脱嵌，放电时锂离子嵌入。

充电时：
$$LiCoO_2 = Li_{1-x}CoO_2 + xLi^+ + xe^- \qquad\qquad (2\text{-}1)$$

放电时：
$$Li_{1-x}CoO_2 + xLi^+ + xe^- = LiCoO_2 \qquad\qquad (2\text{-}2)$$

锂离子蓄电池负极反应：充电时锂离子嵌入，放电时锂离子脱嵌。

充电时：
$$xLi^+ + xe^- + 6C = Li_xC_6 \qquad\qquad (2\text{-}3)$$

放电时：
$$Li_xC_6 = xLi^+ + xe^- + 6C \qquad\qquad (2\text{-}4)$$

充电时总反应：
$$LiCoO_2 + 6C = Li_{1-x}CoO_2 + Li_xC_6 \qquad\qquad (2\text{-}5)$$

放电时总反应：
$$Li_{1-x}CoO_2 + Li_xC_6 = LiCoO_2 + 6C \qquad\qquad (2\text{-}6)$$

二、锂离子蓄电池的分类

1. 按锂离子蓄电池的外形分类

根据外形的不同，锂离子蓄电池一般可分为圆柱形锂离子蓄电池、方形锂离子蓄电池、纽扣形锂离子蓄电池、软包锂离子蓄电池等。

（1）圆柱形锂离子蓄电池　圆柱形锂离子蓄电池的体积及容量较小，一般被液态锂离子蓄电池采用，也是最古老的结构之一，如图 2-4 所示。汽车动力蓄电池需要用很多蓄电池通过并联、串联组成电池组，如特斯拉电动汽车 Model S，其动力蓄电池采用的是 7000 多节型号为 18650 的锂离子蓄电池。

（2）方形锂离子蓄电池　方形锂离子蓄电池壳体多采用铝合金、不锈钢等材料，内部采用卷绕式或叠片式工艺，结构较简单（见图 2-5），不像圆柱形锂离子蓄

图 2-4　圆柱形锂离子蓄电池

池采用不锈钢作为壳体及具有安全阀等附件，因此整体质量较小、可靠度较高，且相对

能量密度也较高。大多数方形锂离子蓄电池都是聚合物锂离子蓄电池。因为聚合物延展性好，所以方形锂离子蓄电池可以随意调整长、宽、高，做出许多形状。现在很多数码产品都采用了这种电池产品，而且国内锂离子蓄电池厂商也多以生产电池能量密度较高的铝壳方形电池为主。

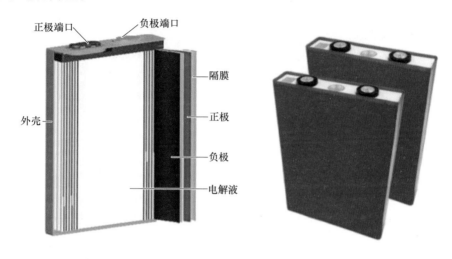

图 2-5　方形锂离子蓄电池

（3）纽扣形锂离子蓄电池　纽扣形锂离子蓄电池（见图 2-6）通常为小容量的可充电电池，主要应用在计算机主板、MP3、手表、计算器、IC 卡、电子词典、蓝牙耳机、手摇充电式手电筒、玩具对讲机等产品中。这类电池具有适用温度广、密封性能好、贮存时间长、放电电压平稳等许多优点。

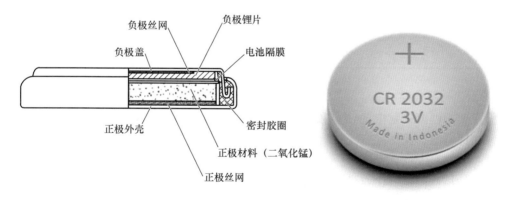

图 2-6　纽扣形锂离子蓄电池

（4）软包锂离子蓄电池　软包锂离子蓄电池是软包聚合物锂电池的一种，是将液态锂离子蓄电池套上一层聚合物外壳，外面包裹铝塑膜构成。其内部结构采用了叠加的制造方式，结构如图 2-7 所示。与其他电池相比，软包锂离子蓄电池的包装材料和结构使其拥有一系列优势，见表 2-1。

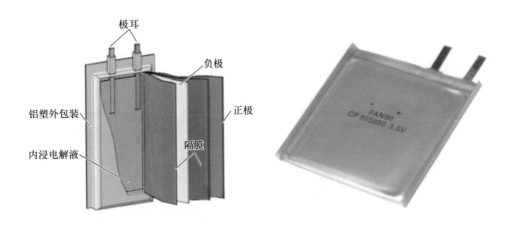

图 2-7　软包锂离子蓄电池

表 2-1　软包锂离子蓄电池的优势

序号	优　势	说　明
1	安全性能好	发生安全问题时，软包锂离子蓄电池一般会鼓气并裂开，而不像钢壳电芯或铝壳电芯那样发生爆炸
2	质量小	软包锂离子蓄电池的质量较同等容量的钢壳锂离子蓄电池小 40%，较铝壳锂离子蓄电池小 20%
3	内阻小	软包锂离子蓄电池的内阻较其他锂离子蓄电池小，可以极大地降低电池的自耗电
4	循环性能好	软包锂离子蓄电池的循环寿命更长，100 次循环的衰减比铝壳锂离子蓄电池少 4%~7%
5	设计灵活	软包锂离子蓄电池的外形可变任意形状，可以更薄，可根据客户的需求定制，开发新的电芯型号

2. 按正极材料分类

目前主要的锂离子蓄电池，多数是按照正极材料来分类，包括钴酸锂电池、锰酸锂电池、磷酸铁锂电池、镍钴锰三元材料锂电池等几大类。

（1）钴酸锂（$LiCoO_2$）电池　最早商业化使用的锂离子蓄电池的正极材料是钴酸锂。钴酸锂电池的结构稳定、比容量高、综合性能突出，但是其安全性差、成本非常高，主要用于中小型号电芯，广泛应用于便携式计算机、手机、MP3、MP4 等小型电子设备中，循环寿命长，工作电压一般为 3.6~3.7V。

（2）锰酸锂（$LiMn_2O_4$）电池　锰酸锂电池是指正极使用锰酸锂材料的锂离子蓄电池。锰酸锂电池的突出优点是原料成本较低、生产工艺简单、耐过充性好、热稳定性好、放电电压高、安全性好。锰酸锂电池仍然以插电式混合动力为主要应用领域。目前，将锰酸锂应用于纯电动客车中最广泛的是北汽新能源，其次是厦门金龙和南车。例如，图 2-8 所示厦门金龙的金旅星辰纯电动城市客车中使用的就是锰酸锂电池。

图 2-8 金旅星辰纯电动城市客车及其电池

（3）磷酸铁锂（$LiFePO_4$）电池 目前用作锂离子蓄电池正极材料的金属元素中，钴（Co）最贵，并且矿产资源储量不多，镍（Ni）、锰（Mn）较便宜，而铁（Fe）最便宜，所以采用磷酸铁锂作为正极材料制成的锂离子蓄电池成本很低，并且环保性能良好、对环境污染小。例如，比亚迪汉 BEV 是电池动力汽车（Battery Electric Vehicle，BEV，俗称纯电动汽车）的一种，它的动力蓄电池就是磷酸铁锂刀片电池，如图 2-9 所示。但磷酸铁锂电池的缺点也比较明显，3.2V 的电压限制了它的能量表现，已经无法满足当前和未来的市场需求。

图 2-9 比亚迪汉 BEV 及刀片电池

（4）镍钴锰三元材料（$LiNi_xCo_yMn_{1-x-y}O_2$）电池 目前，镍钴锰三元材料逐渐成为市场的主流，三元材料的比容量较高，市场上的产品已经可以达到 $170\sim180mA\cdot h/g$，从而可以将动力蓄电池单体的能量密度提高到接近 $200W\cdot h/kg$，满足电动汽车的长续驶里程要求。此外，通过改变三元材料的配比（x、y 的值），还可以达到更好的倍率性能，从而满足插电式混合动力汽车（简称 PHEV）和混合动力车辆（简称 HEV）车型对大倍率、小容量动力蓄电池的需求，这也是三元材料应用更广泛的原因。例如，比亚迪汉 DM 是插电式混合动力汽车，它的动力蓄电池就是镍钴锰酸锂电池，如图 2-10 所示。从化学式可以看出，镍钴锰三元材料综合了钴酸锂（$LiCoO_2$）和锰酸锂（$LiMn_2O_4$）的一些优点，同时因掺杂了镍元素，也提升了能量密度和倍率性能。

图 2-10 比亚迪汉 DM 及其电池

三、锂离子蓄电池的充放电特性

1. 充电

目前，锂离子蓄电池组主要采用的充电方法是限压限流法，充电过程分为 4 个阶段，见表 2-2 及图 2-11 所示。

表 2-2 锂离子蓄电池的充电过程

阶段	名　称	具体过程
1	涓流充电	涓流充电用来先对完全放电的电池单元进行预充（恢复性充电）。在电池电压低于 3V 时采用涓流充电，涓流充电电流是恒流充电电流的 1/10（$0.1C$，单体恒流充电电流为 2200mA，涓流充电电流为 220mA）
2	恒流充电	当电池电压上升到涓流充电阈值以上时，提高充电电流进行恒流充电。恒流充电的电流为 $0.2 \sim 1.0C$。电池电压随着恒流充电过程逐步升高，视电池正极材料设定此电压为 3.0~4.2V
3	恒压充电	当电池电压上升到 4.2V 时，恒流充电结束，开始恒压充电阶段。随着充电过程的继续，充电电流根据电芯的饱和程度由最大值慢慢减小，当减小到 $0.01C$ 时，充电终止
4	充电终止	充电终止方法有 3 种：采用最小充电电流判断、采用定时器，或者两者的结合。第一种方法监视恒压充电阶段的充电电流，并在充电电流小于 $0.02C$ 时终止充电；第二种方法从恒压充电阶段开始时计时，持续充电 2 小时后终止充电

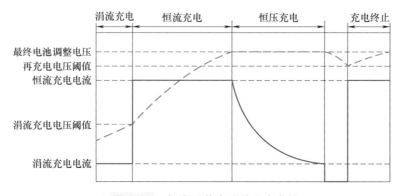

图 2-11 锂离子蓄电池的充电曲线

2. 过充电

上述充电过程未考虑动力蓄电池组总电压或平均电压控制，由于动力蓄电池单体电压的不一致性，有的动力蓄电池单体相对动力蓄电池组内其他动力蓄电池单体可能提前进入过充电阶段。若过充电在恒流充电阶段发生，由于电流强度大，电压、温升、内压会持续升高。以标称电压为 3.7V 的锂离子蓄电池为例，其充电限制电压为 4.2V，当电压达到 4.5V 时，温升为 40℃，塑料壳体变硬；电压达到 4.6V 时，温升可达 60℃，塑料壳体形变明显并不可恢复；若继续过充，气阀打开、温升继续升高、不可逆反应加剧。

在恒压充电阶段，电流强度较小，过充电症状不如恒流充电阶段显著。只要温升、内压过高，动力蓄电池就会出现副反应，容量就会减少，而副反应具有惯性，发展到一定程度，可能在充电过程中，或充电结束后的短时间里，使动力蓄电池的内部物质燃烧，导致动力蓄电池报废。过充电将加速动力蓄电池的容量衰减，导致动力蓄电池失效。

3. 放电

动力蓄电池组在恒流放电时，放电初始电压若出现突然跌落的现象，则主要是由动力蓄电池的电阻造成。动力蓄电池的电阻包括连接动力蓄电池单体电极的导线电阻和触点电阻。动力蓄电池组的电压经过一段时间以后，到达新的电化学平衡，进入放电平台期，电压变化不明显，放热反应加欧姆电阻释热使动力蓄电池的温升较高。动力蓄电池组的放电电压曲线与动力蓄电池单体的放电曲线相似：持续放电期间，电压曲线进入马尾下降阶段，极化阻抗增大、输出效率降低、热耗增大，接近终止电压时停止放电。当电池荷电状态（State of Charge，SOC）大于 20% 时，电池处于恒流放电状态；当电压下降至 2.5V 时，电池进入恒压放电状态，如图 2-12 所示。

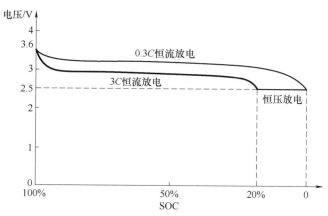

图 2-12　单体蓄电池放电曲线图

4. 过放电

在放电过程中，动力蓄电池组内的动力蓄电池单体必有相对的过放电情况。在放电后期，电压接近马尾下降阶段，动力蓄电池组中动力蓄电池单体的容量为正态分布，电压分布很复杂，容量最小的动力蓄电池单体电压跌落最早、最快，若这时其他动力蓄电池单体电压的降低不是很明显，小容量动力蓄电池单体电压跌落情况就会被掩盖，从而造成小容量动力蓄电池单体被过度放电。

在小容量动力蓄电池单体的放电过程进入马尾下降阶段以后，若电流持续较大，电压会迅速降低并很快反向，这时动力蓄电池单体的活性物质结构会被破坏，过一段时间，动力蓄电池单体活性材料接近全部丧失，等效为一个无源电阻；停止放电后，原动力蓄电池单体的电动势消失，电压不能恢复。因此，一次过放电足以使动力蓄电池单体报废。在动力蓄电池组中，动力蓄电池单体过放电的现象很容易发生且不易控制，控制器采用的限压限流办法都无效，动力蓄电池组输出功率的变化导致的电阻、极化电压波动足以掩盖动力蓄电池单体电压跌落信号，使动力蓄电池组的电压监视失去意义。

过充电和过放电对动力蓄电池组的损害都是致命的，不同之处仅在于过充电会产生大量气体，易自燃和爆炸，表象剧烈；过放电导致的外观变化和缓，但失效速率极快。这两种现象在正常使用动力蓄电池的过程中都应严格避免出现。

四、锂离子蓄电池的特点

1. 锂离子蓄电池的优点

（1）比功率高　例如，磷酸铁锂电池的平均工作电压为 3.2V，是镍镉动力电池和镍氢动力电池的 3 倍，单位质量能释放更高功率。

（2）比能量高　锂离子蓄电池的比能量目前可达到 $120\sim200\mathrm{W\cdot h/kg}$，单位质量能存储更多能量，是镍氢动力电池的 1.5 倍，为目前常用动力蓄电池中能量密度最高的电池。

（3）工作电压高　由于使用高电负性的含金属元素锂电极，磷酸铁锂电池的标称工作电压为 3.2V，锰酸锂电池和钴酸锂电池更是高达 3.7V，组合使用的动力蓄电池单体数少。

（4）自放电率低　锂离子蓄电池的每月自放电率仅为 6%～8%，低于镍镉动力电池（25%～30%）及镍氢动力电池（30%～40%）。在非使用状态下贮存，锂离子蓄电池几乎不发生化学反应，相当稳定。这是因为，锂离子蓄电池在首次充电过程中会在负极上形成一层固体电解质界面膜，只允许离子通过而不允许电子通过，可以较好地防止自放电。

（5）能量转换效率高　在正常应用过程中，锂离子蓄电池没有副反应发生，充放电的库仑效率可以达到 100%。所以在实际应用中，锂离子蓄电池的能量转换效率要高于镍氢动力电池。

（6）循环寿命长　目前，磷酸铁锂电池的正常循环寿命可达到 2000 次以上，高的达到 4000 次以上。国外研究人员已经开发出循环寿命达到 8000 次以上的锂离子蓄电池，在低放电深度下可达几万次，性能领先。

（7）无记忆效应　镍镉动力电池的记忆效应最严重，镍氢动力电池存在轻微的记忆效应，而锂离子蓄电池可以随时充放电而不影响其容量和循环寿命。因此，使用者可以根据需要随时充电，不会降低锂离子蓄电池性能。

（8）对环境污染小　锂离子蓄电池中不使用镉、铅及汞等危害环境的有害物质。虽然有些锂离子蓄电池（如三元材料电池）的正极材料中可能含有镍、钴等重金属物质，但这些重金属物质的含量很小。所以总体来说，锂离子蓄电池对环境的影响是很小的。

2. 锂离子蓄电池的缺点

（1）安全性问题　虽然各制造厂商称已经解决了锂离子蓄电池的安全性问题，但从根本上来讲，锂离子蓄电池内部采用的为易燃的有机电解液，锂的活泼性又非常好，因此仍然存在较大的安全隐患。

（2）低温性能差 锂离子蓄电池的电解液为有机体系，其低温性能受限。截至目前，能够满足车辆低温性能的锂离子蓄电池尚未出现。

（3）过放电能力差 在过放电过程中，锂离子蓄电池的电极结构会被破坏，部分物质会被分解，导致电池性能变差且无法恢复。

（4）过充电能力差 当锂离子蓄电池的充电电压超过一定值时，电解质等会发生分解，产生大量热，导致锂离子蓄电池失效。

（5）管理系统复杂 锂离子蓄电池组的管理系统必须顾及其中的每个蓄电池单体，否则一旦有锂离子蓄电池单体出现过充电或过放电，就容易造成整个锂离子蓄电池组失效或出现安全性问题。

3. 不同材料锂离子蓄电池的特点

目前运用最多的锂离子蓄电池主要有磷酸铁锂电池、锰酸锂电池、钴酸锂电池以及三元锂电池。不同材料锂离子蓄电池性能对比见表 2-3。

表 2-3 各种锂离子蓄电池性能对比

材料名称	三元锂	磷酸铁锂	锰酸锂	钴酸锂
能量密度/$W \cdot h \cdot kg^{-1}$	150~200	100~110	100	150~160
单体标称电压/V	3.8	3.2	3.7	3.6
循环寿命/次	2000	1500~2000	600~1000	300
安全性	较差	好	较好	差
成本	低	高	最低	较高
优点	比能量高 价格低廉 循环寿命长	安全性好 无毒环保 循环寿命长 循环性能好	成本低 资源丰富 安全性好 容易制备	电导率高 比能量高 工作电压高 适合大电流放电
缺点	高温安全性差 电池组体积大 首次充放电效率低	低温性能差 理论容量不高 室温电导率低	高温性能差 循环性能差	价格昂贵 有污染性 安全性能差 抗过充电性差

任务实施

一、任务准备

1. 设备及工具准备

任务实施前需要准备的设备及工具见表 2-4。

表 2-4 设备及工具

序 号	名 称	数 量
1	万用表	1 台
2	分容柜（型号：INW-BC-01）	1 台

（续）

序　号	名　称	数　量
3	圆柱形锂离子蓄电池	1 个
4	方形锂离子蓄电池	1 个

2. 场地设备准备

任务实施前需要做好场地防护准备，以及检查实训场地和设备设施是否存在安全隐患。

3. 安全防护准备

1）圆柱形锂离子蓄电池的正负极在上下表面，使用游标卡尺测量电池高度时注意不要使卡尺触碰上下表面的金属部分，以免造成短路。

2）将单体蓄电池放置在分容柜中，注意选择正确的仓位及单体蓄电池的正负极朝向。

3）如遇单体蓄电池正负极标志不清晰，须先使用数字万用表测量，以确定正负极。

4）分容柜不支持串联充放电，使用分容柜进行充放电时，注意设置电池保护参数。

5）单体蓄电池的充电和放电各存在电压上限和下限，不同类型的蓄电池一般不尽相同，充电时注意根据实际情况进行调整。

扫码了解锂离子电池的测量步骤

二、实施步骤

1. 识别锂离子蓄电池

识别下列锂离子蓄电池的种类并注明电池部件的名称。

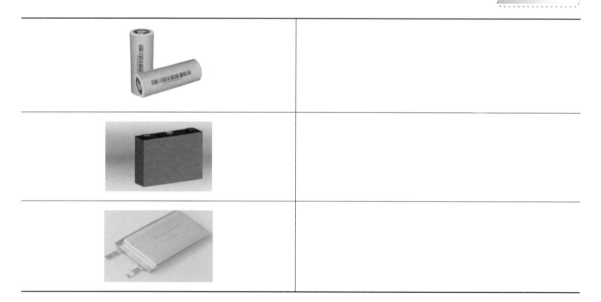

2. 锂离子蓄电池的测量

方形锂离子蓄电池的正负极在电池的上表面，绘有正极、负极标志，如图 2-13 所示。圆柱形锂离子蓄电池未标注正负极，一般有凸起的上表面为正极，下表面为负极，如图 2-14 所示。如遇标签损坏导致正负极无法识别的特殊电池，可以用数字万用表检测并确定其正负极，同时可通过测量电压确定其种类。一般锂离子蓄电池的电压为 3.7V，磷酸铁锂电池为 3.2V，镍氢电池为 1.2V。

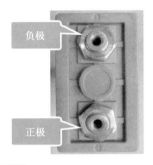

图 2-13　方形锂离子蓄电池的正负极

图 2-14　圆柱形锂离子蓄电池的正负极

锂离子蓄电池的正负极检测和电压测量步骤如下。

步骤 1：使用数字万用表测量圆柱形锂离子蓄电池的正负极，并记录电压的大小。将数字万用表调至电压挡，使红表笔接触上表面，黑表笔接触下表面，如图 2-15 所示。若测得电池的电压为正数，则证明红表笔接触的为正极，黑表笔接触的为负极；若为负数，则正负极恰好相反。

步骤 2：使用数字万用表测量方形锂离子蓄电池的正负极，并记录电压的大小。将数字万用表调至电压挡，使红表笔、黑表笔接触上表面的两个凸起，如图 2-16 所示。若测得电池的电压为正数，则证明与红表笔接触端为正极，与黑表笔接触端为负极；若为负数，则恰好相反。

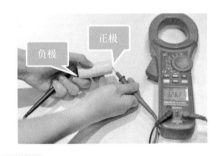

图 2-15　测量圆柱形锂离子蓄电池的正负极

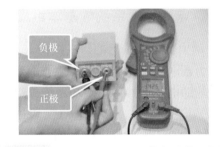

图 2-16　测量方形锂离子蓄电池的正负极

任务二　动力蓄电池模块及电池管理系统

学习目标 ▶

➢ **知识目标**
1. 了解电池管理系统（BMS）的基本结构。
2. 了解动力蓄电池的安全保护功能。
3. 了解电池荷电状态（SOC）估计的方法。

4. 了解动力蓄电池的热管理形式和均衡原理。

➤ **技能目标**

1. 具备正确识别电池管理系统主要部件的能力。

2. 具备对电池管理系统进行分类的能力。

3. 具备对电池管理系统的电压和电阻进行测量的能力。

➤ **素养目标**

1. 通过对电池管理系统的认知和学习，培养对新知识、新技能的学习能力。

2. 通过小组合作作业，培养团队意识与协作精神。

3. 在进行作业的过程中养成服从管理、规范作业的习惯，培养安全意识。

4. 通过作业后的反思，养成一丝不苟、精益求精的工作作风。

5. 严格执行 6S 现场管理。

任务导入 ▶

李某开着自己的比亚迪宋电动汽车到 4S 店进行检修。

李某：感觉自己的车最近续驶里程下降了很多，请师傅帮忙检修一下。

技师小王：电动汽车的续驶里程是广大车主非常关心的问题。影响汽车续驶里程的主要原因除了常见的车辆行驶路况、车辆负载以外，还有动力蓄电池系统性能、辅助系统能量消耗、环境温度等因素。

扫码观看锂离子电池组及其管理系统的认知

相关知识 ▶

一、电池管理系统的基本组成及功能

1. 动力蓄电池单元的组成结构

动力蓄电池单元由电池模块、电池管理系统（Battery Management System，BMS）、电池托盘、辅助电子元器件、冷却系统等组成，如图 2-17 所示。

（1）电池模块　构成电池模块的最小单元是电池单体。电池模块安装在防护等级为 IP67 的动力蓄电池包内，通过高低压插接件与整车的用电设备和控制系统连接，是由几颗到数百颗电池单体经并联及串联所组成的组合体，如图 2-18 所示。例如，某动力蓄电池的组成方式是 3P91S，即该动力蓄电池是由 3 个蓄电池单体并联组成一个模块，再由 91 个这样的模块串联成一个整体构成。注意：字母 P 表示并联，字母 S 表示串联。

（2）电池管理系统　电池管理系统包含硬件和软件两部分，结构及外形如图 2-19 所示。该系统的硬件由一个或多个电子控制器组成，包含电池管理器（Battery Management Controller，BMC）、高压盒、电池信息采集器（Battery Information Collector，BIC）、接触器、霍尔传感器/分流器、熔断器、手动维修开关等电子元件组成；软件是指主控模块和测量模块的各功能单元中的程序，这些程序连接起来就构成了整个系统程序。

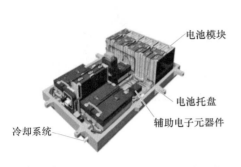

图 2-17　动力蓄电池单元的组成结构

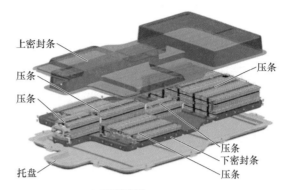

图 2-18　电池模块

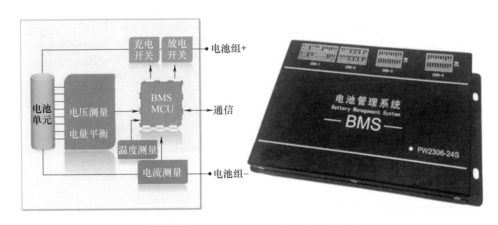

图 2-19　电池管理系统的结构及外形

1）电池管理器是一个连接电池管理系统外部通信和内部通信的平台，外形如图 2-20 所示。它的主要功能：实时接收电池信息采集器采集的单体电压、温度信息；接收高压盒反馈的总电压和电流情况；实现电池管理系统与整车控制器之间的通信；实现电池管理系统与直流充电桩之间的通信；控制主继电器吸合或断开、控制充/放电电流和电池加热的大小情况；唤醒电池管理系统的应答。

2）高压盒又称绝缘检测盒，其外形如图 2-21 所示。它的主要功能是监控动力蓄电池的总电压（包括继电器内外的 4 个监测点）、检测高压系统绝缘性能、监控高压连接情况（含继电器触点闭合状态检查），并可将监控到的数据反馈给电池管理器。

3）电池信息采集器的外形如图 2-22 所示，其主要作用是电池电压采样、温度采样、电池均衡、采样线异常检测等，并可将采集到的数据反馈给电池管理器。

4）霍尔传感器一开始在日系混合动力车上用得较多，现在慢慢由智能的分流器完成电压和电流的采样，通过串行总线传输，甚至可以在里面实现电池荷电状态的估算。霍尔电流传感器套在高压母线上，如图 2-23 所示。同时，霍尔传感器在参数测量过程中能实现主电路回路和单片机系统的隔离，安全性更高。

图 2-20　电池管理器

图 2-21　高压盒

图 2-22　电池信息采集器

图 2-23　嵌套在高压母线上的霍尔电流传感器

2. 电池管理系统的工作原理和主要功能

（1）工作原理　电池管理系统的工作原理如图 2-24 所示。系统内的电池信息采集器实时采集各蓄电池单体的电压值、各温度传感器的温度值，并通过电池子网的 CAN 总线反馈给电池管理器。电池管理器将根据单体蓄电池信息计算的总电压、当前电池系统的电流值以及绝缘漏电模块采集的漏电故障转换成电阻信号，并反馈给电池管理器。然后，电池管理器根据动力蓄电池当前的健康状况给予相对应的限功率/停机的控制策略，并根据直流充电桩通过枪端的 S+、S- 的电阻信号与电池管理系统进行通信，控制直流充电的电压、电流。同时，电池管理系统内的均衡模块起到均衡电池单体电压及温度的作用，附带监测并响应碰撞及电池渗漏的功能。当监测到影响安全的信号时，电池管理系统会立即切断高压电供给。

（2）主要功能　电池管理系统是整车能源管理系统的一个子系统，主要作用为保护动力蓄电池、合理地使用并管理电池组的电能、为驾驶人提供并显示动力蓄电池组的动态变化参数等，是电动汽车节能、减排和延长续驶里程的重要管理系统。

电池管理器的主要功能有充放电管理、接触器控制、功率控制、电池异常状态报警和保护、SOC/SOH（荷电状态/寿命状态）计算、自检及通信功能等。电池信息采集器的主要功能有电池电压采样、温度采样、电池均衡、采样线异常检测等。动力蓄电池采样线的主要功能是连接电池管理器和电池信息采集器，实现二者之间的通信及信息交换。图 2-25 为某电动汽车电池管理系统的基本功能框图。

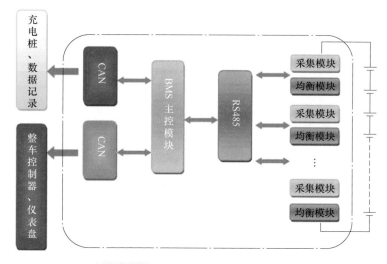

图 2-24 电池管理系统的工作原理

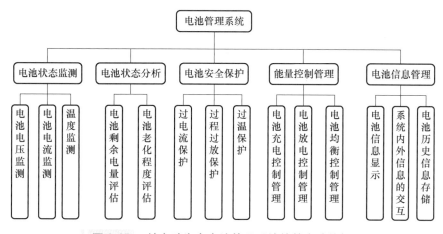

图 2-25 某电动汽车电池管理系统的基本功能框图

3. 电池管理系统的分类

电池管理系统按结构可分为集中式电池管理系统和分布式电池管理系统。

（1）集中式电池管理系统 在集中式电池管理系统中，中央处理器控制数个数据采集单元等，形成了整个电源系统的管理单元，对系统的基本信息（如电压、电流、温度）进行采样，并在中央处理器内进行数据的处理、计算、判断和相应控制。图 2-26 为集中式电池管理系统的结构示意图。

（2）分布式电池管理系统 在分布式电池管理系统中，数据采集是分布的，即每个电池包对应一个采集单元，这些单元与中心的电池管理系统通过一根母线进行数据通信，充电控制、放电控制等单元也可能和中央处理器分开，有的没有总的电池管理系统控制板，直接通过总线传输到电动汽车中央处理器。图 2-27 为分布式电池管理系统的结构示意图。

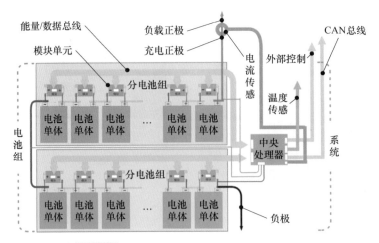

图 2-26　集中式电池管理系统的结构示意图

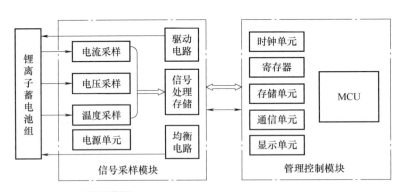

图 2-27　分布式电池管理系统的结构示意图

二、电池荷电状态估算

电池荷电状态是用户评估当前电动汽车续驶里程的主要参数，是对电池剩余电量的评估。因涉及过程的复杂性，电池荷电状态评估容易出错。为确保电池荷电状态的准确度，评估时必须考虑电池在使用过程中的所有影响因素。因此，荷电状态不能通过直接测量得到，仅能根据电池的某些外特性，如电池的内阻、开路电压、温度、电流等相关参数，利用相关的特性曲线或计算公式完成预测。电池的荷电状态估算是非线性的，具体方法大致可分为 4 类：基于表征参数的方法、安时积分法、基于模型的方法及基于数据驱动的方法，如图 2-28 所示。

三、电池安全技术

电池管理系统的安全保护技术的作用主要是在烟雾报警、失火、漏电、过电压和过电流、温度过高、过放电及发生碰撞等危险情况下自动关闭电源等，以保障车辆和人员的安全。安全保护是基于电池管理系统的常见功能而设置的，主要功能包括过电流保护、过充过放保护、过温保护和绝缘监测。

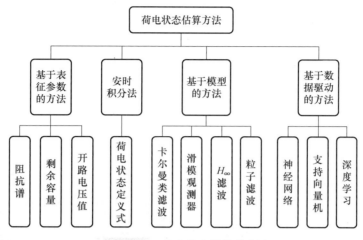

图 2-28 荷电状态的估算方法

1. 过电流保护

由于电池具备一定的内阻，若在工作时电流过大，就会出现内部发热现象，导致电池温度上升、热稳定性下降。对于锂离子蓄电池来说，正负极材料的脱嵌锂离子能力是一定的，当充放电的电流大于正负极材料的脱嵌能力时，将导致电池的极化电压增加、实际容量减小，进而影响电池使用寿命，严重时会影响电池的安全性。电池管理系统会判断电池的电流值是否超过安全范围，一旦超过则会采取相应的安全保护措施。

2. 过充过放保护

1）在充电过程中，当充电电压超过电池的充电限制电压时，会导致过度充电，电池内正极晶格结构会被破坏，使电池容量变小，并且电压过高时会增加正负极短路发生爆炸的风险，因此电压过高是被严格禁止的。为了保证电池安全，电池管理系统会检测系统中蓄电池单体的电压。当电压超过充电限制电压时，电池管理系统会断开充电回路，从而保护电池。

2）在放电过程中，当放电电压低于电池的放电限制电压时，会导致过度放电，电池负极上的金属集流体会被溶解，给电池造成不可逆的损害。过度放电的电池充电时可能会出现内部短路或者漏液的情况。为了保证电池安全，当电压超过放电限制电压时，电池管理系统会断开放电回路，从而保护电池。

3. 过温保护

电池管理系统的过温保护需要结合热管理功能进行。长时间处在高温环境下，电池材料的结构稳定性会变差，从而缩短电池使用寿命。低温下电池活性受限会造成可用容量减小，尤其是充电容量将变得很低，同时可能产生安全隐患。电池管理系统能够在电池温度超过高温限制值或是低于低温限制值时阻止充放电行为。

4. 绝缘监测

绝缘监测功能是保证电池系统安全的重要功能之一。电池系统的电压通常有几百伏甚至上千伏，一旦出现漏电将会对人员造成人身伤害，所以绝缘监测功能就显得相当重要。电池管理系统会实时监测总正极和总负极对车身搭铁的绝缘电阻值，如果绝缘电阻值低于安全范围，则会上报故障并断开高压电。

由于电动汽车动力蓄电池系统的电压有 300V 和 600V，大大超过了人体可以承受的安全电压，并且电池起火也是纯电动汽车推广的一大阻碍。因此，各大车企亟待解决的问题就是电池安全。例如，广汽埃安（AION）发布了新一代动力蓄电池安全技术——弹匣电池系统安全技术（以下简称弹匣电池），如图 2-29 所示。基于"防止电芯内短路，短路后防止热失控，以及热失控后防止热蔓延"的设计思路，弹匣电池采用类似安全舱的设计，可有效地阻隔热失控电芯的蔓延，当监测到电芯电压或温度等出现异常时，还可以自动起动电池速冷降温系统为电池降温。广汽 AION Y 汽车是首款搭载弹匣电池的车型，如图 2-30 所示。

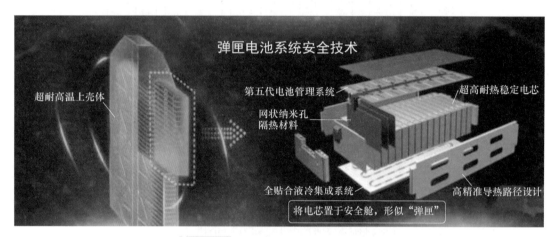

图 2-29　广汽埃安发布的弹匣电池

图 2-30　广汽 AION Y 汽车

四、电池热管理技术

车辆热管理是指从系统集成和整体角度，统筹热管理系统与热管理对象和整车的关系，采用综合控制和系统管理的方法，将各个系统或部件集成为一个有效的热管理系统，控制和优化车辆的热传递过程。换言之，系统地管理车辆各个部位的热能，能有效地减少废热排放、提高能源利用效率、减少环境污染。

电池管理系统的热管理在不同情况下运行。电池在输出功率和电能时，由于其自身有一定的内阻，会产生一定的热量。这些热量的聚集会使电池温度升高，而由于空间布置的不同，电池组各处的温度会发现不一致的情况，如图 2-31 所示。当电池温度超出其正常工作温度区间时，必须限功率工作，否则会影响电池的使用寿命，甚至引起电池热失控的安全隐患。为了使电池的电输出性能和使用寿命得到保证，电池管理系统中必须设置热管理系统。电池热管理系统是用来确保动力蓄电池系统工作在适宜温度范围内的一套管理系统，主要由电池箱、传热介质、监测设备等部件构成。

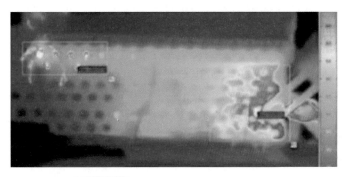

图 2-31 某电池模块的热分析结果

1. 电池热管理系统的功能

电池热管理系统的主要功能是对电池温度进行准确的测量和监控，在电池组温度过高时进行有效的散热和通风，保证电池组温度场的均匀分布。在低温的条件下，电池热管理系统能够进行快速加热，使电池组达到能够正常工作的条件。电池组热管理系统有 5 项主要功能：准确测量和监控电池温度；电池组温度过高时，进行有效的散热和通风；低温条件下，对电池组快速加热；产生有害气体时，进行有效的通风；保证电池组组内温度均匀。

2. 电池热管理系统的分类

按照传热介质来分类，电池热管理系统的散热形式可分为空冷、液冷和相变材料冷却 3 类。考虑到材料的研发及制造成本等问题，目前最有效且最常用的散热介质是空气和冷却液。按照散热风道结构的不同，空冷系统可分为串行通风方式和并行通风方式两种，如图 2-32 和图 2-33 所示。现在的高速电动汽车为了增大散热量，常采用冷却液强制循环冷却方式，利用冷却液的循环流动带走动力蓄电池的热量。

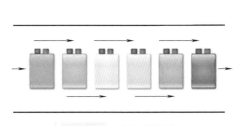

图 2-32 串行通风方式

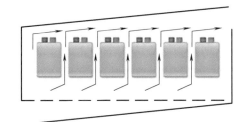

图 2-33 并行通风方式

除了对动力蓄电池散热以外，电池热管理系统在环境温度过低的情况下也为电池组加热，以提高电池组的工作效率。加热与散热使用同一套系统部件，只是增设加热元件，部分车辆通过安装电加热装置提升加热效果。

五、电池均衡技术

1. 电池均衡原理

电池均衡的意义是通过利用电力电子技术，使锂离子蓄电池单体电压或电池组电压偏差保持在预期的范围内，从而保证每个蓄电池单体在正常使用时保持相同状态，避免过充电、过放电的现象发生。电池均衡一般分为主动均衡、被动均衡两种。均衡管理有助于电池容量的保持和放电深度的控制。均衡控制是当发生某个蓄电池单体充满电，而其他蓄电池单体没有充满电，或者电量最小的蓄电池单体放电截止时，其他蓄电池还没有达到放电限制电压的情况时，使各蓄电池单体电压趋于均衡一致的控制策略，目的是避免因串联蓄电池组中各蓄电池单体的充放电特性的差异影响蓄电池组的寿命。电池均衡的过程如图 2-34 所示。这是一种蓄电池自我保护的特性，也是为了防止蓄电池因出现过充电或过放电的现象，导致蓄电池内部发生一些不可逆的化学反应，使电池的性质受到影响，从而影响蓄电池的使用寿命。

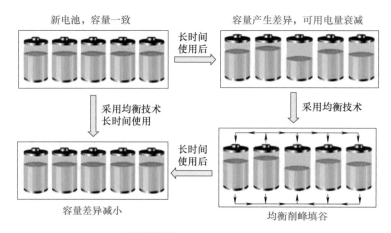

图 2-34　电池均衡的过程

2. 均衡方式

按照均衡管理中的电路结构和控制方式两个方面来归纳，前者分为集中式均衡和分布式均衡，后者分为主动均衡和被动均衡。

1）集中式均衡是指蓄电池组内所有的蓄电池单体共用一个均衡器来进行均衡控制，而分布式均衡是指一个或若干个蓄电池单体专用一个均衡器。集中式均衡的通信简单直接、均衡速度快，但蓄电池单体与均衡器之间的线束排布复杂，不适合单体数量多的蓄电池系统。分布式均衡能够解决集中式均衡线束方面的问题，缺点是成本高。

2）主动均衡又称非耗散型均衡，形象地说就是进行蓄电池单体之间的能量转移，将能量高的蓄电池单体中的能量转移到能量低的蓄电池单体上，以达到能量均衡的目的。被动均衡又称耗散型均衡，是利用并联电阻等方式，将能量高的蓄电池单体中的能量消耗至与其他蓄电池单体均衡的状态。主动均衡效率高、能量是被转移而不是被消耗，但结构复杂且成本高。

3. 均衡指标

目前主流的均衡办法主要有实际容量均衡、端电压均衡和荷电状态均衡 3 种。

（1）实际容量均衡是使蓄电池实际容量趋于一致。其办法是让满电状态的蓄电池组继续小电流充电，达到充电容量均衡的状态，消除小容量电池对整体电池性能的影响，但是过充影响电池寿命，不安全。

（2）端电压均衡是使端电压趋于一致。但实际情况下，蓄电池内阻的不同对端电压的影响是不可避免的，因此充电时内阻大的端电压大，需要对其放电均衡，内阻小的端电压小，需要对其充电均衡；而在放电时情况完全相反，内阻大的端电压小，需要对其充电均衡，内阻小的端电压大，需要对其放电均衡。这样整个充放电均衡过程非常混乱，效果并不理想。

（3）荷电状态均衡是使电池荷电状态（SOC）值趋于一致，提高功率输出，保证安全性。但难点是荷电状态（SOC）不确定影响因素太多，如何精确估算荷电状态（SOC）是关键。精确的荷电状态（SOC）可以减少额外冗余，提高电池可使用容量，增加汽车的续驶里程。

任务实施 ▶

一、任务准备

1. 设备及工具准备

任务实施需准备的设施及工具见表 2-5。

表 2-5　设备及工具准备

序　号	设备及工具名称	数　量
1	万用表	1 台
2	测试线束	若干条
3	工具套装	1 套
4	万用接线盒	1 台
5	分控联动动力蓄电池台架	1 台

2. 场地设备准备

任务实施前需要做好场地防护准备，并检查实训场地和设备设施是否存在安全隐患。

3. 安全防护准备

1）禁止在车辆带高压电的情况下拆检电池系统。

2）禁止带电状态下触碰任何带安全警示标的部件。

3）禁止徒手触摸任何橙色线束。

4）断开 MSD 后须等待 3min，避免造成电击的危险。

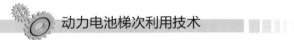

5）断开电池高压母线后须注意验电，避免电池漏电造成电击的危险。

扫码了解电池管理系统的测量

二、实施步骤

1. 电池管理系统认知

电池管理系统主要零部件的安装位置及作用见表2-6。

表2-6 电池管理系统主要零部件的安装位置及作用

零部件名称	安装位置	作用	外形
电池管理器	高压电控总后部 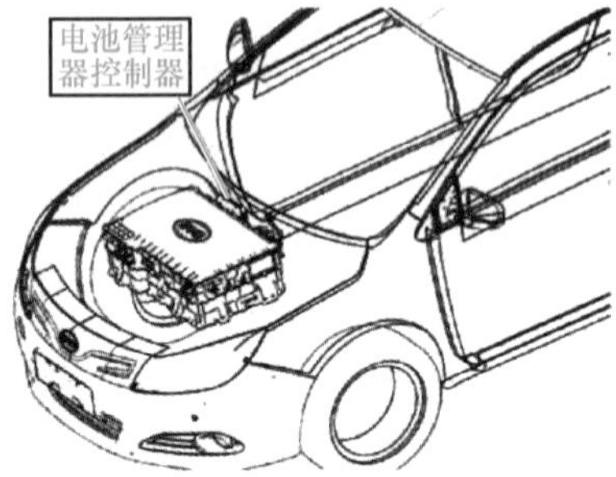 电池管理器控制器	实现充放电管理、热管理、接触器控制、功率控制、电池异常状态报警和保护、SOC/SOH计算、自检以及通信功能等	
电池信息采集器	电池包内部 采样线束 空槽口 	电池电压采样、温度采样、电池均衡、采样线异常检测	
正、负极接触器	电池包输出端 	应用于电压和电流比较大的电路中，是用来保护电路和设置的装置。通过小电流吸合接触器的线圈，控制接触器的吸合与断开，受电池管理器的控制	 AEV17012
霍尔传感器	高压电控总成内部 	左侧的霍尔传感器监测双向逆变交流充放电控制器VTOG（Vehicle to Grid）直流侧的电流大小，右侧的霍尔传感器监测电池包的进出总电流	

（续）

零部件名称	安 装 位 置	作　　用	外　　形
采集线束	蓄电池单体与电池信息 采集器之间	检测电池模块的电压、温度信息，可通过该线束精准地找到需要均衡的单体蓄电池	

2. 电池管理系统的测量

步骤 1：上电后，用数字万用表测量电池管理器的双路电压，如图 2-35 所示。

步骤 2：断电后，用数字万用表测量电池管理器的终端电阻，如图 2-36 所示。

图 2-35　测量电池管理器的双路电压

图 2-36　测量电池管理器的终端电阻

步骤 3：断电后，用数字万用表测量电池管理器高压互锁输入输出之间的电阻，如图 2-37 所示。

图 2-37　测量电池管理器的高压互锁输入输出之间的电阻

▷▷▷ ▶▶▶ 项目三
废旧动力蓄电池回收

任务一 废旧动力蓄电池回收总体要求

学习目标 ▶

> **知识目标**

1. 了解废旧动力蓄电池回收的两种模式。
2. 掌握可回收废旧动力蓄电池的种类。
3. 了解废旧动力蓄电池回收企业的运行管理体系。
4. 熟悉废旧动力蓄电池回收的安全和环保要求。

> **技能目标**

1. 具备阐述国内主要废旧动力蓄电池回收企业的能力。
2. 具备编制与填写回收信息记录表的能力。
3. 具备独立处理废旧动力蓄电池异常紧急情况的能力。

> **素养目标**

1. 通过学习废旧动力蓄电池回收政策，培养社会责任感。
2. 通过了解回收废旧动力蓄电池的要求，培养绿色环保意识。
3. 结合收集、贮存、运输要求，增强安全意识。
4. 结合废旧动力蓄电池回收企业的案例，树立资源意识和可持续发展观。
5. 通过提高对废旧动力蓄电池的认识、树立正确的人与环境共生的理念。
6. 通过编制回收信息表，培养严谨的工作态度。

任务导入 ▶

　　一家主销新能源汽车的 4S 店销售人员向媒体表示，目前，我国针对废旧动力蓄电池回收的政策体系并不完善，因此报废的动力蓄电池一般由 4S 店自行处理。那么，你了解我国对于废旧动力蓄电池的回收要求吗？

扫码学习回收
信息记录表的
编制与填写

相关知识 ▶

一、废旧动力蓄电池回收企业的运行管理体系

2021 年，国家发展和改革委员会（下称发改委）发布《关于印发"十四五"循环经济发展规划的通知》（下称《通知》）指出，推动废旧动力蓄电池循环利用行动，加强新能源汽车动力蓄电池溯源管理平台建设，完善新能源汽车动力蓄电池回收利用溯源管理体系。从事废旧动力蓄电池回收业务的企业应按照 GB/T 19001—2016、GB/T 24001—2016、GB/T 45001—2020 等标准建立并运行管理体系。当前，我国已初步形成整车厂、电池企业、材料企业、第三方回收企业等多方共建的回收体系。

1. 废旧动力蓄电池的回收模式

按照相关规定，整车企业要承担废旧动力蓄电池回收的主体责任，但目前新能源汽车市场仍未达到足够大的规模，不少整车厂还在做售前的工作，对于废旧动力蓄电池回收利用这样的新课题，相关的布局动作并不多，仅有少数"先试先行"的代表。车企应主动从整车企业、4S 店、服务站，采用逆向物流方式将废旧动力蓄电池进行回收，建立废旧动力蓄电池的编码标准和废旧动力蓄电池产品全生命周期追溯系统，完成废旧动力蓄电池溯源管理，如图 3-1 所示。

图 3-1　废旧动力蓄电池回收溯源管理

目前，废旧动力蓄电池的回收模式主要有两种。

（1）以动力蓄电池生产企业为主体的回收模式　动力蓄电池生产企业利用电动汽车生产商的销售网络，依托其销售渠道建立逆向回收网点，对废旧动力蓄电池临储、转运和仓储等进行集中管理，并实施网点登记，以逆向物流的方式回收废旧动力蓄电池。消费者将废旧动力蓄电池交回附近的电动汽车销售服务网点后，依据动力蓄电池生产企业和电动汽车生产企业的合作协议，电动汽车生产企业以协议价格转运给动力蓄电池生产企业，由后者进行专业化的回收处理，并可以继续利用回收的金属材料生产新的动力蓄电池，如图 3-2 所示。

（2）以废旧动力蓄电池回收企业为主体的回收模式　我国鼓励动力蓄电池骨干生产企业和电池规范利用企业之间通过股权合作、商业协作等方式"强强联手"，发展合作伙伴关系。第三方通过自建回收网络和物流体系，负责回收委托企业售后市场的废旧动力蓄电池，

然后运回回收处理中心，进行专业化的回收处理。同时，在电动汽车最终报废并进入汽车拆解企业后，汽车拆解企业也可以将废旧动力蓄电池销售给第三方回收企业，流程如图 3-3 所示。

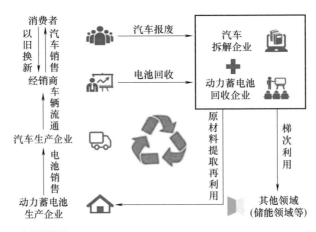

图 3-2　以动力蓄电池生产企业为主体的回收模式

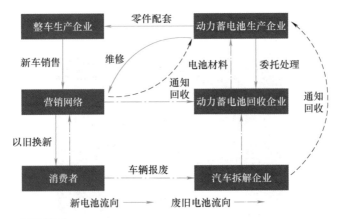

图 3-3　以废旧动力蓄电池回收企业为主体的回收流程

2. 废旧动力蓄电池的回收主体

我国倡导废旧动力蓄电池"先梯次利用、再回收拆解"的原则，并且要求整车企业承担动力蓄电池回收的主体责任。但是，由于整车企业大多只是电动汽车的"组装厂"，而动力蓄电池则由专门的动力蓄电池生产企业提供，这就出现了 3 类废旧动力蓄电池回收主体并存的现象。

第一类是整车企业，如中国一汽、东风汽车、比亚迪汽车、长城汽车、长安汽车、五菱汽车、丰田、特斯拉等，如图 3-4 所示。

第二类是动力蓄电池生产企业，如宁德时代、比亚迪电池、国轩高科、力神（LISHEN）、孚能科技、比克电池、亿纬锂能、欣旺达等，如图 3-5 所示。

第三类是废旧动力蓄电池回收企业及原材料企业，如中国铁塔、邦普循环、格林美、光华科技、赣锋锂业、华友钴业等，如图3-6所示。

图 3-4　部分整车企业　　　　　　　　图 3-5　部分动力蓄电池生产企业

图 3-6　部分废旧动力蓄电池回收企业

3. 废旧动力蓄电池回收企业管理体系的特点

目前，国内废旧动力蓄电池回收企业的管理体系有如下5个特点（见图3-7）。

（1）责任延伸机制　强调生产者责任延伸制度，将生产者环境责任延伸到包含设计、流通、回收、废物处置等在内的全生命周期范围。

（2）回收智能网联　整车企业负责建立回收网点，鼓励产业链上下游共周期管理机制。

（3）电池综合利用　遵循"先梯次利用、后再生利用"的总体原则。

（4）行业管理规范　通过技术政策、行业标准引导行业规范化发展，逐步提高行业准入标准。

（5）政府推动扶持　重点围绕京津冀、长三角、珠三角等集聚区域试点，重点扶持"领跑者企业"，支持行业共性技术研发。

图 3-7　国内废旧动力蓄电池
企业的管理体系

二、安全与环保要求

1. 建厂要求

新建、改扩建废旧动力蓄电池综合利用企业必须符合国家产业政策和所在地区城乡建设规划、土地利用总体规划、生态环境规划、主体功能区规划、环境保护和污染防治规划等要求，其施工建设应有规范化设计要求。如图3-8所示，在自然保护区、风景名胜区、生态功能保护区、饮用水水源保护区、基本农田保护区和其他需要特别保护的区域内（如居民聚集区、易燃易爆单位等）禁止建设工业工厂。因此按照法律法规规定，在禁止建设工业工厂的区域不得新建废旧动力蓄电池综合利用企业。已在上述区域投产运营的废旧动力蓄电池综合利用企业要根据该区域规划要求，在规定期限内，通过依法搬迁、转产等方式逐步退出。

图 3-8　废旧电池回收处理建厂禁止区域

2. 设备要求

新建、改扩建废旧动力蓄电池综合利用企业应选择生产自动化效率高、能耗指标先进、环保达标和资源综合利用率高的生产设备设施。生产设备需满足的条件见表 3-1。

表 3-1　生产设备需满足的条件

序号	满足条件
1	满足耐腐蚀、坚固、防火、绝缘特性的专用分类收集贮存设施
2	具有安全防护工具、余能检测、放电、机械化或自动化拆解粉碎、筛分、冶炼等综合利用设备
3	具备有毒有害气体废水废物处理等环境保护设施
4	必备的安全消防设备

以上设施设备需符合国家、行业相关规定要求，禁止使用高能耗、低效率的设施设备。新建、改扩建废旧动力蓄电池综合利用企业应采用节能、环保、清洁、高效的新技术新工艺，淘汰能耗高、污染重的技术及工艺。鼓励综合使用物理法和化学法，探索生物冶金法。例如，国内某企业的废旧动力蓄电池处理设备如图 3-9 所示。

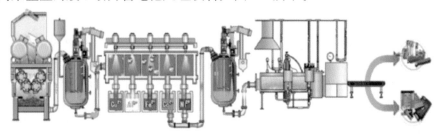

图 3-9　国内某企业的废旧动力蓄电池处理设备

3. 回收企业管理要求

（1）运行制度要求　废旧动力蓄电池回收企业的运行制度需要符合以下要求。

1）应建立劳动保护、消防安全责任管理制度和环境保护管理制度。

2）应建立安全事故和环境污染预防机制，制定处理安全事故和环境污染事故的应急预案制度。

3）对环保危险废物管理进行改革创新，应建立废旧动力蓄电池回收信息管理系统，记录每批次废旧动力蓄电池的类型名称、型式、处置时间、数量、重量、流向、处置人等信息统计上报，并保存有关信息至少两年。

（2）废旧动力蓄电池回收过程要求　在废旧动力蓄电池回收过程中，应保持废旧动力蓄电池的结构和外形完整，严禁私自拆解废旧动力蓄电池，已破损的废旧动力蓄电池应单独收集、分拣运输、贮存，防止出现泄漏、腐蚀、火灾等现象。在废旧动力蓄电池回收过程中产生或夹杂的危险废物，或根据国家规定的危险废物鉴别标准和鉴别方法认定为危险废物的，应符合 HJ 2025—2012 的有关要求，并交由有相关处理资质的单位进行处理。

三、回收信息的管理与记录

1. 可回收废旧动力蓄电池的类型

1）经使用后剩余容量及放电性能无法保障电动汽车正常行驶，或因其他原因拆卸后不再使用的动力蓄电池。

2）报废电动汽车上的动力蓄电池。

3）经梯次利用后报废的动力蓄电池。

4）生产过程中企业报废的动力蓄电池。

5）其他需回收利用的动力蓄电池。

以上动力蓄电池包含废旧的蓄电池包、蓄电池模块和蓄电池单体。

2. 废旧动力蓄电池信息管理要求

电动汽车生产企业及动力蓄电池生产企业负责统计本企业回收（或委托回收）的废旧动力蓄电池类型、型式（蓄电池包、蓄电池模块或蓄电池单体）、数量、重量、去向等信息，并在每年第一季度向工业和信息化主管部门报告上一年度的相关信息，见表 3-2。

表 3-2　废旧动力蓄电池回收信息记录表

责任单位			所在地址			联系电话			
序号	废旧动力蓄电池类型	型式	数量	重量	流向	处置人	处置时间	备注	

汽车拆解企业负责统计其拆卸的废旧动力蓄电池的类型、数量、重量、流向等信息，并在每年第一季度向商务主管部门报告上一年度的相关信息。

梯次利用企业和再生利用企业要准确记录废旧动力蓄电池的来源、处置方式、处置时间及处理产物的流向，信息保留不少于5年，以备相关部门核查。

四、应急处理方法

废旧动力蓄电池长期存放可能会发生漏液、生锈、鼓胀等现象，如操作不当可能引起发热、燃烧或爆炸等现象，相关的处理方法如下。

1. 生锈的处理方法

对于常见的圆柱形锂废旧动力蓄电池（聚合物锂废旧动力蓄电池不存在此现象），初期、轻微的生锈不会影响其性能，可以正常使用；若生锈严重（如盖帽部位），则会影响其密封性能而漏液，必须报废处理。生锈的动力蓄电池如图3-10所示。

2. 漏液或鼓胀的处理方法

漏液是指废旧动力蓄电池中的电解液泄漏出来，通常会有刺鼻的气味。电解液有很强的腐蚀性，将导致废旧动力蓄电池的保护板元器件损坏。如果聚合物锂废旧动力蓄电池发生漏液和鼓胀，必须将其挑选出来，进行报废处理。正常温度和湿度条件下，废旧动力蓄电池不会产生发霉、变色现象，而如果发生漏液将会产生此类不良现象。鼓胀的动力蓄电池如图3-11所示。

图 3-10　生锈的动力蓄电池

图 3-11　鼓胀的动力蓄电池

3. 发热的处理方法

动力蓄电池在充电和放电等使用状态下均会发热，但温度通常在60℃以下。废旧动力蓄电池在内部或是外部短路状态下温度会达到几百摄氏度，此时发热的废旧动力蓄电池必须被隔离出来，放在沙子中，注意不能用手直接接触动力蓄电池，以免烫伤。待动力蓄电池温度降到正常温度后，再做报废处理。

4. 燃烧或爆炸的处理方法

废旧动力蓄电池如果发生燃烧或爆炸现象，是非常危险的，人员必须远离。废旧动力蓄电池的燃烧现象剧烈，导致动力蓄电池系统内部温度持续上升，达到着火点温度，不仅会引燃内部的可燃物质，而且还会因高温点燃旁边的易燃品或包装外箱。在做好防护措施的前提下，如单个或极少数动力蓄电池发生燃烧或爆炸，应使用沙子直接覆盖燃烧或爆炸的动力蓄电池。动力蓄电池燃烧产生的烟雾有毒，人员应注意不要吸入冒出的烟。如果是大面积的燃烧，需使用干粉灭火器灭火，严禁使用水灭火，因为水会导致动力蓄电池短路。最好将着火的动力蓄电池移到室外，然后通知消防部门进行处理。燃烧或爆炸后的动力蓄电池如图3-12所示。

图 3-12　燃烧和爆炸后的动力蓄电池

5. 发现安全隐患或安全事故应立即报告

在处理废旧动力蓄电池回收利用的过程中，当发现存在隐患或安全事故时，应该立即报告相关领导及安全生产专员，避免安全事故发生。

6. 若发生异常事故和火灾时应立即扑救并拨打119火警电话

在处理废旧动力蓄电池回收利用的过程中，如果发生异常事故，需及时报告相关人员。发生火灾时，应立即使用灭火器与消防沙扑救，并及时拨打119火警电话，避免危险事故发生。

任务实施 ▶

一、任务准备

1. 设备及工具准备

任务实施前需准备的设备及工具见表3-3。

表 3-3　设备及工具准备

序　号	设备及工具名称	数　量
1	蓄电池包	1个
2	蓄电池模块	1个
3	蓄电池单体	1个
4	个人防护套装	1套
5	工位防护套装	1套
6	文具套装	1套

2. 场地设备准备

任务实施前需要做好场地防护准备，以及检查实训场地和设备设施是否存在安全隐患。

3. 安全防护准备

1）穿戴绝缘鞋、绝缘手套和安全帽。

2）将电池表面的铭牌清洁干净。

3）确认电池没有破损、漏液等现象，如有应立即处理。

4）检查应急消防设备是否齐全。

二、实施步骤

步骤1：在计算机上制表，表格参数包括废旧动力蓄电池的类型、型号、型式、铭牌信息、数量、重量、流向等信息，以及责任单位、联系电话、处置人和处置时间等。将表格打印成册，留待后续记录废旧动力蓄电池回收的相关信息，见表3-4。

步骤2：首先，观察废旧动力蓄电池的铭牌（见图3-13）或者说明书，填写废旧动力蓄电池的类型，如磷酸铁锂电池、镍氢电池、铅酸蓄电池、三元锂电池等。然后，记录废旧动力蓄电池的额定电压、额定容量、生产日期、生产厂商和电池编码等。

表3-4 废旧动力蓄电池回收信息记录表

责任单位						所在地址					联系电话		
序号	废旧动力蓄电池类型	型号	型式	额定电压	额定电容	生产日期	生产厂商	电池编码	数量	重量	流向	处置人	处置时间	备注
1														
2														
3														
4														
5														
6														

步骤3：用目测法观察废旧动力蓄电池的型式，如蓄电池包、蓄电池模块或蓄电池单体等，并记录对应的数量。

步骤4：将不同型式的废旧动力蓄电池用电子台秤（见图3-14）称重并记录数据。

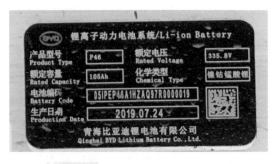

图3-13 动力蓄电池的铭牌示例

图3-14 电子台秤

步骤5：记录废旧动力蓄电池的来源和流向，以及处置人和处置时间等。

任务二 废旧动力蓄电池回收要求

学习目标 ▶

➤ 知识目标

1. 了解废旧动力蓄电池回收服务网点建设要求。
2. 掌握废旧动力蓄电池回收的相关规定。
3. 了解收集过程的注意事项。

➤ 技能目标

1. 具备阐述废旧动力蓄电池回收服务网点建设要求的能力。
2. 具备阐述收集过程注意事项的能力。
3. 具备对废旧动力蓄电池正确进行分类的能力。

➤ 素养目标

1. 通过学习废旧动力蓄电池回收的相关政策，培养社会责任感。
2. 通过了解废旧动力蓄电池的收集要求，培养绿色环保意识。
3. 结合任务案例分析，增强安全意识。
4. 结合废旧动力蓄电池的分类，增强逻辑思维和分类思想。
5. 通过提高对网点建设的认识，增强环保意识。
6. 通过寻找本地的废旧动力蓄电池回收网点，培养资源回收利用意识。

任务导入 ▶

扫码学习废旧动力电池收集要求

如今，废旧动力蓄电池在运输、贮存中起火的事件已经屡见不鲜。例如，图 3-15 为某工厂生产车间内废旧动力蓄电池起火时的场景。如何才能减少类似废旧动力蓄电池引发的安全隐患呢？2019 年，我国工业和信息化部发布了《新能源汽车动力蓄电池回收服务网点建设和运营指南》，从此废旧动力蓄电池拥有了更好的"归宿"。

图 3-15 某工厂生产车间内废旧动力蓄电池起火时的场景

相关知识 ▶

一、废旧动力蓄电池回收服务网点建设要求

1. 网点布局要求

根据《新能源汽车动力蓄电池回收服务网点建设和运营指南》相关要求规定，电动汽车生产企业及动力蓄电池生产企业（含进口商，下同）应建立废旧动力蓄电池回收网络，在具有售后服务网点的地级行政区域至少指定一家服务网点（或委托其他具备回收条件的机构）负责废旧动力蓄电池的回收。鼓励多家企业通过委托代理或与回收企业、再生企业合作等形式，共建、共用废旧动力蓄电池回收网络，降低回收成本，提高回收网络运行效率。2021年我国动力蓄电池回收企业的注册数量达到2万多家，主要分布于京津冀、长三角地区、珠三角地区和中部地区，如图3-16所示。电动汽车生产企业及动力蓄电池生产企业应当向社会公告其废旧动力蓄电池回收网点的地址、联系方式等信息并及时更新。

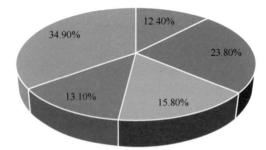

图3-16　废旧动力蓄电池回收服务网点分布情况

2. 通用要求

（1）场地要求

1）网点选址应远离居民区、加油站、农田、河流、湖泊、主要交通干线等。

2）网点选址应在一楼厂房建筑或仓库建筑内；总体面积应不小于120m²，高度不低于4m；应预留车辆行驶通道，地面宜做硬化防渗漏处理。

3）厂房内的废旧动力蓄电池回收服务网点应在同一防火分区内集中配建，且应采用耐火极限不低于2h的实体墙，使其与厂房其他功能区域分隔。

4）厂房内的应急照明和疏散指示标志应按照GB 50016—2014中11.3相关要求设置。

（2）功能要求

1）网点应具备废旧动力蓄电池的分类、回收、贮存、移交等功能。

2）网点宜具备废旧动力蓄电池的拆卸、包装和余能检测等功能。

3）网点的建设应符合当地城市规划及消防、环保、安全部门的有关规定。

4）网点应在营业场所的显著位置标注提示性信息，内容应包含"废旧动力蓄电池回收服务网点"字样，如图3-17所示。

（3）区域划分

1）网点应进行区域划分，应按照功能规划设置隔离开的操作区域、贮存区域和办公区域，操作区域可包括拆卸区域、检测区域、包装区域等，各功能区域应有明显的界线和标志。

2）具备拆卸功能的网点，应具备可以满足拆卸功能的场地、设备设施及人员。

3）具备余能检测功能的网点，应具备可以满足余能检测设备最大载荷运行的供电系统。

4）具备包装功能的网点，应具备可以满足包装功能的场地、设备实施。

（4）溯源管理要求

1）应具备动力蓄电池编码信息追溯和管理设备。

2）应详细记录电池编码、产品类型、电池类型、电池数量、电池来源、电池去向等相关信息，并记录装配车辆 VIN 码等信息。

3）应将废旧动力蓄电池的入库、出库等溯源信息及时反馈至相关企业，可协助相关企业按照国家溯源管理有关要求上传相应环节溯源信息。回收服务网点的作业流程如图 3-18 所示。

废旧动力蓄电池回收服务网点

图 3-17　废旧动力蓄电池回收服务网点的提示性信息

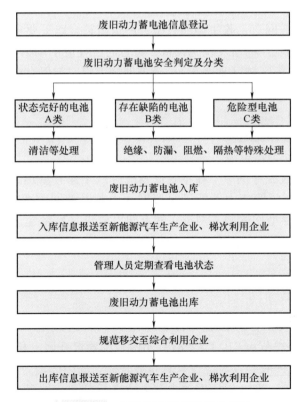

图 3-18　回收服务网点的作业流程

（5）设备设施要求　网点应具备防爆箱、烟雾报警装置、红外热成像监控装置、搬运工具、废液收集装备、温度与湿度监测装置、贮存货架、消防安全设备、放电柜、应急盐水池等设备设施。

（6）应急设施要求　网点应配置下列应急设施（见图3-19）并定期点检。

1）火灾报警器、灭火器、灭火水箱、消防沙、灭火毯。

2）应急照明灯、安全出口灯、疏散指示灯。

3）防毒面具、洗眼器、防护眼镜、急救药箱。

图3-19　回收服务网点的应急设施

3. 网点类型

（1）收集型回收服务网点　收集型回收服务网点需符合以下要求。

1）应具备一定专用贮存场地及设施设备，可暂时贮存废旧动力蓄电池。

2）选址布局应在销售区域（地级市），考虑地域因素，与保有量相适应，便于移交。

3）场地贮存面积不低于$15m^2$。

4）贮存量不超过5t。

回收服务网点可设置在交通便利的4S店、维修网点、换电站、报废机动车回收拆解企业等地，便于回收废旧动力蓄电池。

（2）集中贮存型回收服务网点　在本企业新能源汽车保有量达到8000辆或收集型回收服务网点的贮存、安全保障等能力不能满足废旧动力蓄电池回收要求的行政区域（至少地级）内，应建立集中贮存型回收服务网点。网点建设应满足城乡建设规划、污染防治规划，远离自然保护区、风景名胜区、森林公园、水源保护区等。贮存面积应不低于$100m^2$，贮存能力不低于40t。

二、废旧动力蓄电池回收的相关规定

废旧动力蓄电池回收工作应根据《废蓄电池回收管理规范》（WB/T 1061—2016）和《废铅酸蓄电池回收技术规范》（GB/T 37281—2019）的要求开展，相关规定如下。

1）废旧动力蓄电池回收经营者应设立具有显著标志的废旧动力蓄电池分类设施。

2）参照GB/T 36576—2018对废旧动力蓄电池进行分类，见表3-5。不同种类的废旧动力蓄电池要分开进行回收，如图3-20所示。

表 3-5　废旧动力蓄电池的分类

类　　别	名　　称
使用过程、流通及回收处理领域产生的废旧动力蓄电池	废旧锌锰电池、废旧锂电池、废旧锂离子蓄电池、废旧锌银电池、废旧锌汞电池、废旧铅蓄电池、废旧镍电池、废旧镉电池、废旧燃料电池、废旧太阳能电池，其他废旧电池
生产工序中产生的动力蓄电池废料废件	废正极片料、废负极片料、废电池壳、废隔膜、废电池正极料、废电池负极料、废镍料、废镉料，其他电池废料废件
其他类	—

图 3-20　废旧动力蓄电池的分类收集

3）废旧动力蓄电池应处于独立状态，带有连接线（条）的应将连接线（条）拆除。

4）废旧动力蓄电池应按以下方法进行鉴别和分类。

铅酸蓄电池的鉴别：按废旧动力蓄电池外壳上的回收标志（见图 3-21）鉴别或确认为铅酸蓄电池。铅酸蓄电池的额定电压通常为 2 的倍数，如 2V、6V、12V 等。

完整废旧动力蓄电池和破损废旧动力蓄电池的鉴别：目测法检查电池外观，无外壳破损、端子破裂和电解液渗漏的为完整废旧动力蓄电池；若存在外壳破损、端子破裂或电解液泄漏问题，应鉴定为破损废旧动力蓄电池。

5）装有废旧动力蓄电池的装置应按照 GB 18597—2001 的要求粘贴危险废物标签（见图 3-22）。

图 3-21　铅酸蓄电池的回收标志

图 3-22　危险废物标签

6）回收电池后，采集相关信息并及时上传"新能源汽车国家监测与动力蓄电池回收利用溯源综合管理平台"（以下简称溯源管理平台）。根据电池特性对其进行分类、贮存、包装及运输；编制相关管理文件，如作业指导手册、安全环保应急预案等，开展定期自查并及时整改存在的问题。

三、回收过程的注意事项

1）回收过程中应保持废旧动力蓄电池的结构和外形完整，严禁私自拆解废旧动力蓄电池，已破损的废旧动力蓄电池应单独存放。

2）回收过程中不同类别的废旧动力蓄电池宜分类，不宜相互混合。废旧动力蓄电池的存放地点不宜混有密封容器，以及医疗废物、放射性物品等杂物。不同的废旧动力蓄电池禁止杂乱摆放，如图 3-23 所示。

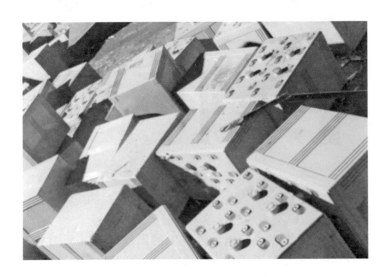

图 3-23　杂乱摆放的废旧动力蓄电池

3）回收过程中禁止去除电池的原有编码、铭牌、标签、标志等。

4）回收时发现外壳破损并有电解液流出的废旧动力蓄电池，应采用绝缘、防泄漏、耐腐蚀的容器盛装；发现有安全隐患的废旧动力蓄电池，经安全处理后，采用防爆箱盛装。

5）回收过程中若涉及废旧动力蓄电池的包装运输，应依据包装要求及运输要求，规范包装并运输至回收服务网点。

6）废旧铅酸蓄电池的收集人员应配备必要的个人防护装备，如耐酸工作服、专用眼镜、耐酸手套等，防止回收过程中对人体健康产生潜在影响。废旧铅酸蓄电池的回收应以环境无害化的方式进行，应在收集过程中采取以下防范措施：

废旧铅酸蓄电池运输前，生产者应当自行或者委托有关单位进行合理包装，防止运输过程出现泄漏；不得擅自倾倒、丢弃废旧铅酸蓄电池中的电解液；废旧铅酸蓄电池有电解液渗漏的，其渗漏液应贮存在耐酸容器中；拆装后的铅材料应包装后回收。回收者不应大量贮存废旧铅酸蓄电池。

任务实施 ▶

一、任务准备

1. 进行任务分组，每5~8个人为一组。
2. 进行任务分工。

二、实施步骤

步骤1：以小组为单位，根据查阅的相关资料，对废旧动力蓄电池回收服务网点应当记录电池的哪些信息进行讨论，并将讨论的结果填入表3-6。

表3-6 废旧动力蓄电池回收服务网点应记录的信息

序号	应记录信息	序号	应记录信息	序号	应记录信息
1		4		7	
2		5		8	
3		6		9	

步骤2：每个小组通过文献书籍、互联网等，结合教材内容查阅并了解废旧动力蓄电池分为哪几类，在入库之前这几类废旧动力蓄电池会进行什么处理，对查阅的结果进行讨论并完成表3-7。

表3-7 废旧动力蓄电池的分类及入库前处理

序号	废旧动力蓄电池分类	入库前处理	注意事项
1			
2			
3			

步骤3：下列哪个设施不属于废旧动力蓄电池回收服务网点的应急设施的要求？

A. 应急照明灯　B. 消防沙　C. 洗眼器　D. 安全锤

步骤4：下列关于回收废旧动力蓄电池的注意事项，哪些选项是错误的，并想一想正确的表达是什么。

A. 回收过程中应保持废旧动力蓄电池的结构和外形完整，并在分类结束后用新标签覆盖电池的原有标签

B. 回收过程中不同类别的废旧动力蓄电池宜分类，不宜相互混合

C. 回收时发现有安全隐患的废旧动力蓄电池，经安全处理后，应采用防爆箱盛装

D. 废旧铅酸蓄电池的收集人员应配备必要的个人防护装备，如耐酸工作服、专用眼镜、耐酸手套等

任务三 废旧动力蓄电池运输要求

学习目标 ▶

> **知识目标**

1. 了解废旧动力蓄电池的运输的包装要求。
2. 了解废旧动力蓄电池运输过程的要求。
3. 了解废旧动力蓄电池运输过程中使用的托运工具。

> **技能目标**

1. 具备正确使用托盘和周转箱的能力。
2. 具备根据不同类型废旧动力蓄电池的运输要求编写标签的能力。
3. 具备对 A 类废旧动力蓄电池进行包装的能力。

> **素养目标**

1. 通过对本任务的学习，形成认真对待工作的态度和良好的职业素养。
2. 通过学习关于废旧动力蓄电池的国家标准，培养信息检索能力。
3. 通过了解运输过程中的注意事项，培养安全意识和严谨对待工作的态度。
4. 通过对包装要求的学习，增强生活中关于废旧动力蓄电池的环保意识。
5. 在学习各类要求的过程中，培养严密的逻辑思维。
6. 严格执行 6S 现场管理。

任务导入 ▶

扫码学习废旧
动力电池的运
输要求

小王最近入职一家废旧动力蓄电池回收企业，岗位是车辆运输司机。但他以前是滴滴司机，对于废旧动力蓄电池运输过程中需要注意的事项不清楚，他很苦恼。你能帮助他吗？

相关知识 ▶

一、运输的包装要求

1. 废旧动力蓄电池的分类

A 类：结构功能完好，按表 3-8 检测的所有结果均为"否"，或经防护处理后重新检测的所有结果均为"否"的废旧动力蓄电池。

B 类：按表 3-8 检测的所有结果有一项或者一项以上为"是"，且国家法律法规对其包装运输没有特殊规定的废旧动力蓄电池。

C 类：A 类与 B 类以外，符合国家法律法规或其他特殊规定的废旧动力蓄电池。

表 3-8　废旧动力蓄电池安全判定检测项目

检测人员姓名				联 系 方 式	
装配车辆类型	□纯电动乘用车　　　□插电式混合动力乘用车 □纯电动商用车　　　□插电式混合动力商用车				
动力蓄电池 产品类型	□单体　　　□模块　　　□包（组）				
动力蓄电池 产品编码				品　　牌	
动力蓄电池类型	□磷酸铁锂　　　□三元　　　□其他：				
序　号	检 测 项 目	检 测 结 果		推荐处理防护措施	
		是	否		
1	是否漏电或存在绝缘失效			进行绝缘和放电处理	
2	电解液是否泄漏			收集电解液并采用防泄漏专用包装箱，或者采取有效的防泄漏措施	
3	外壳变形、破损或腐蚀是否超过厂家规定的安全限制条件			诊断并解除风险	
4	是否起火，或有起火痕迹				
5	是否冒烟			隔离放置，待危险解除后进行包装运输或开包检查，解除风险	
6	是否存在浸水痕迹			判断浸水的安全风险程度，进行风险解除或风干去除水分	
7	电池温度、电压等关键参数是否超过厂家规定的安全限制条件			隔离放置，待危险解除后进行包装运输或开包检查，解除风险	
检 测 结 果	动力蓄电池分类：□A 类　　　□B 类　　　□C 类				

2. A 类废旧动力蓄电池包装要求

（1）包装方式要求

1）应采用箱装，包括普通木箱、胶合板箱、金属箱、塑料箱、纸箱等符合第九类危险品对应的二类包装的要求。第九类危险品属于杂项危险物质，包括危害环境物质，常见的有：医疗废物、医药废物、废药物、药品、农药废物、木材防腐剂废物、有机溶剂废物、废矿物油、染料、涂料废物、废电池组等。二类包装适用内装危险性中等的货物，包装强度要求较高，必须使用杂项危险品标签。

2）防护包装主要有防泄漏包装、绝缘包装、防起火包装、防震包装、缓冲包装等，应根据不同类型动力蓄电池的特点，选用适当的防护方式。

说明：《危险货物品名表》（GB 12268—2012）规定，锂离子蓄电池属于第九类危险品，是具有中等危险性的物质，应采用第二类包装，并根据 B 类蓄电池的质量、特性等对包装箱进行必要的防护，确保包装、运输过程安全环保。

（2）包装容器要求

1）普通木箱应符合 GB/T 12464—2016 的规定，用其他材料制作包装箱时，结构应与材质相适应。

2）包装箱应具有足够的强度。包装箱的质量和特点、材质、型式、规格、包装方法可以满足动力蓄电池重量要求，另外应与所装危险货物的性质和用途相适应，符合便于装卸、运输和贮存的要求。

3）包装容器的构造和封闭形式应能承受正常运输条件下的各种作业风险，内装具有阻燃、隔热及防泄漏功能的填充材料进行防护，不应因温度、湿度或压力的变化而发生任何渗漏，表面应清洁，不允许黏附有害的危险物质。

4）包装箱与动力蓄电池直接接触部分，应有内涂层或进行防护处理，运输包装材质不应与动力蓄电池发生化学反应。

（3）容器标记代号要求　废旧动力蓄电池的运输包装容器的标记代号参照 GB 12463—2009 的规定进行，见表 3-9。例如：$1A_3$，1 表示容器为桶，A 表示容器材质为铁，3 表示全开口。

表 3-9　不同形态的电池废料的运输容器要求

废料形态	容　器	封口形式	标记代号
块状（无腐蚀性）	全开口铁桶	严密封口	$1A_3$
块状（有腐蚀性）	全开口塑料桶	严密封口	$1H_3$
片状	塑料编织袋或全开口铁桶	严密封口	$5H1$，$1A_3$
粉状、渣状	塑料编织袋	严密封口	$5H_1$
液体状	小开口塑料桶	液密封口	$3H_1$

（4）防护材料要求

1）防护材料包括用于包装箱支撑、加固、衬垫、缓冲和吸附等作用的材料。

2）包装箱所采用的防护材料及防护方式，应与动力蓄电池性能相容，符合包装运输整体性能的需要，能经受运输途中的冲击与振动，保证动力蓄电池与外包装在运输途中的安全。

说明：防护材料的作用有多种，包括支撑、加固、缓冲、衬垫、吸附等，要根据动力蓄电池的特性选用不同作用的防护材料进行防护。在运输途中，为了避免包装箱与动力蓄电池之间的冲击与振动，避免运输途中动力蓄电池的漏液、漏电等事故，应选用对应包装箱，保证运输途中的安全、环保。

3. B 类废旧动力蓄电池包装要求

B 类蓄电池处于冒烟、着火、漏液、变形或破损等严重超出厂家规定的安全极限条件，极不稳定，不能直接进行包装运输，运输之前需经过处理和防护，达到 A 类蓄电池的标准后按照 A 类蓄电池进行包装运输。

4. 标志和安全标签要求

（1）标志基本要求

1）进行废旧动力蓄电池运输的包装箱、车辆的标志应符合 GB 190—2009 和 GB/T 191—2008 的要求，并对 A 类、B 类电池分别标志。

2）A 类蓄电池的包装箱上应贴有"准备处理的锂电池组"或"准备回收的锂电池组"标签。

3）处理后的 B 类蓄电池的包装箱上应贴有"损坏/残次品锂电池或锂电池组"标签。

（2）包装和货运单上的标志　每个提交运输的包装箱应明确标明表 3-10 所示信息（相关规定中有其他明确规定的除外）。

表 3-10　运输包装箱标志要求

序　号	标　志
1	堆叠层数极限标志
2	向上标志
3	禁止翻滚标志
4	杂类危险物质和物品标志
5	怕雨标志
6	怕晒标志
7	联系人信息（以便询问）
8	包装箱及车厢内烟雾探测器和 GPS 等控制设备的位置及数量

标志说明：

1）标明包装箱的最大承重及可堆叠的最大层数。

2）标明包装箱正面朝上，不能侧放和倒放。

3）标明包装箱在装运过程中不能进行翻滚，需要移动时应进行垂直或平行移动。

4）标明包装箱内锂离子蓄电池的属性，是否属于杂类危险物质。

5）标明怕雨、怕晒，避免安全隐患。

6）标明废旧动力蓄电池回收企业的联系电话，以便发生异常情况时进行咨询。

二、运输过程中使用的托盘或周转箱

运输过程中，完整的废旧动力蓄电池应采用聚氯乙烯（PVC）周转箱，破损的废旧动力蓄电池应采用 PVC 桶。破损的废旧铅蓄电池应先用 PVC 材质的包装袋装好，再放入 PVC 桶内，最后盖好并覆膜密封。废旧锂离子蓄电池应使用托盘装载，避免搬运过程中受到强烈振动，托盘的各垂直和水平边应有护角进行保护。运输过程中使用的托盘和周转箱如图 3-24 所示。

图 3-24　托盘和周转箱

1. 防火要求

（1）火灾预警功能　周转箱应在箱体上配备至少 1 个感烟火灾探测器，探测器应安装在顶盖内侧，并配备防撞罩。

（2）燃烧性能等级　周转箱所用金属的燃烧性能等级应符合 GB 8624—2012 中规定的 A

级要求。

说明：锂离子蓄电池的起火不同于一般火灾，一旦发生很难及时扑灭，因此标准中要求其周转箱具有一定的预防火灾发生和遏制火势蔓延的功能，并要求规定的材料中包含金属。不燃材料（制品）的燃烧性能最差，其燃烧性能等级定为 A 级。

2. 防水要求

周转箱的防水性能应达到 GB/T 7350—1999 中规定的 B 类二级包装的要求，且遇水后应仍能满足绝缘要求。

3. 绝缘要求

对于与内装电池直接接触的周转箱，周转箱内外侧任意两点间的电阻应不小于 0.1MΩ。

说明：《电动汽车用动力蓄电池安全要求》（GB 38031—2020）规定"试验后的绝缘电阻值不小于 100Ω/V。人体绝对安全电流为 10mA，即 0.01A。"电池包的最高电压近 700V；按周转箱中电池的最高电压为 1000V 计算，周转箱的绝缘电阻值应不小于 1000V/0.01A = 100,000Ω，即 0.1MΩ。

4. 防腐蚀要求

周转箱防腐蚀的方式有两种：

（1）涂镀层　周转箱的外露部位应进行涂镀处理，涂镀层应符合 QC/T 625—2013 的要求。

（2）油漆层　周转箱的外露部位应进行喷漆处理，油漆层的附着力、耐温性能、耐腐蚀性能、耐工业溶剂性能和耐酸雾性能应满足 QC/T 484—1999 中 TQ6 的要求。

三、运输过程的其他要求

1. 运输方式

废旧动力蓄电池的运输方式可分为 3 种：公路运输、铁路运输、水路运输。废旧铅酸蓄电池需采用公路运输或铁路运输，其他废旧动力蓄电池采用上述 3 种方式均可。

2. 基本要求

1）运输废旧动力蓄电池前，回收企业与运输企业应共同制定详细的运输方案及路线，并制定事故应急方案，配备应急设施、设备及个人防护设备，以保证在运输过程中能有效减少环境的污染。

2）运输车辆应配备符合国家规定的实时定位系统，并安装烟雾报警装置。在运输途中，运输车辆必须持有通行证，其上应写明废物的来源、性质、数量、运往地点，必要时须有单位人员负责押运工作。运输废旧动力蓄电池的车辆禁止搭乘无关人员。

3）运输中的人员及其操作要求按照 JT/T 617—2018 规定的从业人员要求执行，运输人员须进行处理危险废物和应急救援方面的培训，包括防火、防泄漏等，以及通过何种方式联络应急响应人员。

4）在运输过程中，废旧铅酸蓄电池应捆紧并码放好，并采取相应的遮阳、温控、绝缘、防火、防震、防撒漏、防止容器滑动等措施。

5）运输 A 类蓄电池的车厢应保持清洁干燥，不得任意排弃车上的残留物，运输结束后被动力蓄电池污染过的车辆，应到具备相应条件的地点进行清洗处理。

6）运输废旧动力蓄电池的车辆禁止搭乘无关人员。

7）运输 A 类蓄电池的车辆不得在居民聚居点、行人稠密地段、政府机关、名胜古迹、风景游览区停车。如需在上述地区进行装卸作业或临时停车，应采取安全措施。

8）在运输过程中，废旧动力蓄电池的运输包装必须定期检查，如出现破损，应及时更换。不应将废旧动力蓄电池进行拆解、碾压及其他破碎操作，应保证废旧动力蓄电池的外壳完整，减少并防止有害物质的渗出。

9）各级环境保护行政主管部门应按照国家和地方制定的危险废物转移管理办法对批量废旧动力蓄电池的流向进行有效控制，禁止在转移过程中将废旧动力蓄电池丢弃在环境中。

任务实施▸

一、任务准备

1. 进行任务分组，每 5~8 个人为一组；
2. 进行任务分工。

二、实施步骤

步骤 1：根据本任务的"相关知识"中介绍的内容，分小组讨论电池废料如何根据其形态使用不同型号的容器进行运输，并将表 3-11 补充完整。

表 3-11 不同形态的电池废料的运输容器要求

废料形态	容器	封口形式	标记代号
块状（无腐蚀性）		严密封口	1A₃
块状（有腐蚀性）		严密封口	1H₃
片状		严密封口	5H₁，1A₃
粉状、渣状		严密封口	5H₁
液体状		液密封口	3H₁

步骤 2：首先根据所学的知识，想一想废旧铅酸蓄电池可采用以下哪种方式进行运输。然后以小组为单位讨论为什么要采取这样的运输方式，并填入表 3-12 中。

表 3-12 废旧铅酸蓄电池的运输方式

序号	运输方式	是否选用	原因
1	公路运输	是□　否□	
2	铁路运输	是□　否□	
3	水路运输	是□　否□	

步骤 3：请完成以下填空，《电动汽车用动力蓄电池安全要求》（GB 38031—2020）规定

"试验后的绝缘电阻值不小于_____ Ω/V。人体绝对安全电流为_____ mA，即_____ A。"电池包的最高电压可达近700V；按周转箱中电池的最高电压为1000V计算，周转箱的绝缘电阻值应不小于_____ MΩ。

步骤4：请用万用表测量自己的电阻值，并记录两手之间的电阻值为（_____）Ω，小组间进行对比，每个人的电阻值一样吗？并想想不一样的原因是什么。

步骤5：以小组为单位进行讨论，下列哪些属于废旧动力蓄电池安全判定检测项目，为什么要进行这些检测项目呢？根据讨论的结果完成表3-13。

表3-13　废旧动力蓄电池安全判定检测项目

序号	选　项	结　论	需要检测的原因
1	是否漏电或存在绝缘失效	是□　否□	
2	是否存在灰尘痕迹	是□　否□	
3	是否存在浸水痕迹	是□　否□	
4	是否起火，或有起火痕迹	是□　否□	

任务四　废旧动力蓄电池贮存要求

学习目标 ▶

➤ **知识目标**
1. 了解废旧动力蓄电池的贮存场地要求。
2. 了解废旧动力蓄电池的贮存期限。
3. 了解废旧动力蓄电池的贮存环境要求。

➤ **技能目标**
1. 具备正确描述长期贮存期限和短期贮存期限间的区别的能力。
2. 具备根据贮存要求分析本地废旧动力蓄电池回收服务网点贮存场地规范性的能力。
3. 具备对废旧动力蓄电池进行合理堆垛处理的能力。

➤ **素养目标**
1. 通过对非法贮存废旧动力蓄电池案例的分析，提高法治意识。
2. 了解废旧动力蓄电池贮存的安全防护要求，牢固树立安全消防意识。
3. 了解废旧动力蓄电池贮存的防污染要求，增强环保意识。
4. 了解废旧动力蓄电池贮存的规范，培养严谨细致的工作作风。
5. 了解废旧动力蓄电池的贮存环境要求，提高对环境的公民责任感。

任务导入 ▶

2020年9月，四川曝出新《固废法》"第一案"！川渝两地生态环境部门联手侦破危险品非法跨省运输案，14t废旧动力蓄电池被查，涉案者被刑拘，查处现场如图3-25所示。在不符合国家废旧动力蓄电池贮存规范的贮存场地大量贮存废旧动力蓄电池是违法行为，你知道吗？

扫码学习废旧动力电池的贮存要求

图 3-25　废旧动力蓄电池贮存场地

相关知识 ▶

一、贮存场地

1. 一般要求

在确定处理措施前，废旧动力蓄电池应贮存在专门的场地中，贮存场地应满足以下要求。

（1）安全防护要求

1）贮存场地应符合法律法规要求及当地消防、环保、安全部门的有关规定，贮存区域的消防安全等级应满足 GB 50016—2014 中关于丙类厂房的设计要求，耐火等级不应低于二级，如图 3-26 所示。

2）存储区域宜设置第二个疏散出口，并使用甲级防火门窗隔开，应只有一个入口，并且在一般情况下，应关闭此入口以避免灰尘的扩散。

3）作为危险品贮存点，必须设立警示标志，只允许专门人员进入贮存设施。

4）贮存场地应配备通信设备、照明设施、安全防护服装及工具，并设有消防应急防护设施。上述设备及设施应设在易燃、易爆等危险品仓库及高压输电线路防护区域以外。

5）贮存区域应安装视频监控系统，监控画面要对着废旧动力蓄电池贮存区，如图 3-27 所示。

图 3-26　废旧动力蓄电池的
贮存场地（丙类厂房）

图 3-27　贮存区域的视频监控画面

（2）防污染要求

1）废旧动力蓄电池贮存场地应避免高温、保证通风良好，应控制贮存场地的环境温度，避免因高温自燃等引起的环境风险。贮存场地应有防止废旧铅酸蓄电池破损和电解液泄漏的措施，例如对水泥硬化地面使用环氧树脂漆进行处理，如图 3-28 所示。如果地面是瓷砖，无法涂抹环氧树脂漆，地面则应该铺设有绝缘垫。

2）废旧动力蓄电池贮存场地应有足够的废水收集系统，以便将溢出的溶液送到酸性电解液的处理站；应设立负压排气系统；应具有空气收集、排气系统，用来过滤空气中的含铅灰尘和更新空气。

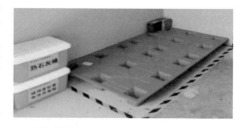

图 3-28　用环氧树脂漆处理地面

2. 贮存规范

（1）分类贮存要求　不同材料类型的废旧动力蓄电池应当按不同贮存方式分开贮存。根据贮存要求和是否属于危险废弃物，废旧动力蓄电池的分类贮存要求见表 3-14。

表 3-14　废旧动力蓄电池的分类贮存要求

分　类	组　别	贮存要求
一般废旧动力蓄电池	锌锰电池、碱性锌锰电池、锂一次电池等一次电池废料	不同组别的废旧动力蓄电池隔离贮存，同一组别、不同名称的废旧动力蓄电池隔离贮存或隔开贮存。贮存仓库及场地应贴有一般固体废物的警告标志，参照 GB 15562.2—1995 的有关规定执行
	锂离子蓄电池、镍氢电池等二次电池废料	
	废极片料、边角料、废渣	
	其他电池废料	
危险废弃物废旧动力蓄电池	废含汞电池	不同组别的废旧动力蓄电池分离贮存，同一组别的废旧动力蓄电池隔离贮存。贮存仓库及场地应贴有危险废物的警告标志，参照 GB 15562.2—1995 的有关规定执行
	废镉镍电池及边角料	
	废铅酸蓄电池	

（2）贮存方式的要求　贮存仓库应根据不同的贮存方式标准满足不同的要求，具体要求见表 3-15。

表 3-15　不同贮存方式的要求

贮存方式	隔开贮存	隔离贮存	分离贮存
单位面积的平均贮存量/t·m^{-2}	1.0	1.5~2.0	0.7
单一贮存区的最大贮存量/t	200~300	200~300	400~600
贮存区间距/m	0.5~1.0	0.3~0.5	0.5~1.0
通道宽度/m	1~2	1~2	5
墙距宽度/m	0.3~0.5	0.3~0.5	0.3~0.5

对废旧动力蓄电池进行堆垛时，电池的正负极触头应采取绝缘防护，堆垛高度不得超过

3 层，堆垛间隔保持 0.3~0.5m，堆码高度不超过 2m，禁止直接与地面接触存放。某仓库废旧动力蓄电池的堆垛如图 3-29 所示。

图 3-29　某仓库废旧动力蓄电池的堆垛

二、贮存期限

1）我国生态环境部发布的最新《废铅蓄电池处理污染控制技术规范》明确：应避免贮存大量的废铅酸蓄电池或贮存时间过长，贮存点应有足够的空间，暂存时间最长不得超过 60 天，长期贮存时间最长不得超过 1 年。

2）收集型回收服务网点：A 类废旧动力蓄电池的贮存时长≤30 天；B 类、C 类废旧动力蓄电池的贮存时长≤5 天。

3）集中型回收服务网点：A 类废旧动力蓄电池的贮存时长≤3 个月；B、C 类废旧动力蓄电池的贮存时长≤1 个月。

三、贮存环境

废旧动力蓄电池贮存环境的一般要求如下。

1）禁止将废旧动力蓄电池堆放在露天场地，避免电池遭受雨淋水浸。

2）存储区域应避免阳光直晒，确保通风良好、阴凉干爽；仓库应做好防潮措施，避免电池在潮湿空气中受损。

3）短期存储（少于 6 周）情况下的环境温度应保持在 -40~40℃ 之间；长期存储情况下的环境温度应保持在 -40~30℃ 之间；环境湿度不高于 85%RH。

4）应严格控制废旧动力蓄电池的贮存仓库及场地的温度、湿度，发现变化应及时检查贮存状况。

5）必须远离可使电池系统外部升温 60℃ 的热源。

6）应远离易燃、易爆等危险品仓库及高压输电线路防护区域。

7）避免放在强静电和强磁场的地方。

贮存废旧动力蓄电池的仓库如图 3-30 所示。

图 3-30　贮存废旧动力蓄电池的仓库

任务实施 ▶

一、任务准备

1. 进行任务分组，每 5~8 个人为一组。
2. 进行任务分工。

二、实施步骤

任务实施的具体操作步骤见表 3-16，请将完成情况填入表中。

表 3-16　任务实施的具体操作步骤及完成情况

步骤	具 体 操 作	是 否 正 确
1	贮存场地应符合法律法规要求及当地消防、环保、安全部门的有关规定，存储区域的消防安全等级应满足 GB 50016—2014 中关于丙类厂房的设计要求，耐火等级不应低于二级	是□　否□
	存储区域宜设置第二个疏散出口，并使用甲级防火门窗隔开，应只有一个入口，并且在一般情况下，应开启此入口以方便疏散	是□　否□
	作为危险品贮存点，必须设立警示标志，只允许专门人员进入贮存设施	是□　否□
	贮存区域应安装视频监控系统，监控画面要对着入口及疏散出口	是□　否□
2	废旧动力蓄电池贮存场地会产生含铅灰尘，所以应避免通风，做好防护措施	对□　错□
	若为错，原因是：	
3	对于属于危险废电池废弃物的，需要进行特殊处理。以下哪些需要特殊处理的，请进行判断	
	废极片料、边角料、废渣	是□　否□
	废镉镍电池及边角料	是□　否□
	锂离子蓄电池、镍氢电池等二次电池废料	是□　否□
	废铅酸蓄电池	是□　否□
4	废旧动力蓄电池贮存区域需要避免阳光直射吗	需要□　不需要□

▷▷▷ ▶▶▶ 项目四

动力蓄电池拆解

任务一 动力蓄电池拆解准备工作

学习目标 ▶

> **知识目标**

1. 了解作业前的场地准备要求。
2. 掌握拆解工具的使用方法。
3. 掌握高压防护工具的种类及使用方法。

> **技能目标**

1. 具备按照拆解说明书做好作业前场地准备的能力。
2. 具备正确识别拆解工具种类的能力。
3. 具备正确穿戴高压防护工具的能力。

> **素养目标**

1. 树立安全、规范的操作意识。
2. 培养爱岗敬业、吃苦耐劳的专业精神。
3. 通过格林美的案例，培养爱国主义精神。
4. 通过认知高压防护工具，增强作业安全意识。
5. 在场地准备过程中培养精益求精的工匠精神。
6. 严格执行 6S 现场管理。

任务导入 ▶

技师小王为了考取动力蓄电池处置工证，参加了国家工信部和生态环境部联合举办的"动力蓄电池回收拆解处置"专项技术人才培训班，了解到动力蓄电池拆解前需要做好安全准备工作。你知道动力蓄电池拆解的准备工作有哪些吗？

相关知识 ▶

一、作业前的场地准备

1）检查实训场地和设备设施是否清洁及存在安全隐患，检查配电箱是否符合用电需求。在对动力蓄电池进行拆解时，拆解人员应具有相应资质，持动力蓄电池处置工证上岗，摘除身上一切金属物品，检查并穿戴绝缘安全防护用品，准备并检查绝缘工具及测量仪表的绝缘是否合格，整理维修场地，放置警示标牌（见图4-1）。

2）拆卸动力蓄电池组时，技术人员必须准备一个绝缘工作台，用于放置拆下来的动力蓄电池组。如果不使用绝缘工作台，发生电解液泄漏的动力蓄电池组就会通过工作台短接到地面，造成安全隐患。没有绝缘工作台的情况下，也可以将绝缘垫铺设在工作台上起绝缘作用，如图4-2所示。

图4-1 "有电危险"黄色警示标牌

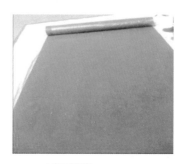

图4-2 绝缘垫

3）如果动力蓄电池组的冷却系统为液冷式冷却系统，在拆卸动力蓄电池组之前必须确保将其冷却回路内的冷却液尽可能完全排干，并在排干冷却液后将冷却回路的入口和出口堵住，以确保没有异物进入。高压系统的任何暴露区域也不能有异物。

4）动力蓄电池组的拆解工位必须洁净（无油脂、无污物、无碎屑）、干燥（无溢出液体）且无飞溅火花（不靠近车身维修区域），必须避免紧靠车辆清洗场所（清洗车间）或车身修理工位，如有条件，应使用活动隔板进行隔离。图4-3为国内某企业的动力蓄电池拆解工位。

图4-3 国内某企业的动力蓄电池拆解工位

二、拆解工具的使用

拆解过程中主要的专用工具包括：可移动总成升降台及用于拆卸动力电池组的适配接头套件，用于拆卸电池模块的起重工具，用于松开动力蓄电池组内部卡子的绝缘专用工具，抓取模块工装。

（1）特殊工具 在部件拆卸时可能需要使用专用维修工具。许多动力蓄电池组（包括一些小型电池组），必须弯下身去才能顺利取下。有些电池组则必须使用起重机或带吊钩的电池组专用举升装置才能拆下来。例如，必须先使用动力蓄电池组的维修开关拆卸，如图4-4所示，然后方可拆下电池模块盖。这样的设计也保证了技术人员在拆下电池模块盖之前，高压维修开关就已经被拆除，避免触电危险。

（2）可移动总成升降台 用于支撑和降落电池组的升降台必须能够完全承受电池组的重量。升降台的平台要足够长、足够宽，能够支撑电池组。许多汽车制造商对其动力蓄电池组适用什么规格的升降台有明确的规定。

图 4-4 丰田普锐斯电池
模块盖拆卸工具

汽车制造商可能建议或要求在动力蓄电池组和升降台之间加一个托盘，以减少拆卸过程中动力蓄电池组的挠曲变形。有很多制造商要求将动力蓄电池组绑在升降台上，然后才能将其落下。在拆解动力蓄电池组之前，必须查看制造商关于动力蓄电池组的拆解和贮存操作步骤。用于动力蓄电池组拆解的可移动总成升降台如图 4-5 所示。

（3）绝缘拆装工具 使用绝缘拆装工具可以有效防止意外触电事故的发生。带高压的动力蓄电池零部件拆装必须使用绝缘拆装工具，松开动力蓄电池组内部卡子的操作也需要使用专用工具进行。绝缘拆装工具必须装有耐电压 1000V 以上的绝缘柄。绝缘拆装工具包括常用的套筒、开口扳手、螺钉旋具、钳子、电工刀等，如图 4-6 所示。

图 4-5 用于动力蓄电池组拆解的可移动总成升降台

图 4-6 绝缘拆装工具

三、高压防护工具的使用

拆解蓄电池包时应使用高压防护工具，即绝缘工具套装。绝缘是指用不导电的物质（绝缘材料）将导电物体隔离或包裹起来，以保护操作人员避免触电的一种安全措施。高压防护工具包括绝缘手套、绝缘鞋、电绝缘防护服、绝缘垫、高压绝缘测试仪、安全帽、护目镜、万用表、试电笔、高压验电器、救援钩、干粉灭火器、高压电警示牌，以及非化纤材质的绝缘防护服等，如图 4-7 所示。

（1）绝缘手套 橡胶制成的电工绝缘手套（见图 4-8）通常需要满足两个要求：一个是在进行任何有关高电压部件或线路的操作时，能够承受 1000V 以上的工作电压；另一个是应具备抗碱性，当工作中接触来自高压动力蓄电池组的氢氧化物等化学物质时，能防止这些物质对人体造成伤害。

图 4-7　个人高压防护工具

图 4-8　橡胶制成的电工绝缘手套

　　使用绝缘手套前应进行外观检查，如发现发黏、裂纹、破口漏气、气泡、发脆等情况时，禁止使用。此外，还要进行漏气检查，具体方法：将手套从口部向上卷，稍用力将空气压至手掌及手指部分，检查上述部位有无漏气，如图 4-9 所示，如有漏气此手套则不能使用。进行设备验电、倒闸操作、拆装接地线等工作时，必须佩戴绝缘手套，使用绝缘手套时应将上衣袖口套入手套筒口内。

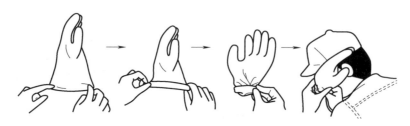

图 4-9　绝缘手套的漏气检查步骤

　　（2）绝缘鞋　绝缘鞋（见图 4-10）的作用是使人体与地面绝缘，防止电流通过人体与大地连通，对人体造成电击伤害，把触电时的危险程度降到最小。绝缘鞋电阻值范围为 $100k\Omega \sim 1000M\Omega$，具有透气性能好、防静电、耐磨、防滑等特点。

　　（3）护目镜　护目镜（见图 4-11）应该具有正面及侧面防护功能，可防止维修过程中产生的电火花及电池电解液飞溅对眼睛造成伤害。

图 4-10　绝缘鞋

图 4-11　护目镜

　　（4）绝缘垫　绝缘垫又称绝缘毯、绝缘胶垫等，是由特种橡胶制成，具有较大的体积电阻率和耐电击穿的胶垫，用于配电等工作场合的台面或铺地绝缘材料。在低压配电室地面上铺绝缘垫，可代替绝缘鞋起到绝缘作用。在电压为 1kV 及以下时，绝缘垫可作为基本安全用具；而在电压为 1kV 以上时，仅作为辅助安全工具。因此，在对动力蓄电池进行拆解时，必须使用绝缘垫。

为了保证绝缘垫的正常使用，在使用前需对安装好的绝缘垫进行绝缘性能检测，且需多点检测，如图 4-12 所示。

图 4-12　绝缘垫绝缘性能检测

任务实施 ▶

一、任务准备

1. 设备及工具准备

任务实施前需准备的设备及工具见表 4-1。

表 4-1　设备及工具

序　号	设备及工具名称	数　量
1	绝缘地垫	1 套
2	数字绝缘表	1 台
3	高压绝缘检测仪	1 台
4	绝缘鞋、绝缘手套、棉线手套、绝缘防护服	数套
5	安全帽	若干
6	可移动总成升降台	1 台
7	干粉灭火器	若干

2. 场地设备准备

确认地面硬化且具有耐药品性、防腐、防尘、防渗漏；清点并检查消防沙、消防蓄水池、干粉灭火器；确保通风良好，温度不高于 45℃；用安全警示线包围场地，并立"高压危险""当心触电""未经授权，请勿进入"等警示标志。

3. 安全防护准备

1）吊具、起吊设备所承受的载荷不得超过各自额定起重能力。

2）正式起吊前应进行试吊，在试吊过程中检查全部吊具、起吊设备的受力情况，发现问题应将吊起的蓄电池放回地面，排除故障后重新试吊，确认一切正常后方可正式吊装。

3）蓄电池存放区域须设置"高压危险，非专业人员禁止操作"标志。

4）注意穿好绝缘防护服、绝缘鞋、绝缘手套，并戴好护目镜和安全帽。

扫码了解场地认知、拆解工具使用、防护工具的使用

二、实施步骤

步骤1：观察绝缘手套表面是否有裂纹、磨损或其他损伤，确保手套折叠袖口的密封性良好，无漏气现象，如图4-13所示。

步骤2：检查棉线手套是否破损（见图4-14），检查护目镜是否有损伤，检查安全帽是否牢固。

图 4-13　检查绝缘手套

图 4-14　检查棉线手套

步骤3：检查数字绝缘表是否正常工作，将挡位置于50V，并将红表笔与黑表笔短接，若屏幕显示0，则数字绝缘表正常，如图4-15所示。

步骤4：在操作区域周围设置高压警示带和高压电警告标志，以防他人误入，如图4-16所示。

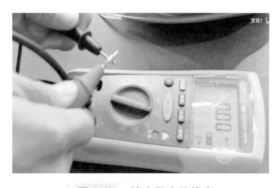

图 4-15　检查数字绝缘表

图 4-16　在操作区域设置警告标志

步骤5：在试吊过程中检查全部吊具、起吊设备的受力情况，发现问题应将动力蓄电池放回地面，排除故障。用于整个高压蓄电池的提升横梁如图4-17所示。

步骤 6：在可移动总成升降台上试着升降电池包并查看量程，提前排除故障。可移动总成升降台如图 4-18 所示。

图 4-17 提升横梁

图 4-18 可移动总成升降台

步骤 7：检查所用工具的完好性，所用绝缘工具应在有效周期内；佩戴好绝缘手套，用绝缘胶布对裸露的线束及高压插口进行绝缘处理。

步骤 8：拆解前，除去高压蓄电池模块盖罩区域内的残余水分和严重污物。

步骤 9：制定安全措施实施细则和安全检查表，并按安全检查表对拆解作业区进行检查。

注意：拆解人员应掌握消防器材的正确使用和维护方法，掌握事故应急处理（如灭火）和紧急救护（如扎伤、烧伤等）的方法。

步骤 10：准备好分类贮存拆解所得的零部件、材料、废弃物的容器，并做好清晰标志。含有害物质的部件应标明有害物质的种类，并按照危险废物特性分类进行收集、贮存。

任务二 动力蓄电池外观检查

学习目标 ▶

➢ **知识目标**

1. 了解动力蓄电池的标志及其含义。
2. 了解动力蓄电池的外观检查项目。
3. 掌握动力蓄电池的外观检查要点。

➢ **技能目标**

1. 具备正确描述动力蓄电池各种标志含义的能力。
2. 具备正确检查动力蓄电池外观的能力。
3. 具备独立完成动力蓄电池外观检查报告的能力。

➢ **素养目标**

1. 通过对电池型号的学习，培养信息收集和处理能力。
2. 通过对动力蓄电池外观检查的训练，增强安全意识。
3. 通过对不同电池型号的解读，提高学习逻辑思维能力。

4. 通过实操，养成定期反思与总结的习惯，改进不足，培养严谨细致的科学态度。

5. 在检查动力蓄电池外观的过程中严守岗位操作规程，培养爱岗敬业精神。

6. 严格执行 6S 现场管理。

任务导入 ▸

技师小王拿到动力蓄电池处置工证后，参加了全国"动力蓄电池回收拆解处置"专项技术技能大赛。拆解动力蓄电池前需要先记录动力蓄电池的外观检查结果，再完成拆解实验，并形成拆解过程报告。那么，动力蓄电池的外观检查有哪些要点呢？

相关知识 ▸

一、动力蓄电池的标志及其含义

1. 动力蓄电池标签的组成

动力蓄电池的标签上一般包括产品名称、电芯型号、标称电压、标称容量、储存能量、充电电压等信息，如图 4-19 所示。

图 4-19　动力蓄电池的标签示例

2. 电池型号识别

（1）生活常用电池　生活中常见的电池型号命名规则一般采用的是美国标准，主要由以下 5 个部分组成。

1）电池类型：D 代表镍镉电池，H 代表镍氢电池。

2）电池主要型号，分为 AAA、AA、A、SC、C、D、F 等，图 4-20 是生活中常用的 5 号电池和 7 号电池。

3）电池标称容量。

4）A 代表尖头电池；B 代表平头电池；H 代表高温电池；P 代表可用于大电流放电。

5）组合蓄电池单体的个数。

例如：D AA800H ＊5 表示镍镉高温电池，型号为 AA，电池标称容量为 800mA·h，由 5

个单体蓄电池组成。

平头电池是指正极无凸起的电池，常用作电池组点焊使用的电池芯，一般同等型号尖头的电池在高度上比平头电池仅多了 0.5mm 的凸起，如图 4-21 所示。很多的时候，电池的主型号前面还有分数（1/3、2/3、1/2，2/3、4/5、5/4、7/5），这些分数表示的是池体高度与主型号高度的比例，例如"2/3AA"表示池体高度是一般 AA 电池的 2/3。中美电池型号、尺寸对照见表 4-2。

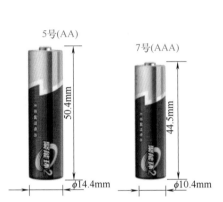

图 4-20　两种生活中常用电池对比

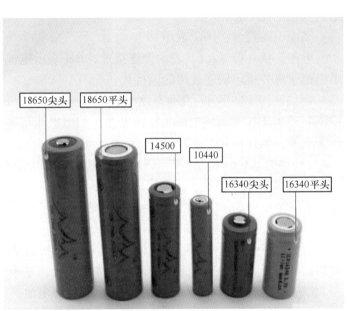

图 4-21　平头电池和尖头电池

表 4-2　中美电池型号、尺寸对照

编号	美 国 型 号	中 国 惯 称	尺寸（平头）/mm
1	AAAA	AAAA	高度 41.5±0.5，直径 8.1±0.2
2	AAA	7 号	高度 43.6±0.5，直径 10.1±0.2
3	AA	5 号	高度 48.0±0.5，直径 14.1±0.2
4	A	A	高度 49.0±0.5，直径 16.8±0.2
5	SC	SC	高度 42.0±0.5，直径 22.1±0.2
6	C	2 号	高度 49.5±0.5，直径 25.3±0.2
7	D	1 号	高度 59.0±0.5，直径 32.3±0.2
8	N	N	高度 28.5±0.5，直径 11.7±0.2
9	F	F	高度 89.0±0.5，直径 32.3±0.2

（2）镍镉电池、镍氢电池和锂离子蓄电池　目前，镍镉电池、镍氢电池和锂离子蓄电池的型号是按国际电工委员会（International Electrical Commission，IEC）的标准命名。该标准是由各国电工委员会组成的世界性标准化组织规定的。

1）根据 IEC 标准，镍镉电池和镍氢电池的型号由以下 5 部分组成。

电池种类：KR 表示镍镉电池，HF 表示镍氢电池。

电池尺寸资料：包括圆柱形电池的直径、高度，方形电池的高度、宽度、厚度，数值之间用斜杠隔开（单位为 mm）。

放电特性符号：L 表示适宜放电电流倍率在 0.5C 以内；M 表示适宜放电电流倍率在 0.5~3.5C 以内；H 表示适宜放电电流倍率在 3.5~7.0C 以内；x 表示电池能在 7~15C 高倍率的放电电流下工作。

高温电池符号：用 T 表示。

电池连接片符号：CF 表示无连接片；HH 表示电池带有拉状串联连接用连接片；HB 表示电池带有并排串联连接用的连接片。

例如，HF18/07/49 表示宽度为 18mm、厚度为 7mm、高度为 49mm 的方形镍氢电池；KRMT 33/62HH 表示该电池为镍镉电池，放电电流倍率为 0.5~3.5C，属于高温系列，是单体蓄电池，无连接片，且直径为 33mm、高度为 62mm。

2）根据 IEC 61960 标准，锂离子蓄电池的型号由 3 个字母及后面的 5 位数字（圆柱形）或 6 位数字（方形）组成，具体含义如下。

第一个字母表示电池的负极材料：I 表示具有嵌入特性负极的锂离子体系；L 表示锂金属电极或锂合金电极。

第二个字母表示电池的正极材料：C 表示正极为基于钴的材料；N 表示正极为基于镍的材料；M 表示正极为基于锰的材料；V 表示正极为基于钒的材料。

第三个字母表示电池的形状：R 表示圆柱形电池；P 表示方形电池。

数字部分。圆柱形电池的型号中有 5 位数字，前两位表示直径；第三、四位表示高度，单位均为 mm；最后一位数字为 0，表示圆柱形。直径或高度中的任意尺寸大于或等于 100mm 时，两个尺寸之间应加斜线。常见的型号：14500、14650、17490、18500、18650、26500。方形电池的型号中有 6 位数字，前两位表示电池的厚度；中间两位表示宽度；最后两位表示高度，单位均为 mm。3 个尺寸中任意一个大于或等于 100mm 时，尺寸之间应加斜线；3 个尺寸中若有任意一个小于 1mm，则在对应数字前加字母 t，表示实际尺寸为该数字的 1/10，单位为 mm。锂离子蓄电池型号解读示例见表 4-3。

表 4-3　锂离子蓄电池型号解读示例

型　　号	含　　义		
ICR18650	圆柱形二次锂离子蓄电池	正极材料为钴	直径约为 18mm，高约为 65mm
ICP083448	方形二次锂离子蓄电池	正极材料为钴	厚度约为 8mm，宽度约为 34mm，高约为 48mm
ICP08/34/150	方形二次锂离子蓄电池	正极材料为钴	厚度约为 8mm，宽度约为 34mm，高约为 150mm
ICPt73448	方形二次锂离子蓄电池	正极材料为钴	厚度约为 0.7mm，宽度约为 34mm，高约为 48mm

3）锂离子蓄电池模块的型号由类型代码、额定电能（单位为 kW·h）、标称电压、串联电池的数量、额定放电电流、峰值放电电流倍数和电池模块箱结构代号组成。锰酸锂电池模块的型号表示方法如图 4-22 所示，部分代码含义如下。

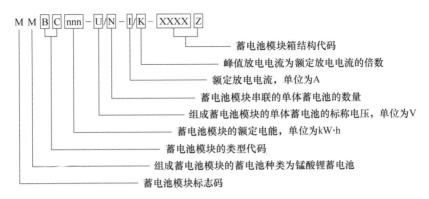

图 4-22　锰酸锂电池模块型号表示方法

组成蓄电池模块的蓄电池种类代号：锰酸锂蓄电池总成（代号为 M）；磷酸亚铁锂蓄电池总成（代号为 F）。

蓄电池类型：能量（Energy）型锂离子蓄电池总成（代号为 E）；功率（Power）型锂离子蓄电池总成（代号为 P）。

蓄电池管理系统功能配置：标准型（代号为 B）；均衡型（代号为 H）；基本型（代号为 J）；I/O 型（代号为 I）。

例如，锰酸锂蓄电池模块型号 MMEB5.20-48/12-50/9-4007 的含义为：MMEB 表示标准配置（B）的能量型（E）锰酸锂蓄电池（M）模块（M）；5.20 表示额定电能为 5.20kW·h；48/12 表示采用 12 个（12）单体蓄电池串联组成的标称电压为 48V 的蓄电池模块；50/9 表示额定放电电流为 50A，最大放电电流为 450A（50A×9）；4007 表示蓄电池模块采用类型代码为 4007 的标准型蓄电池模块箱。

4）锂离子蓄电池总成的型号由类型代码、额定电能（单位为 kW·h）、锂离子蓄电池模块标称电压和模块数量、额定放电电流、峰值放电电流倍数和电池模块箱结构代码组成。锂离子蓄电池总成产品型号表示方法如图 4-23 所示。

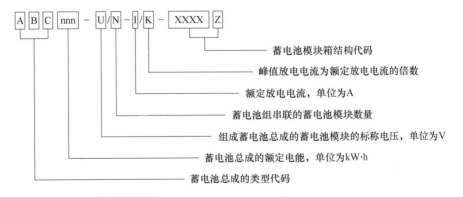

图 4-23　锂离子蓄电池总成产品型号表示方法

组成锂离子蓄电池总成的蓄电池模块种类：锰酸锂蓄电池总成（代号为 M）；磷酸亚铁

锂蓄电池总成（代号为 F）。

蓄电池类型：能量（Energy）型锂离子蓄电池总成（代号为 E）；功率（Power）型锂离子蓄电池总成（代号为 P）。

蓄电池管理系统功能配置分为：标准型（代号为 B）；均衡型（代号为 H）；基本型（代号为 J）；I/O 型（代号为 I）。

例如，锂离子蓄电池总成型号 FEB12.5-144/3-50/9-4009 的含义为：FEB 表示标准配置（B）的能量型（E）磷酸亚铁锂蓄电池总成（F）；12.5 表示额定电能为 12.5kW·h；144/3 表示由 3 个标称电压为 48V 的蓄电池模块组成，蓄电池组的标称电压为 144V；50/9 表示额定放电电流为 50A，最大放电电流为 450A（50A×9）；4009 表示蓄电池模块采用类型代码为 4009 的标准型蓄电池模块箱。

（3）铅酸蓄电池　铅酸蓄电池的型号则根据 JB 2599—2012 标准有关规定，由蓄电池单体的格数、型号、额定容量、电池功能和形状等组成，通常分为 3 段表示（见图 4-24）：第一段为数字，表示单体蓄电池的串联数。每一个单体蓄电池的标称电压为 2V，当单体蓄电池串联数（格数）为 1 时，第一段可省略，6V、12V 蓄电池分别用 3 和 6 表示。第二段为 2~4 个汉语拼音字母，表示蓄电池的类型、功能和用途等。第三段表示电池的额定容量。铅酸蓄电池常用汉语拼音字母的含义见表 4-4。

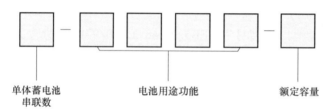

图 4-24　铅酸蓄电池型号表示方法

表 4-4　铅酸蓄电池常用汉语拼音字母的含义

第 1 个字母	含　义	第 2、3、4 个字母	含　义
Q	启动用	A	干荷电式
G	固定用	F	防酸式
D	电瓶车用	FM	阀控式密封
N	内热机用	W	无须维护
T	铁路客车用	J	胶体
M	摩托车用	D	带液式
KS	矿灯酸性用	J	激活式
JC	船舰用	Q	气密式
B	航标灯用	H	湿荷式
TK	坦克用	B	半密闭式
S	闪光用	Y	液密式

图 4-25 为海宝 6-EVMJ-60 型电池。其中，EVMJ 是 Etched Vertical Multi Junction 的缩写，意为刻蚀垂直多结。它使用航天技术要求进行设计，原来是用于卫星上的蓄电池，但是因为电池结构能够有效地减少载体电阻损失的电压，目前主要应用于道路车辆上。"6"是指蓄电池中包含 6 节小电池，每节电池的电压为 2V，故此型号的电池电压为 12V；"60"是指电池的电量为 60A·h。

图 4-25　海宝 6-EVMJ-60 型电池

图 4-26 为天能 6-DZM-14 型电池。其中，"6"是指蓄电池中包含 6 节小电池，每节电池的电压为 2V，故此型号的电池电压为 12V；"14"是指电池的电量为 14A·h；英文字母 DZM 中，"D"代表电动，"Z"代表助动，"M"代表密封。因此，"6-DZM-14"表示的是 12V、14A·h 的密封电池，可用于电动汽车、助动车。

图 4-27 为海宝 6-FM-40 型电池。其中，"FM"中的"F"代表阀控式，FM 系列的电池都是阀控式密封电池。这两个字母颠倒过来也是一个系列，即 MF 系列。MF 系列与 FM 系列有着极大的差别，这一型号是英文词组无须保养（Maintenance-Free）的缩写，即为免维护电池系列。

图 4-26　天能 6-DZM-14 型电池

图 4-27　海宝 6-FM-40 型电池

二、动力蓄电池的外观检查项目与要点

在拆解动力蓄电池前，要检查动力蓄电池的高压连接器、低压连接器、电池箱体，以及各螺栓和螺纹孔等方面是否正常；电池包的第一可视面是否具有安全风险警示标签；记录动力蓄电池的铭牌信息，查明电池单体的化学体系类型和动力蓄电池系统的基本参数（包含额定电压、总能量、最大放电电流、最大充电电流、电池系统整体质量等），以便识别。

外观检查的要点如下。

1）检查动力蓄电池的高压输出端插件状况是否正常，如图 4-28 所示。

2）检查动力蓄电池的低压输出端插件状况是否正常，如图 4-29 所示。

图 4-28　检查高压输出端插件

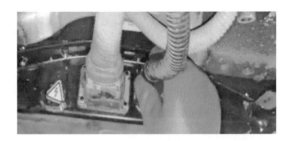

图 4-29　检查低压输出端插件

3）测量动力蓄电池高压输出端的正负极间电压，如图 4-30 所示。

4）检查动力蓄电池的外观有无变形、裂纹、大面积氧化和脱漆等情况，如图 4-31 所示。

图 4-30　测高压输出端的正负极间电压

图 4-31　检查外观有无裂纹、脱漆等情况

5）检查动力蓄电池的壳体紧固螺栓有无松动和缺失。

6）戴上绝缘手套，用干抹布清洁动力蓄电池表面，使电池包表面无灰尘和油渍等。

任务实施 ▶

一、任务准备

1. 设备及工具准备

任务实施前需准备的设备及工具见表 4-5。

表 4-5　设备及工具准备

序　号	设备及工具名称	数　量
1	动力电池包	1 个
2	高压防护工具	1 套
3	万用表	1 台
4	干抹布	若干

2. 场地及设备准备

任务实施前需要做好绝缘防护手套气密性检查，并检查实训场地和设备设施是否存在安全隐患。

3. 安全防护准备

（1）禁止在带电状态下触碰任何带安全警示标志的部件。

（2）禁止徒手触摸任何橙色的线束。

（3）穿戴绝缘防护手套。

（4）设置隔离栏以隔离维修工位。

扫码了解动力
电池外观检查

二、实施步骤

动力蓄电池外观检查步骤介绍如下。

步骤 1：检查动力蓄电池托盘有无裂纹、碰撞和挤压现象，如图 4-32 所示。

步骤 2：戴上绝缘手套，拔出动力蓄电池的低压插头，查看针脚有无松脱，有无烧蚀，如图 4-33 所示。

图 4-32　检查动力蓄电池表面

图 4-33　检查动力蓄电池的低压插头

步骤 3：戴上绝缘手套，拔出动力蓄电池的高压插头，查看插头有无烧蚀和异物，如图 4-34 所示。

步骤 4：记录动力蓄电池的铭牌信息，如工作电压（额定电压）、额定容量、电池材料（化学类型）和生产厂家等信息，如图 4-35 所示。

图 4-34　检查动力蓄电池的高压插头

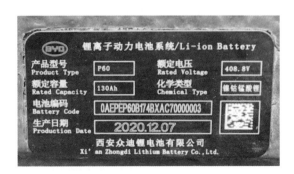

图 4-35　记录动力蓄电池的铭牌信息

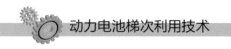

任务三 动力蓄电池 SOH 评估与余电释放

学习目标 ▶

➢ **知识目标**

1. 了解动力蓄电池的 SOC 与 SOH 的概念。
2. 掌握 SOC 与 SOH 的检测方法。
3. 掌握动力蓄电池余电释放的方法。

➢ **技能目标**

1. 具备正确描述动力蓄电池的 SOC 与 SOH 概念的能力。
2. 具备熟练地对动力蓄电池进行 SOC 与 SOH 检测的能力。
3. 具备完成动力蓄电池余电释放的能力。

➢ **素养目标**

1. 通过比克电池储能项目的案例，引导学生树立"技术报国、科技报国"的理想。
2. 通过了解 SOC 与 SOH 的多种检测方法，培养学生辩证分析的思维能力。
3. 通过实操，培养独立动手实践能力。
4. 在电池检测过程中严守岗位操作规程，增强作业安全意识。
5. 通过实操，养成定期反思与总结的习惯，改进不足，培养严谨、细致的科学态度。
6. 严格执行 6S 现场管理。

任务导入 ▶

我国一些电池企业的储能项目中不仅应用磷酸铁锂电池进行储能的技术已经十分成熟，还将三元电池纳入梯次利用的范围之内。在废旧动力蓄电池梯次利用前，需要对动力蓄电池进行相关测试，再对电池包进行分类处置。具体有哪些检测项目，你知道吗？

相关知识 ▶

一、动力蓄电池 SOC 与 SOH 的概念

1. SOC 的概念

电池荷电状态（State of Charge，SOC）表示电池的剩余容量，是电池使用过程中的重要参数，与电池的充放电历史和充放电的电流大小有关。SOC 是一个相对量，一般用百分比来表示，取值范围为 $0 \leqslant SOC \leqslant 100\%$。

目前，较统一的是从容量角度定义 SOC，如美国先进电池联合会在其《电动汽车电池实验手册》中定义 SOC：在一定放电倍率下，电池的剩余容量与相同条件下额定容量的比值。剩余容量与相同条件下额定容量的关系式为

$$SOC = \frac{C_{\mu}}{C_{额}} \tag{4-1}$$

式中，$C_\text{额}$ 为额定容量；C_μ 为电池剩余的按额定电流放电的可用容量。

由于 SOC 受充放电倍率、温度、自放电、老化等因素的影响，实际应用中要对 SOC 的定义进行调整。例如，中国、韩国、日本的电动汽车公司对 SOC 的定义为

$$SOC = \frac{剩余容量}{额定容量 \times 容量衰减因子} \tag{4-2}$$

式中，剩余容量等于额定容量减去净放电量、自放电量、温度补偿容量后的值。

2. SOH 的概念

由于电池长期使用必然发生老化或劣化，因而必须估计电池的健康状况（State of Health，SOH），又称寿命状态。简单来讲，SOH 就是电池使用一段时间后某些直接可测或通过间接计算得到的性能参数的实际值与标称值的比值，可用来判断电池健康状况下降后的状态，衡量电池的健康程度，其实际表现在电池内部某些参数（如内阻、容量等）的变化上。较为常见的 SOH 定义如下。

1）从电池剩余容量的角度定义 SOH：

$$SOH = \frac{Q_\text{aged-max}}{Q_\text{new-max}} \times 100\% \tag{4-3}$$

式中，$Q_\text{aged-max}$ 为当前电池最大放电电量；$Q_\text{new-max}$ 为新电池最大放电电量。

2）从电池剩余的循环次数的角度定义 SOH：

$$SOH = \frac{Cnt_\text{remain}}{Cnt_\text{total}} \times 100\% \tag{4-4}$$

式中，Cnt_remain 为电池剩余循环次数；Cnt_total 为电池的总循环次数。

3）从电池容量的角度定义 SOH：

$$SOH = \frac{C_\text{aged}}{C_\text{rated}} \times 100\% \tag{4-5}$$

式中，C_aged 为电池当前容量；C_rated 为电池额定容量。

4）从电池内阻的角度定义 SOH：

$$SOH = \frac{R_\text{EOL} - R_\text{C}}{R_\text{new}} \times 100\% \tag{4-6}$$

式中，R_EOL 为电池寿命终结时的电池内阻；R_new 为电池出厂时的内电阻；R_C 为电池当前状态下的内阻。

二、动力蓄电池 SOC 与 SOH 的检测设备与方法

1. 使用设备

对动力蓄电池进行 SOC 与 SOH 检测时使用的设备主要有负载仪、动力蓄电池包、电池分容柜、万用表、充放电控制盒等。

2. 检测方法

（1）动力蓄电池 SOC 的检测方法　动力蓄电池的充放电过程是一个复杂的电化学变化过程，剩余电量受到动力蓄电池的基本特征参数（工作电流、端电压、容量、温度、内部

压强、内阻和充放电循环次数）和动力蓄电池使用特性因素的影响，导致测定电池组的SOC 具有一定的困难。目前关于电池组电量的研究中，较简单的方法是将电池组等效为一个电池单体，通过测量电池组的电流、电压、内阻等外界参数，找出 SOC 与这些参数的关系，以间接地测试电池的 SOC 值。应用过程中，为确保电池组的使用安全和使用寿命，常使用电池组中性能最差电池单体的 SOC 来定义电池组的 SOC。电池单体 SOC 的常用测试方法有以下几种。

1）放电实验法。放电实验法的原理是以恒定的电流使电池处于不间断的放电状态，当放电到达截止电压时，对所放电量进行计算。放电电量值为放电时所采用的恒定电流值与放电时间的乘积。放电实验法经常用于在实验室条件下估算电池的 SOC，目前，许多电池厂商也采用放电实验法进行电池的测试。

放电实验法的显著优点是方法简单、估算准确度相对较高。其缺点也很突出：不可以带负载测量，测量需要占用大量的时间；放电测量时，必须中断电池之前进行的工作状态，使电池置于脱机状态，不能在线测量。行驶中的电动汽车电池一直处于工作状态，其放电电流并不恒定，因此该方法不适用汽车动力蓄电池。但放电实验法可在电池检修和参数模型的确定中使用。

2）安时计量法。安时（Ampere Hour，AH）计量法是最常用的 SOC 估计方法，其原理是电池在不同电流下的放电电量等价于某个具体电流下的放电电量，其主要思想是 Peukert 方程。由此，得到以下等效放电电量公式：

$$Q = \int_0^t \omega i dt \tag{4-7}$$

式中，Q 表示电量；t 表示时间；i 表示电流；ω 为充放电效率。

安时计量法的原理是：关注该系统的外部特征，在电量估算过程中，只关注流进和流出电池的电量。安时计量法采用积分法实时计算电池充入与放出的电量，通过长时间记录与计算电池的电量，最终可得到电池在某一时刻的剩余容量。该方法容易实现，但由于没有从电池内部得到电池 SOC 与充放电电量的关系，只是记录充放电电量，因而会导致电池 SOC 累计误差，结果准确度较低，而且该方法不能确定电池 SOC 的初始值。综合考虑电池 SOC 的影响因素，进行电量补偿，可以适当提高安时计量法的准确度。安时计量法的常规估算模型如图 4-36 所示。

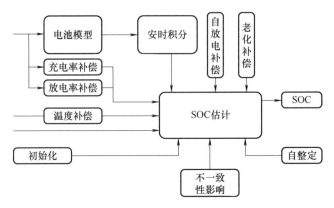

图 4-36　安时计量法的常规估算模型

3）开路电压法。电池长时间充分静置后的各项参数相对稳定，那么，开路电压与 SOC 间的函数关系也相对比较稳定。若想获得电池的 SOC，只需测得电池两端的开路电压（Open Circuit Voltage，OCV），并对照 OCV-SOC 曲线来获取相应信息，这就是开路电压法的原理。OCV-SOC 曲线示例如图 4-37 所示，其中 BOL 为对电池在寿命初期进行全方位检查的结果。

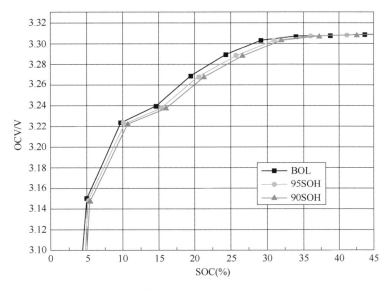

图 4-37　OCV-SOC 曲线示例

4）线性模型法。线性模型法的原理是基于 SOC 变化量、电流、电压和上一个时间点的 SOC 值建立线性方程：

$$\Delta SOC(i) = \beta_0 + \beta_1 U(i) + \beta_2 I(i) + \beta_3 SOC(i-1) \tag{4-8}$$

式中，β_0、β_1、β_2、β_3 为利用参考数据，通过最小二乘法得到的系数，没有特别的物理意义。

线性模型法适用于低电流、SOC 缓变的情况。

5）内阻法。内阻法的原理是用不同频率的交流电对电池进行激励，测量电池内部的交流电阻，并通过建立计算模型得到 SOC 估计值。通过该方法得到的 SOC 为电池在某特定恒流放电条件下的值。由于 SOC 和内阻不存在一一对应的关系，不可能用数学来准确建模。所以，该方法很少用于电动汽车的动力蓄电池。电池内阻测试仪如图 4-38 所示。

图 4-38　电池内阻测试仪

6）卡尔曼滤波法。该方法的基本原理是将噪声与信号的状态空间模型作为算法模型，在测量时，应用当前时刻的观测值与上一时刻的估计值，对状态变量的估算进行更新。该系统的输入项有电池电流、电池剩余容量、环境温度、欧姆内阻、极化内阻等变量，系统的输出为电池的工作电压。由于电池等效模型确定的为非线性方程，因此在计算过程中要线性化。卡尔曼滤波法对锂离子蓄电池 SOC 进行预测的实质是安时积分法，同时用测量的电压值来对初步预测得到的值进行修正。

7）神经网络法。神经网络法应用于锂离子蓄电池 SOC 检测的原理是将大量相对应的电压、电流等外部数据，以及电池的 SOC 数据作为训练样本，通过神经网络自身学习过程中输入信息的正向传播和误差传递的反向传播反复进行训练和修改，在预测的 SOC 达到设计要求的误差范围内时，通过输入新的数据来得到电池的 SOC 预测值。神经网络模型如图 4-39所示。

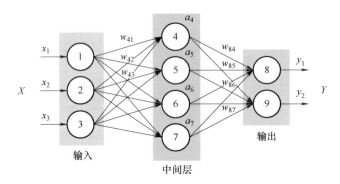

图 4-39 神经网络模型

（2）主要 SOC 检测方法的优缺点 主要 SOC 检测方法对比见表 4-6。

表 4-6 主要 SOC 检测方法对比

估算方法	优点	缺点
放电测试法	简单、准确	离线情况下适用，会改变电池状态，损失电池能量
安时计量法	简单、准确、在线检测	需要准确地测量电流，无法计算初始电量值，对副反应较敏感，开环方法有累计误差
开路电压法	简单、准确、在线检测	只适用于静态条件下，电池需要长时间静置才能得到准确值
线性模型法	在线检测	只适用于静态条件下，电池需要长时间静置才能得到准确值
内阻法	准确	对温度较敏感，计算量大
卡尔曼滤波法	准确、在线检测	需要一个合适的电路模型，计算量大，需要大存储空间，耗时较长
神经网络法	准确、在线检测	计算量大，耗时较长，需要大存储空间，需要训练样本

（3）动力蓄电池 SOH 的检测方法 SOH 描述的是电池长期变化情况。SOH 的测量不需要连续进行，多数情况下，只要定期测量就可以，测量的周期取决于不同应用。SOH 以百分比的形式表现了当前电池的容量能力。在使用过程中，电池会不断老化，SOH 会逐渐降低。IEEE 1188—2005 中明确规定，当动力蓄电池的容量能力下降到 80% 时，即 SOH 小于80% 时，就应该更换电池。目前，SOH 的检测方法有以下几种。

1）直接放电法。直接放电法是让蓄电池单体进行一个完全的放电循环，检测放出的电量，并与新电池的标称容量进行比较。目前，这是业内公认的最可靠的方法。例如，用

0.1C 倍率放电，直至达到截止电压。放电过程大概需要 10h。

2）电压法。电压法是将 2.5V 的蓄电池单体充电至充电截止电压，根据电压乘以容量得到充电的电量，即可算出电池的容量，并将其与电池的额定容量进行对比，从而估算出电池的 SOH。

3）内阻法。内阻法是通过建立内阻与 SOH 之间的关系来估算 SOH。电池内阻和 SOH 之间存在确定的对应关系，可以简单地描述为：随电池使用时间的增长，电池内阻在增加，这会影响电池容量。内阻法对 SOH 重新进行了如下定义：

$$SOH = \frac{R_{now} - R_{new}}{R_{oid} - R_{new}} \times 100\% \tag{4-9}$$

式中，R_{now} 代表电池当前的欧姆内阻，R_{new} 代表电池出厂时的欧姆内阻，R_{oid} 代表当电池容量下降到 80% 时电池的内阻。此时，SOH 分布在 0 ~ 100% 之间，一块新电池的 SOH 为 100%，报废电池的 SOH 为 0。

4）电化学阻抗分析法。电化学阻抗分析法的主要原理是向电池施加多个不同频率的正弦信号，然后运用模糊理论对采集到的数据信息进行分析，预测电池的当前性能，以获取此款电池的特性。使用电化学阻抗分析法前，需要做大量的数据采集与分析，而且还需要关于阻抗及阻抗谱的理论知识，除此之外，器材造价也较为昂贵，故实际运用很少。

5）模型法。模型法的主要原理是分析电池内部发生的化学反应，以此为基础建立电池的模型，并用此模型来计算电池容量的衰减，从而得出电池的 SOH。当量子力学这一学说被应用到化学动力学之后，化学反应这一微观过程有了新的论证，从而形成了过渡状态理论。这种方法需要认真分析电池内部的化学反应，并知道电池相关的固有参数，如活化焓、活化熵等，而且运用之前还需要做大量关于电池寿命的试验，试验量大，故实际运用很少。

6）电压曲线模型法。用电压曲线模型法估算 SOH 的原理如图 4-40 所示。

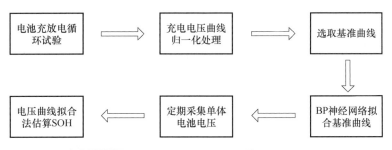

图 4-40 用电压曲线模型法估算 SOH 的流程

（4）主要 SOH 检测方法优缺点 主要 SOH 检测方法对比见表 4-7。

表 4-7 主要 SOH 检测方法对比

估算方法	优 点	缺 点
直接放电法	简单、准确	离线情况下适用，耗时长
内阻法	简单、在线检测	准确测量电池内阻比较困难，估算结果不准确
电压法	简单、准确	离线情况下适用，耗时长

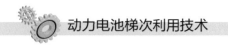

（续）

估算方法	优 点	缺 点
电化学阻抗分析法	简单、准确、在线检测	数据采集与分析复杂，成本高
模型法	在线检测	难度较大，耗时较长，试验大
电压曲线模型法	准确、成本低	计算量大，耗时长，需要大存储空间

三、动力蓄电池余电释放所使用的设备与方法

1. 使用设备

动力蓄电池余电释放（俗称放电）的物理方法所使用的设备主要有负载仪、动力蓄电池包、充放电柜、万用表等；化学放电方法所使用的设备主要有传送台、放电池。

2. 放电方法

为了避免废旧锂离子蓄电池自燃，在处理前需要进行废旧锂离子蓄电池的深度放电。释放电池剩余电量，对电池的拆解至关重要，否则容易起火和爆炸。目前，废旧锂离子蓄电池的安全放电方法主要有物理放电和化学放电两类。

（1）物理放电　物理放电方法又称电阻法，主要是通过外接负载耗电，即通过将电池与电阻相连，使电池中的电量通过放热消耗，也有采用金属粉末和石墨短路对废旧锂离子蓄电池进行放电的方式。电阻法的优点是放电快且完全；缺点是短时间内会积聚大量的热，容易导致废旧锂离子蓄电池爆炸起火。所以，该方法只适合在实验室中对少量电池的放电，对于大规模电池放电则不可行。

（2）化学放电　化学放电方法又称为浸泡法，即将电池的正负极金属作为阴极和阳极，在溶液中通过电解过程来消耗电池中残余的电量。化学放电方法中常用的电解液是氯化钠（$NaCl$）溶液、碳酸钠（Na_2CO_3）溶液、亚硫酸（H_2SO_3）溶液。将锂离子蓄电池浸泡在上述 3 种电解液中 24h 后，检测电池的残余电压。结果表明，经 $NaCl$ 溶液浸泡后的锂离子蓄电池，残余电压最低。所以，目前化学放电方法中主要以 $NaCl$ 溶液为电解质，不仅简单可行也经济。化学放电方法的优点是能够将动力蓄电池中的剩余电能完全释放出来；同时在放电过程中，锂离子蓄电池不会出现过热的现象。缺点是浸泡所需的时间长；采用 $NaCl$ 溶液放电会产生污水处理、废气排放收集、进出料方式等一系列技术难题。因此，如何在工业化应用时满足环保及自动化的需求，是化学放电方法亟待解决的问题。

采用废旧锂离子蓄电池化学放电系统对电池进行放电时，具体包括以下步骤。

1）对放电池中盐水（$NaCl$ 溶液）的浓度进行调配，通过控制 $NaCl$ 的加入量，调节盐水浓度至 5%~10%。

2）将废旧锂离子蓄电池装入集装料框中，打开放电池的密封盖，将装有废旧锂离子蓄电池的集装料框放入放电池，关闭密封盖，打开废气处理装置。

3）控制废旧锂离子蓄电池在放电池中的浸泡时间（72~96h），直至电压低于 1.5V，取出废锂离子蓄电池。

4）将放电后的废旧锂离子蓄电池移动至振动脱水机，脱干废旧锂离子蓄电池表面的水分（<5%）。

任务实施 ▶

一、任务准备

1. 设备及工具准备

任务实施前需要准备的设备及工具见表 4-8。

表 4-8　设备及工具准备

序　　号	设备及工具名称	数　　量
1	方形单体蓄电池	若干
2	万用表	1 台
3	分容柜（型号：INW-BC-01）	1 台
4	个人防护套装	1 套
5	PACK 台架	1 套
6	动力蓄电池包	1 个

2. 场地设备准备

任务实施前需要做好绝缘防护手套气密性检查，并检查实训场地和设备设施是否存在安全隐患。

3. 安全防护准备

（1）将单体蓄电池放置在分容柜上，注意选择正确的仓位及单体蓄电池的正负极朝向。

（2）分容柜不支持串联充放电，使用分容柜进行充放电时，注意设置电池保护参数。

（3）穿戴绝缘防护手套。

（4）单体蓄电池充电和放电各存在电压上限和下限，不同类型的电池一般不尽相同，充电时注意根据实际情况进行调整。

扫码了解动力电池SOC与SOH的测量与评估、余电释放

二、实施步骤

1. 动力蓄电池 SOC 的测量

步骤 1：将 PACK 台架中动力蓄电池模块的 6 个单体蓄电池依次取出，如图 4-41 所示。

步骤 2：将单体蓄电池放在分容柜中，注意正极朝外，固定电池卡槽，如图 4-42 所示。

图 4-41　取出单体蓄电池

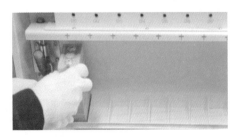

图 4-42　固定电池卡槽

步骤3：长按屏幕，启动软件，如图4-43所示。

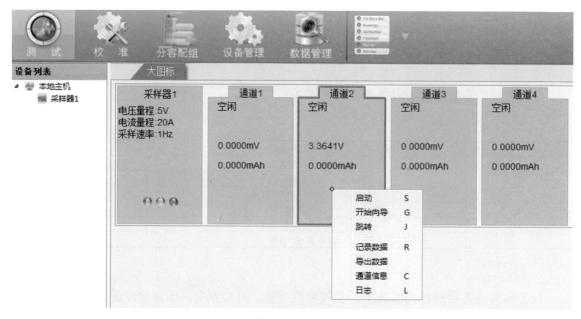

图4-43　启动软件

步骤4：设置恒流放电模式，开始运行。将放电电流设为20A，放电截止电压设为2.8V；电压上限设为3.65V，电压下限设为2.8V，如图4-44所示。

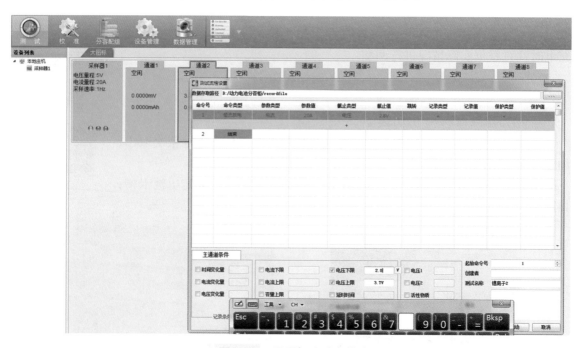

图4-44　设置恒流放电模式

步骤 5：0.5h 后停止放电，根据放电电流为 20A，以及容量等于时间乘以电流，得出实际容量为 10A·h，对比额定容量（20A·h），得出 SOC 为 50%。其他单体蓄电池也按照上述方法放电。

2. 动力蓄电池 SOH 的测量

步骤 1：将 2.5V 的单体蓄电池放置在分容柜中，注意正极朝外，固定电池卡槽。

步骤 2：长按屏幕，启动软件。

步骤 3：先设置恒流充电模式，设充电电流为 20A；电压达到 3.65V 时，改为恒压充电模式，设充电截止电流为 0.1A，再设置电压上限为 3.7V，电压下限为 2.79V，如图 4-45 所示。设置完成后开始运行。

图 4-45 设置恒压充电模式

步骤 4：从屏幕可以看出，电池充电电量从 0 开始不断上升，达到充电截止电压时，充电电量为 16A·h，加上运行前的电量（2.216A·h），电池充满电的实际容量约为 18A·h，对比电池的额定容量（20A·h），电池的 SOH 估算为 90%，因此该电池健康状态一般。计算 SOH 如图 4-46 所示。

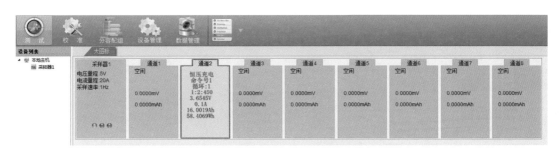

图 4-46 计算 SOH

3. 动力蓄电池的余电释放

步骤 1：利用 PACK 台架对动力蓄电池模块进行放电，选择对内放电（负载）模式，如图 4-47 所示。

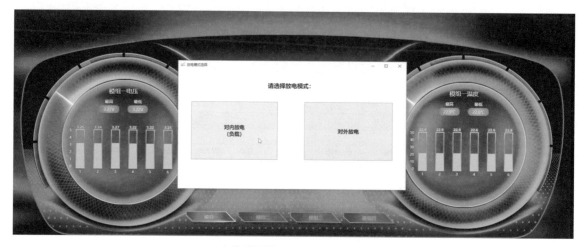

图 4-47　放电模式设置

步骤 2：屏幕实时显示电池组的剩余容量和剩余放电时间，要注意电池模块的发热情况，如图 4-48 所示。

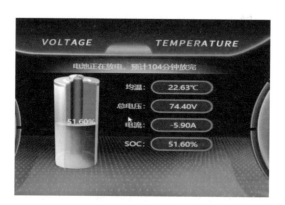

图 4-48　模块放电

任务四　动力蓄电池拆解

学习目标▶

➢ **知识目标**

1. 了解动力蓄电池的构造。
2. 掌握动力蓄电池总成的拆解流程。

3. 掌握动力蓄电池的拆解方法。

4. 掌握拆解件的清洗与存放方法。

> **技能目标**

1. 具备正确识别动力蓄电池的基本结构部件的能力。

2. 具备正确描述动力蓄电池总成拆解流程的能力。

3. 具备完成动力蓄电池拆解过程的能力。

4. 具备清洗与分类存放拆解件的能力。

> **素养目标**

1. 引导学生积极动手操作，形成知行合一的职业理念。

2. 在动力蓄电池拆解实训中巩固高压安全操作意识。

3. 在小组合作过程中培养团队协作的能力。

4. 在实操中规范操作，培养安全意识。

5. 通过拆解，培养严谨细致、精益求精的工作态度。

6. 严格执行 6S 现场管理。

任务导入 ▶

一辆电动汽车因动力电池组损坏而无法运行，动力蓄电池总成需要分解进行单体检测。现要求你对动力蓄电池进行拆解，你能完成这个任务吗？

相关知识 ▶

一、动力蓄电池的构造

一个完整的动力电池系统主要由动力蓄电池模块、电池管理系统、高压接插件及线束、动力蓄电池箱、冷却系统、高压控制盒等组成。动力电池系统的组成如图 4-49 所示。

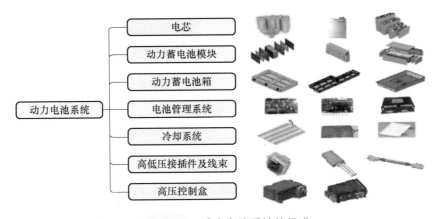

图 4-49　动力电池系统的组成

（1）动力蓄电池模块　动力蓄电池模块是动力蓄电池在电池单元电路上连接起来的一

个最小分组，可以作为一个单元替换，是由多个单体蓄电池串联、并联或串并联组合而成，且只有一对正负极输出端子，可作为电源使用。

蓄电池单体是构成动力蓄电池模块的最小单元，一般是由正极、负极、电解质（或电解质溶液）和隔膜等组成，是可以实现电能与化学能之间直接转换的装置。例如，n 颗 18650 单体蓄电池通过串并联形成电池包，n 个电池包再组合成电池组，如图 4-50 所示。

（2）电池管理系统　电池管理系统是集监测、控制与管理为一体的控制系统，它的功能主要是提高电池在使用过程中的利用率和使用效率，延长电池的使用寿命。电池管理系统通过控制高压控制模块中的高压继电器来实现电动汽车的充电和放电，并且能将相关信息通过数据总线传递给整车控制器（Vehicle Control Unit，VCU）进行相关控制并且在仪表上进行 SOH 等数据的显示，如图 4-51 所示。

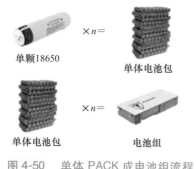

图 4-50　单体 PACK 成电池组流程

图 4-51　电池管理系统

（3）辅助元器件　动力蓄电池的辅助元器件主要包括动力电池系统内部的电子元器件，如熔断器、继电器、分流器、插接件、烟雾传感器等。动力电池系统外部的辅助元器件包括密封条、绝缘材料等，如图 4-52 所示。

1）预充继电器与预充电阻，如图 4-53 所示。在放电或充电初期，预充继电器需闭合以进行预充电；预充完成后，预充继电器断开，放电/充电接触器吸合。

2）电流传感器与熔断器。电流传感器（见图 4-54）的类型主要是无感分流器，可在电阻的两端形成毫伏级的电压信号，用于监测母线充、放电电流的大小。熔断器主要用于防止能量回收时过电压、过电流或放电时过电流。

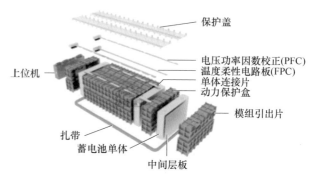

图 4-52　动力电池系统内部的辅助元器件

（4）动力蓄电池箱　动力蓄电池箱是支撑、固定、包围动力电池系统的组件，主要包含上盖、下托盘、熔丝盒和辅助元件（如过渡件、护板、螺栓等），如图 4-55 所示。熔丝盒用于切断动力蓄电池内部的高压电路，防止发生触电事故。动力蓄电池箱一般位于汽车后座底部，仅供专业维修人员在检修时使用，如图 4-56 所示。

图 4-53　预充继电器与预充电阻

图 4-54　电流传感器与熔断器

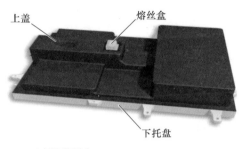

图 4-55　动力蓄电池箱的结构

图 4-56　特斯拉汽车的动力电池箱

（5）冷却系统　动力蓄电池的冷却系统有空调循环冷却式、液冷式和风冷式。充放电过程中电池本身会产生一定热量，从而导致温度上升，因此冷却系统性能的好坏会直接影响电池的效率，同时也会影响电池寿命和使用安全。动力蓄电池单元直接通过冷却液进行冷却，冷却液循环回路与制冷剂循环回路通过冷却单元连接，如图 4-57 所示。

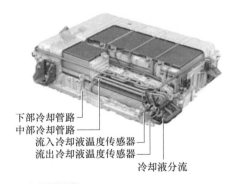

图 4-57　动力蓄电池的冷却系统

二、动力蓄电池总成的拆解流程与注意事项

1. 动力蓄电池总成的拆解流程

（1）电池包　在进行动力蓄电池总成拆解前，应该先了解电池包的零部件位置。电池

包的外观及内部结构如图 4-58 和表 4-9 所示。

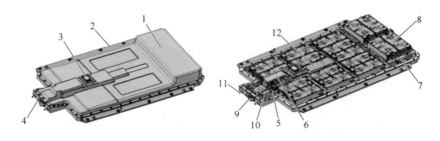

图 4-58　电池包的外观及内部结构

表 4-9　图 4-58 中电池包零部件的位置及说明

编号	零部件	位置	说明
1	箱盖	电池包顶部外壳	支撑并防护内部电池包
2	箱体	电池包底部外壳	防护电池包，保证电池包满足 IP67 等级要求
3	电池保险开关（MSD）	安装在电池包尾部	过载保护
4	通信连接器	安装在箱体前端位置	连接通信线束
5	电池采集单元（CSC）	安装在箱体内中间	将采集线收集的电压内阻转换成电信号发送给电池管理系统
6	电池管理系统（BMS）	安装在电池包内	防止电池出现过充和过放，监控电池使用情况
7	连接铜排软连接	安装在模块之间，模块与高压插接件之间	串联相邻模块或连接相应高压插件
8	电池模块	安装在电池包内部	固定支撑串联电池模块
9	高压插接件	安装在箱体前端	连接车辆高压线束接口
10	高压控制盒（BDU）	安装在电池包内部	电池包电源分配装置，确保电池包高压用电安全
11	电池液冷系统	安装在电池包内部	防止电池温度过高，调节电池包工作环境
12	电气安装支架	安装在电池包内部	支撑电气安装

（2）动力蓄电池总成的拆解流程

1）预处理。对废旧电池包进行初步评估，在室温下进行容量检测、倍率检测、内阻检测、电压检测等，筛选出可梯次利用的退役电池包。不满足梯次利用标准的电池包需进行分类拆解。

2）拆解流程。将不满足梯次利用标准的废旧电池包进一步拆解成动力蓄电池模块，然后对多个单元模块进行性能测试，根据测试结果对废旧电池包中的多个单元模块进行分级。最后，筛选出外观保存完好、没有破损，且各功能元件有效的单元模块进行梯次利用。把不能利用的单元模块进一步拆解为蓄电池单体。动力蓄电池总成的拆解流程如图 4-59 所示。

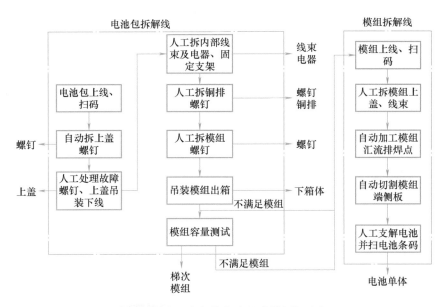

图 4-59　动力蓄电池总成的拆解流程

2. 拆解注意事项

动力蓄电池属于高压危险产品，维修人员在拆解过程中需注意以下事项。

1）禁止非专业人员拆解动力蓄电池，严格按照拆解作业指导书中的拆解顺序拆解。如果不遵照拆解顺序正确操作，可能会引起危及生命的严重事故。

2）拆解电池包时必须远离火源。

3）拆解操作前必须熟悉消防沙及灭火器的使用方法。

4）拆解过程中禁止撞击到蓄电池单体，以免破损漏液。

5）拆解下来的零部件禁止放在蓄电池上，以免造成短路起火。

6）不要非法丢弃蓄电池单体，否则会导致严重的环境污染或人员伤亡。

7）在拆解动力蓄电池的黄线连接部分或贴有高压标志的零部件时，应严格注意安全操作规范。

8）拆解电池包的区域旁必须配备灭火器及消防沙，以备拆解过程中造成短路起火能及时扑灭。

9）触碰任何未绝缘的高压端子前，务必戴好绝缘手套，并用万用表确认该端子的电压为0。

10）在动力蓄电池拆解过程中禁止出现暴力拆解、跌落、碰撞、模块倾斜、重压模块、采样信号线过度拉扯、人为短路等非正常行为。部分零部件有锁紧功能，禁止蛮力破坏。

三、动力蓄电池的拆解方法

1. 拆解前的预处理

在正式拆解电池包前，需对电池包进行以下预处理。

1）在室温下进行容量检测、倍率检测、内阻检测、电压检测，并释放多余电量。

2）记录电池包的编码信息，如电池型号、制造商、电压、标称容量、尺寸及重量等信息。

3）拆除废旧动力蓄电池外接导线及脱落的附属件。

4）液冷动力蓄电池宜使用专用容器排空和收集废旧动力蓄电池包（组）内的冷却液。

5）配备灭火器和消防沙，做好绝缘防护措施。

6）在电池包箱体的显眼位置放置安全警示牌。

2. 拆解方法

废旧动力蓄电池预处理完毕后，宜完成以下拆解。

（1）分离动力蓄电池箱　拆解前需要先对动力蓄电池箱进行编号、称重，以便了解动力蓄电池箱拆解前和拆解后的重量及其重量差。编号后对整个动力蓄电池箱进行检查，若有破损、漏液等情况时，需要处理后再进行拆解。观察动力蓄电池箱的螺钉分布情况，选择合适的工具拆卸螺钉，分离箱体。

（2）取出动力蓄电池模块　箱体分离后，将暴露出箱体内部的隔板，此时需要先拆卸高压线束（以确保拆解人员的安全），再对低压线束、电池管理系统、电池管理系统、高压控制盒等部件进行拆卸。内部隔板将动力蓄电池模块和电池管理系统隔离，首先观察固定隔板的螺钉分布，选择合适的螺钉旋具和套筒等工具拆卸固定螺钉，分离并移除隔板后，就会暴露出高压线束连接的动力蓄电池模块。然后，拆卸高压线束，取出电池模块，拆解水冷板等冷却部件。

（3）取出蓄电池单体　取出动力蓄电池模块后，首先采用适当的方法对铝合金模块外壳进行拆解，然后取出模块内部的绝缘塑料隔板及其线路板，最后拆卸蓄电池单体的端子连接件，得到蓄电池单体。

四、拆解件的清洗与存放

在拆解过程中，应将拆解出的各部件分门别类地存放在塑料周转箱里并贴上标签，记录附件名称、数量。同时，对金属和塑料等部件进行清洗，直至无污染或基本不含污渍后方可进一步回收利用。所收集的废液，如果涉及危险废物，应按危险废物管理办法进行存放和处理。拆解所得的零部件、材料、废弃物应分类贮存在适当的容器内，对含有害物质的部件应标明有害物质的种类，按照危险废物特性分类进行收集、贮存。容器和装置应能防泄漏、防遗撒，并应对其进行日常检查。

任务实施 ▶

一、任务准备

1. 设备及工具准备

任务实施前需准备的设备及工具见表 4-10。

表 4-10　设备及工具准备

序　　号	设备及工具名称	数　　量
1	万用表	1 台
2	抓取模块工装	1 套
3	扳手、斜口钳、套筒	若干

（续）

序　号	设备及工具名称	数　量
4	博世牌 12V 电钻	2 个
5	十字螺钉旋具	若干
6	电池包	1 个
7	高压防护工具	1 套
8	专业防护罩拆解工装台	1 台

2. 场地设备准备

拆解前需要配备好专用的拆解工具，以及灭火器、消防沙和急救箱等。

3. 安全防护准备

1）拆解前检查是否有漏液、破损情况，拆除易脱落的附属件。

2）拆解过程应使用安全防护装备，如高压绝缘手套、防砸绝缘鞋、护目镜等。

3）拆解过程应使用专业防护罩拆解工装台、绝缘工具等。

4）应按汽车生产企业或动力蓄电池生产企业所提供的拆解信息或拆解手册进行合理拆解。

5）动力蓄电池电压远超过安全电压，未经过培训的人员不宜参与拆解，并且拆解过程应配备不少于 2 名持电工证人员。

二、实施步骤

1. 拆解预处理

外部附属件拆除→电池包电压测试→多余电量放电处理→信息记录说明，记录电池包编码信息、所搭载车辆牌照及 VIN 码信息。

2. 电池包拆解

（1）拆解电池包

1）采用专用起吊工具和起吊设备将电池包（组）起吊至拆解工装台。

2）观察电池包（组）外壳的结构、材料，确定外壳拆解方式。

若电池包（组）外壳为螺钉组连接件，宜充分识别螺钉与外壳的连接形式，再采用相应的工具或设备进行拆解。拆解过程中应避免螺钉拆除后整体结构的失重散架，如图 4-60 所示。

若电池包（组）外壳为嵌入式连接，宜采用机械化切割设备拆解。

若电池包（组）外壳为金属焊接密封或热压塑封，可采用合适的切割设备进行拆解，需精确控制切割位置及切入深度。

扫码了解动力电池拆解

图 4-60　电池包外壳的螺钉

3）卸下高压蓄电池盖罩后，用绝缘工具拆卸高压连接导线，应注意零散导线的放置，避免桥接短路。

4）拆卸高压接口输出端的接触器。

5）拆解模块总成。

步骤1：拆卸电压控制盒的上壳体，拆卸连接模块总成与电压控制盒的输出铜条和高压护盖，如图4-61所示。为了防止被电击，应立即使用绝缘胶带包裹好断开连接的高压连接端子。

步骤2：移除中央风道海绵条，移除左风道盖板塑料卡钉，拆卸左风道盖板，如图4-62所示。

图4-61　上壳体和高压护盖

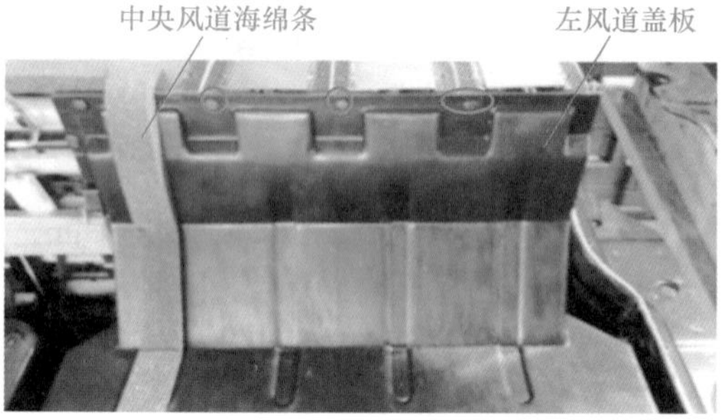

图4-62　风道盖板和海绵条

步骤3：拆卸相邻模块总成之间的软连接，如图4-63所示。

步骤4：断开电池信息采集器的插接件，拆卸线束固定盖板，分别移除低压线束及其线束固定下盖，如图4-64所示。

图4-63　相邻模块之间的软连接

图4-64　线束固定盖板

步骤5：拔出模块前部分低压线束接插接件，拆卸模块总成固定螺母，如图4-65所示。

步骤6：拆卸模块总成测压钣金固定螺栓，移除模块总成，将模块总成放置在绝缘的工作台上，如图4-66所示。

步骤7：拆卸模块总成固定架，取出模块总成，如图4-67所示。

图4-65　低压线束和固定螺母

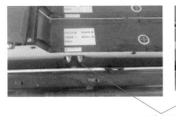
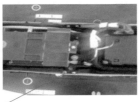

固定螺栓

图 4-66　固定螺栓

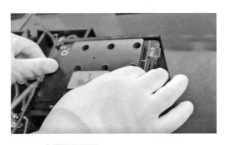

图 4-67　取出模块总成

（2）拆解动力蓄电池模块

1）采用专用起吊工具和起吊设备将动力蓄电池模块起吊至拆解工装台。

2）观察动力蓄电池模块外壳的结构、材料、单体连接方式，确定外壳拆解方式。若动力蓄电池模块的外壳为金属焊接密封或注塑成型，可采用相应的切割设备进行拆解，需精确控制切割位置及切入深度。若动力蓄电池模块的外壳为框架结构的固定装置，应先采用相应的工具将框架拆除。

3）动力蓄电池模块拆解：拆除外壳、拆除温度传感器及线束、拆除线路板，如图 4-68 所示。

4）取出蓄电池单体：先用机械抓取装置将动力蓄电池模块放入专用夹具中，再用砂轮机沿模块边缘线进行切割，并用专用旋转夹具将模块固定架拆除。固定架拆除后，用专用机械装置取出蓄电池单体即可，如图 4-69 所示。

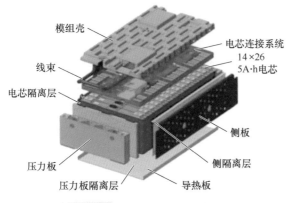

模组壳　线束　电芯隔离层　压力板　压力板隔离层　电芯连接系统　14×26　5A·h电芯　侧板　侧隔离层　导热板

图 4-68　动力蓄电池模块拆解

图 4-69　取出蓄电池单体

▷▷▷ ▶▶▶ 项目五

单体蓄电池筛选

任务一 单体蓄电池外观检查

任务导入 ▶

对从动力蓄电池模块中拆解出来的单体蓄电池,根据外观进行初筛,外观破损的单体蓄电池需要进行回收处理,外观良好的单体蓄电池需要进行性能参数检测。作为废旧动力蓄电池回收服务网点的工作人员,请你对仓库里刚运来的蓄电池根据外观进行简单的筛选,并分类贮存。你会如何进行检查呢?

相关知识 ▶

一、单体蓄电池外观检查的意义

动力蓄电池在从生产、应用到报废、回收的过程中,会产生各种不确定的状况。回收企业在对所回收的废旧动力蓄电池进行电池剩余容量检测之前，首先要进行外观检查。单体蓄电池外观检查的意义在于对单体蓄电池进行初步筛选，以便分类处置和后续性能测试。例如有些废旧动力蓄电池外观完好，则需要记录厂商的信息标签，如电池种类、材料、厂商及标称电压、容量等信息。然而，有很多回收的单体蓄电池缺少信息标签，这一类电池需要谨慎处理。还有一些电池外表破损严重，一旦其单体或模块的外观出现变形、裂纹、漏液等现象，为了安全起见，这类电池应尽快处理并严禁进行余能检测。

二、单体蓄电池外观检查的方法

首先，在对外观进行检查时，应在良好的光线条件下，用目测法检查单体蓄电池的外观，不得有变形及裂纹，表面应平整、干燥、无外伤、无污物等，且标志清晰。如有变形、裂纹、漏液等，不应对其进行余能检测；当用目测法检查蓄电池单体的外观时，如有主动保护线路，应去除后再检测。

其次，在进行信息采集、电压判别时：如图 5-1 所示，应观察单体蓄电池外壳上的标签，收集基本信息，如额定电压、额定容量、额定能量、类型等；用量具和衡器测量并记录单体蓄电池的外形尺寸及质量；用电压表检测单体蓄电池的端电压，初步判定其类别及极性。单体蓄电池的外观检查见表 5-1。

图 5-1　电池标签

表 5-1　单体蓄电池的外观检查

电池类型	单体个数	电芯型号	外观	尺寸	额定容量/A·h	额定电压/V	额定质量/kg

在对单体蓄电池进行基本信息记录后，接着进行外观缺陷记录，根据表 5-2 描述单体蓄电池的外观缺陷。

表 5-2　单体蓄电池外观缺陷种类

序　号	缺陷代码	缺陷名称
1	F001	污渍
2	F002	针孔
3	F003	划痕
4	F004	皱痕
5	F005	凸点

（续）

序　号	缺陷代码	缺陷名称
6	F006	凸痕
7	F007	喷码不合格
8	F008A	表面破损
9	F008B	角位破损
10	F010	漏液
11	F011	胀气
12	F013	折边不良
13	F015	极耳胶不良
14	F018	极耳尺寸不合格
15	F021	Tab 间距不合格
16	F022	Tab 污染
17	F023	Tab 歪斜
18	F024A	Tab 断
19	F024B	Tab 裂
20	F025	Tab 折叠过高
21	F026A	Tab 氧化变色
22	F027	转接焊焊印脱落或断裂
23	F029	凹点（直径小于 2mm 为凹点）
24	F030	凹痕（大于 2mm 为凹痕）
25	F034	鼓泡
26	F035	变形
27	F036A	封边不良（封边裂口）
28	F036B	封边不良（有效封印窄）
29	F036C	封边不良（封印褶皱）
30	F036D	封边不良（补封错位）
31	F036E	封边不良（二封压坏）
32	F036F	封边不良（封印黑线）
33	F036G	封边不良（封边缺口损坏）
34	F036H	封边不良（主体移位）
35	F041	切边不良
36	F057	发软
37	F058	麻形
38	F059	角位摔伤
39	F062	包装膜破
40	F063	气鼓

任务实施 ▶

一、任务准备

1. 设备及工具准备

任务实施前需准备的设备及工具见表 5-3。

表 5-3　设备及工具准备

序　号	设备及工具名称	数　量
1	单体蓄电池	若干个
2	个人防护套装	1 套
3	工位防护套装	1 套
4	文具套装	1 套
5	游标卡尺	1 套

2. 场地设备准备

任务实施前需要做好场地防护准备，并检查实训场地和设备设施是否存在安全隐患。

3. 安全防护准备

1）穿戴绝缘鞋、绝缘手套和安全帽。

2）确保电池表面清晰、干燥。

3）确保电池没有破损、漏液等现象，如有应立即处理。

4）检查应急消防设备是否齐全。

扫码了解单体
电池的外观检
查表的编制与
填写

二、实施步骤

步骤 1：在计算机上制表，表格参数包括电池类型、电池容量、电池型号、额定电压、充电电压、尺寸、形状、生产日期、生产厂商、生产地址、执行标准、生产批号、来源、入库时间等基础信息，如表 5-4 所示。制表完成后打印成册，用于后续记录废旧单体蓄电池回收的相关信息。

表 5-4　单体蓄电池基本信息检查表

基 本 信 息	
电池类型	
电池型号	
电池容量	
额定电压	
充电电压	
尺寸	
形状	

（续）

基 本 信 息	
生产厂商	
生产日期	
生产地址	
生产批号	
执行标准	
来源	
入库时间	

步骤 2：首先观察单体蓄电池的标签，如图 5-2 所示，填写电池材料的类型，如磷酸铁锂电池、镍氢电池、铅酸蓄电池、三元锂电池等。然后，记录单体蓄电池的额定电压、额定容量、生产日期、生产厂商和电池编码等。

步骤 3：用游标卡尺测量单体蓄电池的长、宽、高等尺寸，并记录对应的数值，如图 5-3 所示。

图 5-2　单体蓄电池的标签

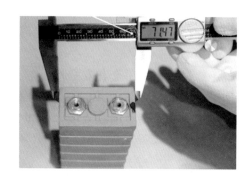

图 5-3　测量单体蓄电池的尺寸

步骤 4：编制单体蓄电池外观缺陷检查表，如表 5-5 所示，并根据缺陷代码进行填写。

表 5-5　单体蓄电池外观缺陷检查表

序　号	缺陷代码	缺陷名称	备　注

任务二 单体蓄电池判别

➤ **知识目标**

1. 掌握单体蓄电池的电压测量方法。
2. 掌握单体蓄电池的充放电测试方法。
3. 掌握单体蓄电池余能检测方法。

➤ **技能目标**

1. 具备正确使用数字万用表测量单体蓄电池电压的能力。
2. 具备进行单体蓄电池充放电操作的能力。
3. 具备正确测量单体蓄电池余能的能力。

➤ **素养目标**

1. 鼓励学生独立自主操作，提高学生的动手能力。
2. 通过实操，提高技术运用的职业能力。
3. 通过记录工作页，养成勤于反思、勇于探究的创新人格。
4. 通过学习本任务，提高科技素养。
5. 通过电池的性能检测，增强安全意识。
6. 严格执行 6S 现场管理。

任务导入▶

通过初步筛选后外观良好的单体蓄电池可以进行重组 PACK 应用，但在梯次利用前，需要对单体蓄电池进行性能检测并再次分选：对性能好的单体蓄电池进行重组，性能差的单体蓄电池则进行回收处理。你知道单体蓄电池的检测方法吗？

相关知识▶

一、单体蓄电池电压判别的设备与方法

1. 电压参数

在进行余能检测之前，需要对废旧动力蓄电池进行判别。对于标签清晰的电池，应记录其基本信息，如标称电压；部分标签破损导致无法确定种类的电池，可通过检测其电压来确定种类。一般锂离子单体蓄电池的工作电压为 $3.0 \sim 4.2\mathrm{V}$，镍氢和镍镉单体蓄电池的工作电压范围是 $1.0 \sim 1.4\mathrm{V}$，铅酸单体蓄电池的工作电压范围是 $1.7 \sim 2.4\mathrm{V}$。电池电压的判别过程涉及很多关于电压参数的名词，如电动势、开路电压、额定电压、工作电压和放电终止电压等。

（1）电动势 电动势是反映电源把其他形式的能量转换成电能的物理量，电源两端能够产生电压的原因就是电动势。电池的电动势是热力学的两极平衡电极电位之差，常用 E 表示，单位是伏（V）。电动势是电池在理论上输出能量大小的度量之一。如果其他条件相

同，那么电动势越高，理论上能输出的能量就越大。实际上，电池的开路电压在数值上接近电池的电动势。在工程应用上，常常认为电池在开路条件下，正负极间的平衡电势之差，就是电池的电动势。

（2）开路电压　开路电压是指在开路状态下（几乎没有电流通过时），电池的正极电极电位与负极电极电位之差。电池的开路电压取决于电池正负极材料的活性、电解质和温度条件等，而与电池的几何结构和尺寸无关。例如，无论铅酸蓄电池的尺寸如何，其单体开路电压都是近似一致的。一般情况下，电池的开路电压要小于（但接近）它的电动势，因此一般近似认为电池的开路电压就是电池的电动势。

（3）额定电压　额定电压又称公称电压或标称电压，一般由制造厂在电池铭牌上标示，通常指电池可以长时间正常工作的最大电压。不同电化学类型的单体蓄电池的额定电压是不同的，根据额定电压也能区分电池所属的电化学体系。表5-6为常用不同电化学体系电池的单体额定电压值。

表5-6　常用不同电化学体系电池的单体额定电压值

电池类型	单体额定电压/V
铅酸蓄电池（VRLA）	2.0
镍镉电池（Ni-Cd）	1.2
镍锌电池（Ni-Zn）	1.6
镍氢电池（Ni-MH）	1.2
锌空气电池（Zn/Air）	1.2
铝空气电池（Al/Air）	1.4
钠氯化镍电池（Na/NiCl$_2$）	2.5
钠硫电池（Na/S）	2.0
锰酸锂电池（LiMn$_2$O$_4$）	3.7
磷酸铁锂电池（LiFePO$_4$）	3.2

（4）工作电压　工作电压是指电池在接通负载放电过程中所显示出的电压，又称负荷（负载）电压或放电电压。电池放电初始时刻的电压（即开始有工作电流时的电压）被称为初始电压。在接通负载后，由于欧姆内阻和极化内阻的存在，电池的工作电压低于开路电压。工作电压的计算公式为

$$V = E - IR = E - I(R_\Omega + R_f) \tag{5-1}$$

式中，I 为电池的工作电流；E 为电池的电动势；R_f 为极化内阻；R_Ω 为欧姆内阻。

从式（5-1）可以看出，工作电压会随着负载和电流的变化而变化。

（5）放电终止电压　放电终止电压又称放电截止电压，是指电池在放电时，电压下降到不宜再继续放电的最低工作电压值。由于对电池的容量和寿命要求的不同，以及电池类型

和放电条件的不同，各种电池规定的放电终止电压也不同。一般而言，在低温或大电流放电时，放电终止电压会规定得较高；小电流长时间或间歇放电时，放电终止电压会规定得较低。对于所有蓄电池，放电终止电压都是必须严格规定的重要指标。不同类型电池的放电终止电压并不一样。

2. 使用设备

对单体蓄电池进行电压判别时需使用的设备主要有万用表和电池内阻测试仪。

3. 检测方法

（1）模块中单体蓄电池的电压（简称单体电压）检测　单体电压检测用电阻阵列取单体电压值，每个单体的正极和负极引出检测线，连接到电阻阵列对应的电阻前，如图 5-4 所示。控制板上的测量电路按顺序接通检测电阻和单体电压检测接点，这样在检测电阻上就可以取出某个单体的电压值，如图 5-5 所示。

图 5-4　单体电压检测线与检测用电阻阵列

图 5-5　单体电压检测接点

（2）单体蓄电池电压检测　从电池包中拆解出的单体蓄电池可用数字万用表或电池内阻测试仪直接测量电压，如图 5-6 所示。将测得的电压数值与设置电压的参考值比较，确认是否一致。依照新标欧洲循环测试（New European Driving Cycle，NEDC）标准，一次性电池的电压差应在 50mV 以内。通过电池内阻测试仪的检测，即可挑选电压一致性良好的电池，从而挑选出电压在可用范围内的电池。

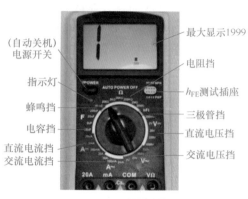

图5-6 左为数字万用表，右为电池内阻测试仪

二、单体蓄电池充放电测试的设备与方法

电池充放电模式包括恒流充电、恒压充电、恒流放电、恒阻放电、混合式充放电及阶跃式充放电等不同模式充放电。实验室中常采用恒流充电（CC）、恒流-恒压充电（CC-CV）、恒压充电（CV）、恒流放电（DC）对电池充放电行为进行测试分析，而阶跃式充放电模式则多用于直流内阻、极化和扩散阻抗性能的测试。

1. 使用设备

单体蓄电池的充放电测试所使用的设备主要有动力电池组装实训台、数字万用表、绝缘测试仪、绝缘防护用品、绝缘工具套装、常规工具套装、分容柜等。

2. 单体蓄电池的充电方法

（1）测试方法 《电动汽车用动力蓄电池电性能要求及试验方法》（GB/T 31486—2015）中规定：室温下，单体蓄电池先以 $1I_1$（A）电流放电至企业技术条件中规定的放电终止电压，搁置1h（或企业提供的不大于1h的搁置时间），然后按企业提供的充电方法进行充电。注意：C_1 指一小时率额定容量（A·h）；I_1 指一小时率放电电流，其数值等于 C_1。

若企业未提供充电方法，则依据以下方法充电。

1）对于锂离子蓄电池，先以 $1I_1$（A）恒流充电至企业技术条件中规定的充电终止电压再转恒压充电，至充电电流降至 $0.05I_1$（A）时停止充电，并搁置1h（或企业提供的不高于1h的搁置时间）。

2）对于金属氢化物镍蓄电池，先以 $1I_1$（A）恒流充电1h，再以 $0.2I_1$ 充电1h，并静置1h（或企业提供的不大于1h的静置时间）。

（2）单体蓄电池的充电过程 锂离子蓄电池的充电方式是限压恒流。检测待充电电池的电压，若单体电压低于3V，要先进行预充电，充电电流为设定电流的1/10。电压升到3V后，进入标准充电过程。充电曲线如图5-7所示。下面以18650三元锂电池为例分析充电过程。

阶段1：涓流充电

涓流充电是对完全放电的电池单元进行预充（恢复性充电）的过程，一般在电池电压低于 3V 时进行。涓流充电电流是恒流充电电流的 1/10（$0.1C_1$，单体恒流充电电流为 2200mA，涓流充电电流为 220mA）。

阶段 2：恒流充电

当电池电压上升到涓流充电阈值以上时，提高充电电流，进行恒流充电。恒流充电的电流为 $1.0C_1 \sim 0.2C_1$。电池电压随着恒流充电过程逐步升高，视电池正极材料的不同，此电压被设定为 $3.0 \sim 4.2V$。

阶段 3：恒压充电

当电池电压上升到 4.2V 时，恒流充电结束，电池进入恒压充电阶段。根据电芯的饱和程度，随着充电过程的继续，充电电流由最大值慢慢降低，当降低到 $0.01C_1$ 时，认为充电终止。

阶段 4：充电终止

充电终止方法有 3 种：通过最小充电电流判断、采用定时器，或采用两者结合的方式。第一种方法是监视恒压充电阶段的充电电流，并在充电电流小于 $0.02C_1$ 时终止充电。第二种方法是从恒压充电阶段开始时计时，持续充电两小时后终止充电过程。

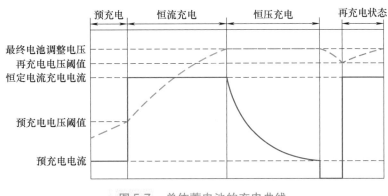

图 5-7　单体蓄电池的充电曲线

（3）单体蓄电池的放电过程　当电池的 SOC 大于 20% 时，静置 5min，然后以 $3C$ 电流恒流放电至 2.5V，转入恒压放电。

三、单体蓄电池余能检测的设备与方法

1. 检测设备

单体蓄电池余能测试所使用的设备主要有动力蓄电池组装实训台、数字万用表、绝缘测试仪、绝缘防护用品、绝缘工具套装、常规工具套装、分容柜、恒温箱、电性能测试仪等。

2. 检测方法

（1）检测流程　根据 GB/T 34015—2017 标准规定，单体蓄电池余能检测的流程包括外观检查（检查电池外观）、信息采集（采集铭牌上的信息）、电压判别（测量电池电压，判别极性）、测定首次充放电电流（I_c）和五小时率放电电流（I_5）、测量电池剩余容量等步骤。车用动力蓄电池的余能检测应按图 5-8 所示的检测流程进行。

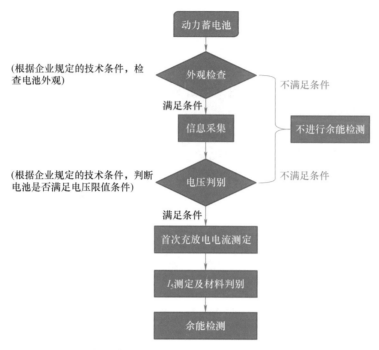

图 5-8 车用动力蓄电池的余能检测流程

（2）余能检测方法

1）测定首次充放电电流 I_c。对于有标签且可直接从标签上获得标称电压、标称容量或标称能量等信息的单体蓄电池，按照表 5-7 中的公式计算首次充放电电流 I_c，计算时应注意各参数的单位，如图 5-9 所示。对于标签损毁严重导致无法识别的单体蓄电池，可以按照表 5-7 中公式，根据单体蓄电池的质量计算首次充电电流 I_c，如图 5-10 所示。

表 5-7 首次充放电电流 I_c 的计算公式

电池类型	有标签	无标签
软包锂离子蓄电池	$I_c = C_n/5$ 或 $I_c = W_n/(5U)$	$I_c = 0.0066m + 0.8321$
钢壳、铝壳或塑料壳锂离子蓄电池	$I_c = C_n/5$ 或 $I_c = W_n/(5U)$	$I_c = 0.0070m - 0.6656$
金属氢化物镍蓄电池	$I_c = C_n/5$ 或 $I_c = W_n/(5U)$	$I_c = 0.0108m - 0.0757$

注：C_n 为额定容量，单位是安时（A·h）；

W_n 为额定能量，单位是瓦时（W·h）；

U 为额定电压，单位是伏特（V）；

I_c 为单体蓄电池的首次充电电流，单位是安培（A）

2）确定五小时率放电电流 I_5 用电性能检测仪以首次充放电电流恒流放电的方式测得蓄电池容量，并按下式计算 I_5：

$$I_5 = \frac{C_f}{5} \tag{5-2}$$

式中，C_f 为以首次充放电电流恒流放电测得的蓄电池容量（A·h）。

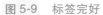

图 5-9 标签完好

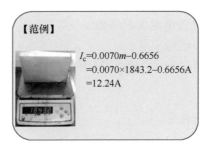

图 5-10 标签损毁

按照上述流程分别测定 I_c 和 I_5 后，再对单体蓄电池进行余能检测：首先对电池按表 5-8 所示的标准流程先后进行充电、放电测试，然后计算余能。

表 5-8 国家标准中规范的电池余能检测流程

电池类型	充 电	放 电
单体锂离子蓄电池	以 I_5 恒流充电至达到充电终止电压后转恒压充电，至充电电流降至 $0.05I_5$ 时停止充电，静置 1h	让单体蓄电池在 25℃±2℃ 温度下，以 I_5 恒流放电至达到放电终止电压，计算放电容量，重复以上操作 5 次，取最后 3 次的平均值，得到的电池放电容量就是单体蓄电池的余能
金属氢化物镍蓄电池	按照 I_5 恒流充电 5h，然后以 $0.2I_5$ 充电 1h，静置 1h 备用	

任务实施 ▶

一、任务准备

1. 设备及工具准备

任务实施前需准备的设备及工具见表 5-9。

表 5-9 设备及工具准备

序 号	设备及工具名称	数 量
1	分容柜（型号：INW—BC—01）	1 台
2	方形单体蓄电池	1 个
3	万用表	1 台
4	个人防护套装	1 套

2. 场地设备准备

任务实施前需要做好场地防护准备，并检查实训场地和设备设施是否存在安全隐患。

3. 安全防护准备

1）将单体蓄电池放置在分容柜中，注意选择正确的仓位及正负极朝向，如有需要可使用数字万用表判定正负极。

2）分容柜在进行充放电时是不支持串联充放电的，且分容柜单通道限压为5V、限流为20A，需注意设置电池保护参数。

3）穿戴好绝缘手套。

4）在测量过程中，数字万用表的红黑表笔笔尖不得有脏物，以免影响测量精度。

扫码了解单体电池的电压测定、充放电测试和余能测试

二、实施步骤

1. 单体蓄电池的电压测定

步骤1：将黑表笔插进"COM"孔，红表笔插进"VΩ"孔。注意：表盘上的数值均为最大量程，"V–"表示直流电压挡，"V~"表示交流电压挡，"A"表示电流挡。

步骤2：先将数字万用表的两表笔笔尖直接接触，将万用表校零，如图5-11所示。

步骤3：将挡位调至直流电压挡，并将旋钮旋至稍大于估计值的量程。

步骤4：如图5-12所示，将红表笔、黑表笔分别接电池两端，注意红正黑负，保持接触稳定。从显示屏上读取数值，若显示为"1."，则表明量程太小，要加大量程后再次测量。如果数值左边出现"–"，则表明表笔极性与实际电源极性相反，此时红表笔接的是负极。

图5-11　万用表校零

图5-12　测量单体蓄电池的电压

2. 单体蓄电池的充放电测试

常规的单体蓄电池放电方式分为恒流放电、恒电阻放电和恒功率放电这3种。本任务只对恒流放电和恒功率放电这两种方式进行实验。

步骤1：在分容柜中放置单体蓄电池。放置时应查看标志，方形电池的正极应朝外，如图5-13所示。

步骤2：启动仓位开关。若看到通道一有电压，则证明接触良好，电池安装正确。

步骤3：长按"通道一"，出现圆形光圈后松开，按启动按钮，调出设置参数界面。

步骤4：将充电终止电压设置为3.65V，充电

图5-13　搭建方形电池的充电电路

电流为 10A。

步骤 5：随着充电时间增加，可直观地看见电池电压上升，但是充电电流始终保持不变，充电电压和充电电流的乘积恒为固定值，达到充电终止电压时，充电截止。

步骤 6：认识恒流放电过程。将放电电流设置为 20A，在恒流放电过程中，放电电流始终不变，放电电压逐渐减小。

步骤 7：认识恒功率放电过程。将放电功率设置为 28W，该数值在恒功率放电过程中始终保持不变。不同单体蓄电池的放电功率设置有所不同。

3. 单体蓄电池的余能检测

步骤 1：在分容柜中放置单体蓄电池。放置时应查看标志，方形电池的正极应朝外。

步骤 2：启动仓位开关。若看到通道一有电压，则证明接触良好，电池安装正确。

步骤 3：长按"通道一"，出现圆形光圈后松开，按启动按钮，调出设置参数界面。

步骤 4：在 25±2℃ 温度下，将 3.6V 的电池以 $0.2C$ 的恒流放电模式进行放电，直至电压为 2.8V。根据电流乘以放电时间等于容量，可以计算出放电容量。

步骤 5：重复以上操作 5 次，取最后 3 次的平均值，得到的电池放电容量就是单体蓄电池的余能。

▷▷▷ ▶▶▶ 项目六

动力蓄电池重组、系统集成及应用

任务一 单体蓄电池材料体系

学习目标 ▶

➢ **知识目标**

1. 了解铅酸蓄电池的材料体系与特点。
2. 了解镍氢电池的材料体系与特点。
3. 了解锂离子蓄电池的材料体系与特点。

➢ **技能目标**

1. 具备描述铅酸蓄电池中组成电极、隔板和电解液的材料种类的能力。
2. 具备描述镍氢电池中组成电极、隔板和电解液的材料种类的能力。
3. 具备描述锂离子蓄电池中组成电极、隔板和电解液的材料种类的能力。

➢ **素养目标**

1. 通过"无钴电池"案例分析，树立科技报国的思想。
2. 具有学习新技术、新知识的能力。
3. 通过不同材料体系的对比，养成辩证思维能力。
4. 通过学习本任务，提高信息收集、加工和扩展能力。
5. 了解电池材料前沿技术，培养勇于探究、敢于创新的精神。
6. 了解科技前沿，提升科学素养。

任务导入 ▶

　　一款电池的设计首先要从选择材料体系开始，即根据目标需求（如能量密度、倍率特性、循环寿命和安全等指标）选择合适的材料。

相关知识 ▶

一、铅酸蓄电池的材料体系与特点

1. 阀控式铅酸蓄电池（VRLA）

VRLA 具有以下特征：电池内部与周围大气之间没有连续的气体交换通道；不能做到完全密封，必须要安装一个阀，甚至在正常条件下，阀也会打开释放气体。2V 单体 VRLA 的组成包含正负极板、外壳、隔板、电解液、极柱等，如图 6-1 所示。

扫码学习铅酸电池的材料体系与特点

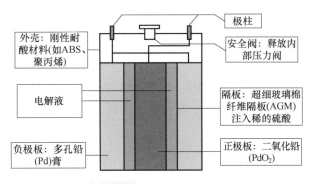

图 6-1 2V 单体 VRLA

（1）极板与极板组材料　极板是电池的核心部分，是电池贮存电能的主要部件。极板分正极板和负极板，做成栅架（网架）形式，上面附满活性物质，如图 6-2 所示。正极板上所附的活性物质为二氧化铅（PbO_2），呈棕红色；负极板上所附的活性物质为多孔铅（Pb）膏，呈青灰色。栅架是由铅合金制成的网架，一般在铅中加入少量的锑，近年来为了改善铅酸蓄电池的自放电性能，会在铅中加入少量的钙。将正负极板各一片放入电解液中，即可获得约 2V 的电动势。为了增大容量，一般将多片正极板和多片负极板并联组成极板组，如图 6-3 所示。

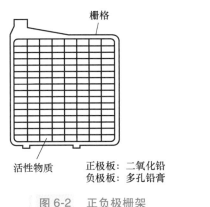

图 6-2 正负极栅架

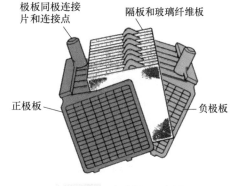

图 6-3 极板组示意图

（2）隔板材料　隔板插于正负极板之间。隔板的作用是把正极板和负极板隔开，防止正极板和负极板互相接触造成短路。隔板耐酸且多孔，便于电解液自由渗透。常用的隔板材料有木材、微孔塑料、微孔橡胶、玻璃丝棉等。微孔塑料隔板孔径小、孔率高、成本低，因此被广泛采用。隔板也是制成长方形片状，面积比极板略大些，厚度不超过 1mm。成形隔板的一面有特制的纵向沟槽，另一面则为平面，如图 6-4 所示。

（3）电解液　电解液是铅酸蓄电池内部发生化学反应的主要物质，是用纯净硫酸和蒸馏水（去离子水）按一定比例配制而成的。电解液的纯度和密度对电池容量和寿命有重要影响。电解液中硫酸密度高，可增强化学反应，提高电动势，冬季还可避免电解液冻结。但缺点是密度过高，会使极板腐蚀加快，缩短极板与隔板的使用寿命。电解液的密度一般为 $1.24 \sim 1.28 \mathrm{g/cm^3}$（$20℃$）。气温高的地区或季节，应采用密度较低的电解液；气温低的地区或季节，应采用密度较高的电解液。

（4）外壳材料　蓄电池的外壳形状为长立方体，内部一般用隔板分隔成几个单格，每个单格内放入极板组和电解液，便组成一个单体蓄电池。外壳的底部有凸起的筋条（突棱），用来放置极板组；加液口上有盖，盖上有通气孔，应保持畅通，防止外壳内气体增多把外壳胀裂，如图 6-5 所示。

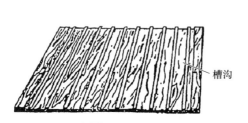

图 6-4　隔板示意图

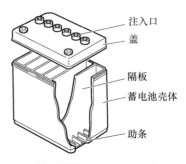

图 6-5　外壳示意图

外壳应耐酸、耐热、耐寒、耐震、绝缘性好，有一定的机械强度。国内多采用硬橡胶外壳，即硬橡胶模压后，经硫化而成，俗称胶壳。近年来，由于工程塑料的发展，外壳多用塑料（如聚丙烯等）制成。塑料外壳不仅耐酸、耐热、耐震，而且强度高、韧性好、质量小、壳体壁较薄（一般为 3.5mm，而硬胶壳壁厚度为 10mm），且外形美观。塑料外壳易于热封合、生产效率高，已成为一种发展趋势。

2. 超级电池和铅碳电池

超级电池（UltraBattery）和铅碳电池（Pb-C 电池）是为高倍率部分荷电状态（HRPSoC）下循环使用而研制的新型铅酸蓄电池。超级电池的正极活性物质为 PbO_2；负极为用电容碳材料制备的碳电极和海绵铅负极并联组合，或将碳材料覆于铅负极表面的结构；电解液为 H_2SO_4 溶液。铅碳电池的正极活性物质也是 PbO_2，电解液为 H_2SO_4 溶液，其负极则是在传统负极活性物质中加入了一定量的碳材料。

二、镍氢电池的材料体系与特点

1. 镍氢电池

镍氢电池主要组件包括正极板、负极板、隔板、极耳、电解液等，正极活性物质是氢氧化镍，负极是贮氢合金，电解液是氢氧化钾溶液，隔板位于正负极之间有，如图 6-6 所示。

（1）氢氧化镍正极材料 镍氢电池的正极材料包括以下 5 类。

1）镍基集流体：泡沫镍或镍箔。

2）活性材料：氢氧化亚镍 $[Ni(OH)_2]$。

3）导电剂：镍粉。

4）添加剂：钴、氧化亚钴（CoO）、Y_2O_3、Yb_2O_3 等。

5）黏结剂：CMC、PTFE 等。

按照晶体学理论，镍电极材料存在 4 种不同晶型，包括 $\alpha\text{-}Ni(OH)_2$、$\beta\text{-}Ni(OH)_2$、$\gamma\text{-}NiOOH$ 及 $\beta\text{-}NiOOH$。充放电过程通常在 $\beta\text{-}NiOOH$ 与 $\beta\text{-}Ni(OH)_2$ 之间进行，但在异常的循环条件下可能会产生其他结构形式的物质。如

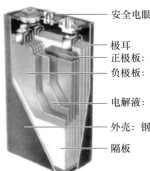

扫码学习镍氢电池的材料体系与特点

右侧标注：
安全电眼
极耳
正极板：氢氧化镍
负极板：贮氢合金
电解液：氢氧化钾
外壳：钢壳或铝壳
隔板

图 6-6 镍氢电池的结构

图 6-7 所示，在过充电时，$\beta\text{-}NiOOH$ 会变成 $\gamma\text{-}NiOOH$ 和 NiO_2，由于 $\gamma\text{-}NiOOH$ 的密度小于 $\beta\text{-}Ni(OH)_2$ 的密度，活性物质会发生膨胀，多次循环会使电极开裂、掉粉，影响电极容量和循环寿命。$\gamma\text{-}NiOOH$ 放电后将转变成 $\alpha\text{-}Ni(OH)_2$，使体积膨胀更加严重。而且 $\alpha\text{-}Ni(OH)_2$ 不稳定，在碱溶液中会很快地转化成 $\beta\text{-}Ni(OH)_2$。二者结构示意图如图 6-8 所示。

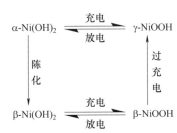

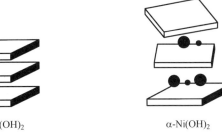

图 6-7 充放电过程正极变化过程   图 6-8 不同晶型 $Ni(OH)_2$ 的结构示意图

对于纯电动汽车用的大型镍氢动力电池组，其充电时发热量较大、散热较慢、温升较快，如不加以改善，电流效率会下降较大。近年的研究表明，$Ca(OH)_2$、CaS_2、CaF_2、Y_2O_3 和 CoO 等的加入，对镍正极活性物质的利用率有较大影响。另外，用表面修饰技术对球形氢氧化镍进行表面改性的研究，也已得到了广泛应用。

（2）贮氢合金负极材料 贮氢合金指常温常压下，易生成稳定氢化物的金属元素与氢气反应所形成的金属氢化物。常用的贮氢金属元素有 La、Zr、V、Ti、Cr、Mn、Co、Fe、Ni、Mg 等，它们在常温常压下能够与氢反应，成为金属氢化物，且通过加热或减压可以将贮存的氢释放出来，通过冷却或加压又可以再次吸收氢。图 6-9 比较了氢气、液氢、金属氢

化物中的氢密度和含氢率。可以看出，金属氢化物的氢密度比氢气和液态氢还要高，非常适合贮氢。镍氢电池就是利用了贮氢合金的这种性质，因此镍氢电池具有高的能量密度。同时，稀土元素 La 形成的金属氢化物密度最高，而我国是世界稀土生产大国，发展稀土系贮氢合金具有得天独厚的优势。

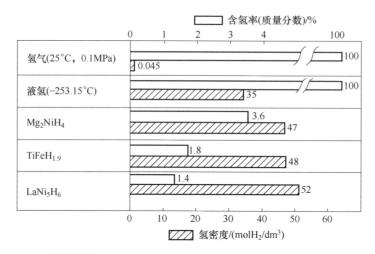

图 6-9 氢气、液氢、金属氢化物的氢密度和含氢率

贮氢合金种类繁多，分类方法主要有下列两种，见表 6-1。

表 6-1 贮氢合金的分类

	按贮氢合金组分分类		按贮氢合金中各组分的配比分类
稀土系	如 LaNi$_5$、LaNi$_{5-x}$A$_x$（A = Al、Mn、Co、Cu）、MmNi$_5$（Mm 为混合稀土等）	AB$_5$ 型	如 LaNi$_5$、LaNi$_{5-x}$A$_x$、MmNi$_5$
钛系	如 TiNi、Ti$_2$Ni 等	AB$_2$ 型	如 ZrMn$_2$
镁系	如 Mg$_2$Ni、Mg$_2$Cu 等	A$_2$B 型	如 Mg$_2$Ni、Ti$_2$Ni 等
锆系	如 ZrMn$_2$	AB 型	如 TiNi 等

目前，已发现的具有可逆贮氢性能的氢化物有一千余种，但并不是所有的贮氢合金都可以作镍氢电池的负极材料。用作电池的贮氢合金必须满足以下条件：贮氢量大，且容易活化；对氢的氧化有电催化作用；在氢的氧化电位范围内，有抗氧化的能力；在碱性电解质溶液中化学性能稳定、耐腐蚀；在反复充放电过程中，结构和性能保持稳定；在较宽的温度范围内，电化学容量变化小；原材料来源丰富，价格便宜，无污染。

能够满足上述条件的贮氢合金有以 LaNi$_5$ 和 MmNi$_5$ 为主的稀土系和以 TiNi、Ti$_2$Ni 为主的钛系，锆系 Laves 相贮氢合金电极和非晶态的 Mg-Ni 贮氢合金电极正在研究中。

（3）隔板材料 隔板也是镍氢电池的重要组成部分，镍氢电池的隔板必须具备良好的润湿性和电解液保持能力，化学稳定性好，在强碱性溶液中不易老化，抗氧化能力强，机械强度好，对电解液的离子传输阻力小，电子绝缘，孔率高，透气性好，而且要求成分均匀、平整、厚薄一致、无杂质等。常用的隔板材料有尼龙纤维、聚丙烯纤维。表 6-2 列出了各种隔板的性能参数，图 6-10 是 4 种隔板的微观形貌。

表 6-2　各种隔板的性能参数

隔板	厚度/mm	面密度/(g/m^2)	吸液速度/(mm/min)	吸液率/%	透气性/(cm/s)
聚丙烯（氟化处理）	0.14	54	4.9	248	9
聚丙烯混纺（氟化处理）	0.15	61	0.6	175	13
改性尼龙	0.15	62	2.0	220	18
聚丙烯（磺化处理）	0.15	64	6.6	284	35

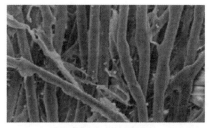
a) 聚丙烯（氟化处理）

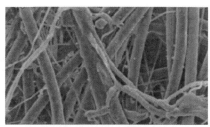
b) 聚丙烯混纺（氟化处理）

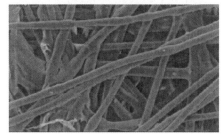
c) 改性尼龙

d) 聚丙烯（磺化处理）

图 6-10　4 种隔板的微观形貌

尼龙的纤维强度高，相应隔板的润湿性能和电解液保持能力好，机械强度高，但缺点是使用寿命较短，会降低电池的使用寿命。聚丙烯的纤维强度也较高、弹性好，且耐酸、耐碱、耐磨蚀性优于大部分化学纤维，制造工艺简单，价格低廉，但缺点是其分子结构不具有亲水基团，吸碱能力比不上尼龙纤维隔板，需要对其进行表面亲水处理。通常，对隔板材料进行改性可以改善隔板的性能，如化学处理、辐射接枝处理和磺化处理等。改性可以改善隔板的亲水性、吸碱能力，从而提高隔板的性能。

隔板的厚度、孔径等因素对电池性能有较大的影响。使用厚的隔板，电池的内阻大。隔板的孔径大，会使电解液保持能力差，但透气能力增强；孔径小，则与此相反。隔板的中间孔径大、两边孔径小，可使电解液保持能力与透气性得到较好的平衡。

（4）电解液　适用于镍氢电池的电解液主要有 KOH 溶液和 NaOH 溶液两种。前者一般使用较多，因为 KOH 溶液的电导率比 NaOH 溶液更高，有利于降低电池内阻，改善电池高倍率性能，而且 NaOH 吸收空气中的 CO_2 后生成的 Na_2CO_3 容易结晶，也会导致电池性能恶化。

虽然 NaOH 溶液由于电导率较低而受到使用限制，但它在高温型镍氢电池中的应用却得到关注。NaOH 溶液能提高正极的析氧过电势，从而抑制 NiOOH 的自分解，改善电池的自放电性能。随着电解液中 NaOH 含量的增大，电池容量的保持率均在不断上升，且当电解液为 NaOH 纯溶液时，电池容量保持率达到最高。用 NaOH 溶液代替 KOH 溶液能够明显改善镍氢电池的高温充电效率和自放电性能，但也会导致电池的放电态内阻增加和大电流放电性能下降。而且在低温条件下，电解液中 NaOH 的加入对容量保持率不利。

若在电解液中加入 $8 \sim 15 g/L$ 的 LiOH 添加剂，在充放电过程中 Li^+ 能逐渐进入正极的 $Ni(OH)_2$ 晶格中，可以提高正极的析氧过电势，有利于改善充电效率。LiOH 还可以防止长期循环中 $Ni(OH)_2$ 晶粒的聚集长大，使 $Ni(OH)_2$ 保持分散状态，提高活性物质利用率。

2. 镍氢电池的分类

镍氢电池有 3 种分类标准：按内部压力分类、按外形分类和按电池性能分类，见表 6-3。

表 6-3　镍氢电池的分类

分类标准	类　　型	特　　　点
内部压力	高压镍氢电池	单体采用镍为正极，氢为负极，可以通过氢压来指示电池的 SOC，但容器需要耐高氢压
	低压镍氢电池	以贮氢合金为负极，以氢氧化镍为正极，在镍氢电池中放入具有可逆吸放氢的贮氢合金，以降低氢压
外形	圆柱形镍氢电池	① 密封蓄电池，安全性好 ② 比表面积大，散热用途好 ③ 工艺比较成熟，适合大批量持续化生产 ④ 电池外壳耐压高，使用过程中不会出现膨胀等现象
	方形镍氢电池	① 封装可靠度高 ② 系统能量效率高 ③ 相对质量小 ④ 能量密度较大
电池性能	标准型	① 使用寿命应为 500~1000 次 ② 密封防漏，使镍氢电池成为免维护电池 ③ 性能稳定，可以在很宽的湿度和温度范围内使用 ④ 适用范围广：应急灯、便携电话、遥控器、玩具等，无特殊要求的移动电源几乎都可使用
	高容量型（S 型）	由于是选用性能优异的高分子材料构成镍氢电池，因而具备高容量，主要适用于比较耗电的数码相机
	高倍率型	具有优异的快速充电和大电流放电性能，特别适合大电流放电的用电器具，如电动工具、大型玩具（车载玩具、遥控飞机）等
	低温型和高温型	分别具有优异的低温和高温工作性能，它们仅是在主电源出现故障时才进行放电。这两类镍氢电池主要应用于低温和高温环境下的指示灯、应急灯

扫码学习锂离子电池的材料体系与特点

三、锂离子蓄电池的材料体系与特点

锂离子蓄电池是 20 世纪 90 年代由日本 SONY 率先实现产业化的，迄今已在数码类产品中获得成功而又广泛的工业应用。通常，锂离子蓄电池由下述元件组成：负极，在放电时发生氧化（锂离子脱出）反应，应用较多的是碳材料；正极，放电时发生还原（锂离子嵌入）反应，采用较多的是过渡金属氧化物，如 $LiCoO_2$；电解液，为离子运动提供运输介质，通常为六氟磷酸锂；隔板，为正极、负极提供电子隔离。锂离子蓄电池的材料组成如图 6-11 所示。

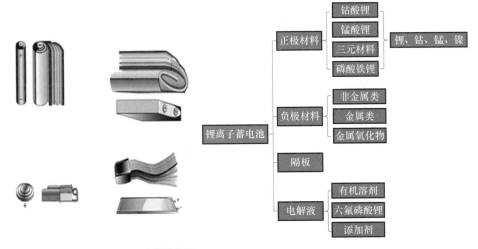

图 6-11　锂离子蓄电池的材料组成

（1）正极材料　如图 6-12 所示，锂离子蓄电池的正极一般以铝箔作为基体，两侧均匀涂覆正极材料。正极材料包括一定配比的正极活性物质（如钴酸锂、磷酸铁锂、锰酸锂和三元材料等）、导电剂（如乙炔黑、石墨等）及黏结剂［以聚偏氟乙烯（PVDF）为主］。以三元材料锂离子蓄电池为例，其正极含有大量的有价金属，其中钴占 5%~20%，镍占 5%~12%，锰占 7%~10%，锂占 2%~5%。锂离子蓄电池可选的正极材料很多，主流产品多采用锂铁磷酸盐。

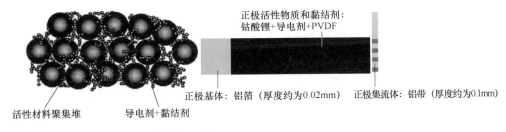

图 6-12　锂离子蓄电池的正极材料

当前，锂离子蓄电池的能量密度、充放电倍率、安全性等关键指标主要受制于正极材料。基于这些因素考虑，经过工程研究和市场化检验，目前市场常见的锂离子蓄电池正极材料的性能对比见表 6-4。

表 6-4 常见的锂离子蓄电池正极材料的性能对比

正极材料	化学组成	结构	能量密度	循环寿命	成本	安全性
磷酸铁锂（LFP）	$LiFePO_4$	橄榄石	中	高	低	高
镍酸锂（LNO）	$LiNiO_2$	层状	高	低	高	低
锰酸锂（LMO）	$LiMn_2O_4$	尖晶石	低	中	低	中
钴酸锂（LCO）	$LiCoO_2$	层状	中	低	高	低
镍钴铝酸锂（NCA）	$LiNi_xCo_yAl_{1-x-y}O_2$	层状	高	中	中	低
镍钴锰酸锂（NCM）	$LiNi_xCo_yMn_{1-x-y}O_2$	层状	高	高	中	低

（2）负极材料　锂离子蓄电池的负极一般以铜箔作为基体，两侧均匀涂覆负极材料。负极材料包括一定配比的负极活性物质（石墨、硅碳等）和黏结剂［丁苯橡胶（SBR）、丙烯酸树脂（PAA）、羧甲基纤维素钠（CMC-Na）等］，如图 6-13 所示。负极活性物质与黏结剂混合均匀，涂覆在负极集流体上，再经过干燥，碾压后制成负极材料。

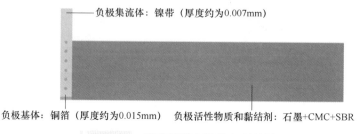

负极集流体：镍带（厚度约为0.007mm）

负极基体：铜箔（厚度约为0.015mm）　　负极活性物质和黏结剂：石墨+CMC+SBR

图 6-13　锂离子蓄电池的负极材料

锂离子蓄电池负极材料的种类繁多，根据化学组成可以分为金属类负极材料（包括合金）、无机非金属类负极材料及金属氧化物类负极材料。

1）金属类负极材料多具有超高的嵌锂容量，最早得到研究的负极材料是金属锂。由于安全问题和循环性能欠佳，金属锂作为负极材料并未得到广泛应用。近年来，合金类负极材料得到了比较广泛的研究，如锡基合金、铝基合金、镁基合金、锑基合等，是一个新的方向。

锡基材料：1997 年，日本富士的研究人员首次提出以锡基材料作为锂离子蓄电池负极材料，自此锡基负极材料曾一度引起了人们的广泛关注。这是因为锡（Sn）能与锂（Li）形成含锂量很高的 $Li_{22}Sn_5$ 金属间化合物，理论上 1 个锡原子可以与 4.4 个锂原子形成合金，其理论嵌锂容量为 994mA·h/g，是碳材料的 2.6 倍。另外，锡基负极材料还具有堆积密度大（75mol/L）、低温性能优异、价格低廉、无毒副作用、实用性强、加工合成相对容易等优点，成为有发展前景的金属材料之一。然而，该类金属材料在锂的嵌入和脱出前后体积有 3 倍左右的变化，经过十几次循环后就会因体积变化而造成金属锡晶格损坏、粉化、剥落、活性物质内部丧失电接触，以及首次不可逆容量较高、循环性能不理想，最终导致容量迅速衰减等问题，因此未能实现商品化。

硅基材料：高比容量负极材料的开发一直是锂离子蓄电池研究的重要领域。锂与硅（Si）反应可得到不同的产物，如 $Li_{12}Si_7$、Li_7Si_3、$Li_{13}Si_4$ 和 $Li_{22}Si_5$ 等，其中 $Li_{22}Si_5$ 合金的理论储锂容量高达 $4200mA \cdot h/g$，大于金属锂的 $3860mA \cdot h/g$，更是碳负极材料的 11.29 倍，硅是目前所发现的具有最高储锂量的负极材料，且是地壳中第二丰富的元素，价格便宜。因此，在获得高容量的同时，如何提高硅基负极材料的循环性能，是目前的一个研究重点。解决这一问题的主要办法有：使硅材料纳米化和多孔化，制备硅合金、硅复合材料和多相掺杂等。如果能有效地解决循环性能，在不久的将来，硅基材料将可能取代碳材料成为下一代锂离子蓄电池的主要负极材料。

2）用作锂离子蓄电池负极的无机非金属材料主要是碳材料、硅材料及其他非金属的复合材料。商品化锂离子蓄电池中，应用最成功的负极材料是碳材料。碳材料在锂离子蓄电池中取代金属锂作负极，能使电池的安全性能和循环性能得到大大提高，同时又保持了锂离子蓄电池高电压的优势。通常，锂在碳材料中形成的化合物的理论表达式为 LiC_6，其理论容量为 $372mA \cdot h/g$。根据其结构特点的不同，碳材料的分类如图 6-14 所示。

3）金属氧化物类负极材料一般具有结构稳定、循环寿命长等优点，如锂过渡氧化物［钛酸锂（LTO）等］、锡基复合氧化物等。钛酸锂负极材料具有最优的倍率性能和循环性能，适用于大电流快充动力蓄电池，但这种动力蓄电池的比能量较低且成本较高。安全性和能量密度较高的铁氧化物，有可能取代钛酸锂，广泛应用在对寿命和安全性要求较高的领域中。

（3）隔膜材料　锂离子蓄电池中常使用聚烯烃多孔薄膜（见图 6-15），其性能要求是：在使用的电解液中稳定性好；不吸收水分；对正极和负极有优异的绝缘性，离子电导率高；有足够的机械强度；有热熔性。目前，市场上的隔膜主要采用聚乙烯（PE）单层膜，聚丙烯（PP）单层膜，以及 PP/PE/PP 三层复合微孔膜，其厚度在 $25\mu m$ 左右。尤其是 PP/PE/PP 三层复合微孔膜不仅熔点较低，而且具有较高的抗穿刺强度，能起到热保险作用。聚烯烃多孔薄膜以其优良的力学性能、良好电化学稳定性及相对廉价的特点，成为目前锂离子蓄电池隔膜市场的主要品种。随着陶瓷涂层技术得到了推广，耐高温和高电压的隔膜将成为未来的研发方向。

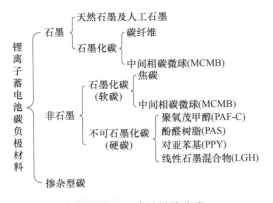

图 6-14　碳材料的分类

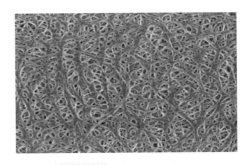

图 6-15　聚烯烃多孔薄膜

（4）电解液　锂离子蓄电池的电解液应该满足离子电导率高（$10^{-3} \sim 10^{-2}$ S/cm）、电子电导率低、电化学窗口宽（0~5V）、热稳定性好（$-40 \sim 60$℃）等要求。基于以上要求，研究人员找到了由高纯度的有机溶剂、电解质锂盐和必要的添加剂等原料，在一定条件下、按一定比例配制而成的电解液：采用含锂化合物作为溶质与有机溶剂混合而成，溶质以六氟磷酸锂（$LiPF_6$）为主；有机溶剂为碳酸乙烯酯（EC）、碳酸二乙酯（DEC）、碳酸二甲酯（DMC）等几种溶剂的混合液。六氟磷酸锂及其他新型锂盐、溶剂提纯、电解液配制、功能添加剂的相关技术持续进步，目前的发展方向是进一步提高其工作电压和改善动力蓄电池的高低温性能。此外，安全型离子液体电解液和固体电解质也正在研制中。

任务实施 ▶

一、任务准备

1. 进行任务分组，每 5~8 个人为一组。
2. 进行任务分工。

二、实施步骤

步骤 1：查阅相关资料，分小组讨论阀控式铅酸蓄电池的特征，并完成表 6-5。

表 6-5　记录表 1

序号	阀控式铅酸蓄电池的特征
1	
2	

步骤 2：查阅相关资料，分小组讨论镍氢电池的正极材料有哪些，并完成表 6-6。

表 6-6　记录表 2

序号	类　别	主要成分
1		
2		

步骤 3："镍氢电池的电解液是用纯净硫酸和蒸馏水按一定比例配制而成的"，这句话的说法正确吗？请分小组讨论。

步骤 4：下列哪些选项属于锂离子蓄电池的正极材料：□钴酸锂；□铜箔；□磷酸铁锂；□锰酸锂。

步骤 5：以小组为单位，对锂离子蓄电池隔板材料的性能要求进行讨论，说说具体都有哪些方面，并记录在表 6-7 中。

表 6-7 记录表 3

序号	锂离子蓄电池隔板材料的性能要求
1	
2	
3	
4	

任务二 | 单体蓄电池检测

学习目标▶

➤ 知识目标
1. 掌握单体蓄电池容量的检测方法。
2. 掌握单体蓄电池内阻的检测方法。
3. 掌握单体蓄电池循环寿命的检测方法。

➤ 技能目标
1. 具备正确使用仪器检测单体蓄电池容量的能力。
2. 具备正确使用仪器检测单体蓄电池内阻的能力。
3. 具备正确使用仪器检测单体蓄电池循环寿命的能力。

➤ 素养目标
1. 通过小组分工，提升团队协作精神。
2. 能遵守技术规定，进行规范操作，培养爱岗敬业精神。
3. 通过单体蓄电池性能检测，提升职业素养能力。
4. 通过实操反思，提升工作责任感。
5. 结合工具的使用，增强作业安全意识。
6. 严格执行 6S 现场管理。

任务导入▶

在装配前对各单体蓄电池进行容量、内阻及循环寿命的检测，并挑选出符合设定规格要求的单体蓄电池进行装配，可以保证动力蓄电池组的整体稳定性和安全性，并提高动力蓄电池组的使用寿命。你知道上述参数检测怎么操作吗？

相关知识▶

一、单体蓄电池容量检测的设备与方法

1. 容量参数

（1）理论容量（C_0） 理论容量是假定全部活性物质参加电池的成流反应所能提供的电

量。理论容量可根据电池反应式中电极活性物质的数量，以及按法拉第定律计算的活性物质的电化学当量求出。

（2）额定容量（C）　额定容量指按照国家或有关部门规定的标准，电池在一定的放电条件（如温度、放电率、终止电压等）下放出的最低限度电量。

（3）实际容量（C_x）　实际容量指在电池实际应用情况下放出的电量，它等于放电电流与放电时间的积分。实际容量受放电率的影响较大，所以常在字母 C 的右下角以阿拉伯数字标明放电率，如 $C_{20} = 50\text{A}\cdot\text{h}$，表明 20h 放电率下的实际容量为 $50\text{A}\cdot\text{h}$，其计算方法如式（6-1）和式（6-2）所示。

恒定电流放电时：

$$C = IT \tag{6-1}$$

变电流放电时：

$$C = \int_0^T I(t)\,\mathrm{d}t \tag{6-2}$$

式中，I 表示放电电流，是放电时间 t 的函数；T 表示放电至放电终止电压所用的时间。

由于内阻的存在，以及其他各种原因，活性物质不可能完全被利用，即活性物质的利用率总是小于 1，因此电池的实际容量、额定容量总是低于理论容量。活性物质的利用率定义为

$$\eta = \frac{m_1}{m} \times 100\% = \frac{C}{C_0} \times 100\% \tag{6-3}$$

式中，m_1 表示放出实际容量时消耗的活性物质的质量；m 表示活性物质的质量。

电池的实际容量与放电电流密切相关：大电流放电时，电极的极化增强，内阻增大，放电电压下降很快，电池的能量效率降低，因此实际放出的容量较小。相应地，在低倍率放电条件下，放电电压下降缓慢，电池实际放出的容量常常大于额定容量。

（4）剩余容量　剩余容量指在一定放电倍率下放电后，电池剩余的可用容量。剩余容量的估计和计算受到电池前期应用的放电率、放电时间等因素，以及电池老化程度、应用环境等多种因素影响，所以准确估算比较困难。

2. 检测设备

单体蓄电池容量的检测设备主要有电池充放电一体机、恒温箱、电池容量测试仪。

3. 容量检测方法

电池容量检测的标准流程为放电阶段→搁置阶段→充电阶段→搁置阶段→放电阶段。

1）在特定温度条件下，用专用的电池充放电一体机，使蓄电池以设定好的电流进行放电，至蓄电池电压达到技术规范或产品说明书中规定的放电终止电压时停止放电。

2）放电后先静置一段时间，再进行充电。充电一般分为两个阶段，先进行恒流充电，至蓄电池电压达到技术规范或产品说明书中规定的充电终止电压时转恒压充电，此时充电电流逐渐减小，至充电电流降至某一值时停止充电。

3）充电后先静置一段时间，再在设定好的环境中以固定的电流进行放电，直至达到放电终止电压，用电流值对放电时间进行积分，计算出容量（单位为 $\text{A}\cdot\text{h}$）。

通过动力蓄电池分容柜，也可以直接检测并计算出单体蓄电池的容量。用动力蓄电池分

容柜检测单体蓄电池容量时的界面，如图 6-16 所示。

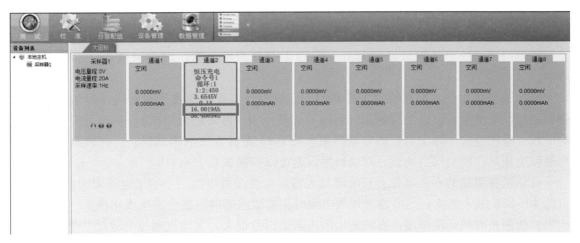

图 6-16 用动力蓄电池分容柜检测单体蓄电池容量时的界面

二、单体蓄电池内阻检测的设备与方法

1. 内阻参数

（1）电池内阻的定义 电流通过电池内部时受到的阻力，该阻力会使电池的工作电压降低，称为电池内阻。由于电池内阻的作用，电池放电时的端电压比电动势和开路电压低。充电时的端电压比电动势和开路电压高。电池内阻是化学电源的一个极为重要的参数，它直接影响电池的工作电压、工作电流、输出能量与功率等，对于一个实用的化学电源，其内阻越小越好。通常情况下，电池内阻较小，可以忽略不计，但电动汽车用动力蓄电池常常处于大电流、深放电的工作状态，内阻引起的电压降较大，此时内阻对整个电路的影响不能忽略。

（2）电池内阻的分类 电池内阻不是常数，它在放电过程中根据活性物质的组成、电解液浓度、电池温度及放电时间而变化。电池内阻包括欧姆内阻和电极在发生化学反应时表现出的极化内阻，两者之和称为电池的全内阻。

欧姆内阻主要由电极材料、电解液、隔板的内阻及各部分零件的接触电阻组成。它与电池的尺寸、结构、电极的成型方式及装配的松紧度有关。

极化内阻是指化学电源的正极与负极在电化学反应进行时由于极化所引起的内阻，它是电化学极化和浓差极化所引起的电阻之和。极化内阻与活性物质的本性、电极的结构、电池的制造工艺有关，尤其是与电池的工作条件密切相关，电池的放电电流和温度对其影响很大。

在大电流密度下放电时，电化学极化和浓差极化均增加，甚至可能引起负极的钝化，这会使极化内阻增加。低温对电化学极化、离子的扩散均有不利影响，故在低温条件下电池的极化内阻也增加。因此，极化内阻不是一个数值不变的常数，而是随放电率、温度等条件的改变而改变。

2. 检测设备

单体蓄电池内阻的检测设备主要有直流放电测试仪、交流电阻测试仪等。

3. 电池内阻检测方法

内阻检测是一个比较复杂的过程，目前主要有两种方法，即直流放电法和交流电压降法。

（1）直流放电法　根据物理公式 $R = U/I$，检测设备让电池在短时间内（一般为 2~3s）强制通过一个很大的恒定直流电流（目前一般使用 40~80A 的大电流），测量此时电池两端的电压，并按公式计算出当前的电池内阻。图 6-17 为直流放电测试仪。这种检测方法的优点是精度较高，控制得当的话，测量精度误差可以控制在 0.1% 以内。

此法也有明显的不足之处：只能测量大容量电池或蓄电池，小容量电池无法在 2~3s 内负荷 40~80A 的大电流；当电池通过大电流时，电池内部的电极会发生极化现象，产生极化内阻。故测量时间必须很短，否则测出的内阻值误差很大；大电流通过电池对电池内部的电极有一定损伤。

（2）交流电压降法　因为电池实际上等效于一个有源电阻，因此可以给电池施加一个固定频率和固定电流（目前一般使用 1kHz 频率、50mA 小电流），然后对其电压进行采样，经过整流、滤波等一系列处理后通过运算放大电路计算出该电池的内阻值。交流电压降法的电池测量时间极短，一般约为 100ms。图 6-18 是交流电阻测试仪。

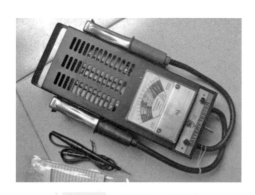

图 6-17　直流放电测试仪

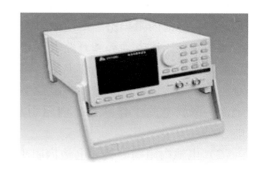

图 6-18　交流电阻测试仪

这种检测方法优点是：精度较高，测量精度误差一般为 1%~2%；对电池本身不会有太大的损害；可以测量几乎所有的电池，包括小容量电池。便携式计算机电池电芯的内阻检测一般都用这种办法。

此法也有缺点：测量精度很可能会受到纹波电流的影响，同时还有谐波电流干扰的可能，这对测量仪器电路中的抗干扰能力是一个考验；测量精度比直流放电法差。

三、单体蓄电池循环寿命的检测设备与方法

1. 循环寿命

（1）循环寿命的概念　电池的容量在使用过程中会逐渐损失。导致锂离子蓄电池容量损失的原因有很多，有材料方面的原因，也有生产工艺方面的因素。一般认为，当蓄电池的

剩余容量只有 80%时，就不再适合继续使用，可以进行梯次利用、回收、拆解和再生。

电池的寿命有循环寿命和日历寿命之分，其中应用最多的是循环寿命。蓄电池经历一次充电和放电，称为一次循环（或一个周期）。按一定测试标准，当电池容量降到某一规定值（一般规定为额定值的 80%）以前，电池经历的充放电循环总次数就是循环寿命。各类蓄电池的循环寿命都有差异，即使同一系列、同一规格的产品，循环寿命也可能有很大差异。

（2）使用寿命的影响因素　影响动力蓄电池寿命的因素主要包括充放电速率、充放电深度、环境温度、存储条件、电池维护过程、电流波纹，以及过充电量和过充频度等。电池成组应用中，单体蓄电池的不一致性、所处温区的不同、车辆的振动环境等都会对电池寿命产生影响。

在动力蓄电池成组使用的情景中，由于各单体蓄电池间的不一致性和串联动力蓄电池组的短板效应，动力蓄电池组的最大可用容量与单体蓄电池的可用容量下降速度不同步，各单体蓄电池的 SOC 也各不相同，这使得动力蓄电池组的寿命和单体蓄电池相比明显较短。过充电或过放电都会对动力蓄电池造成额外的损伤，致使容量衰减加剧，此时动力蓄电池组的寿命缩短更加明显。

2. 检测设备

单体蓄电池循环寿命的检测设备主要有恒温箱、分容柜、万用表等。

3. 循环寿命检测方法

常规的循环寿命检测方法基本上就是容量测试充放电过程的循环，典型的方法是：将蓄电池充满电，然后在特定温度和电流下放电，直到放电容量达到某一预先设定的数值，如此连续重复若干次。再将电池充满电，将电池放电到放电终止电压，检查其容量。如果蓄电池容量小于额定容量的 80%则终止试验，充放电循环在规定条件下重复的次数就是循环寿命数。锂离子蓄电池循环寿命检测的判断标准见表 6-8。

表 6-8　锂离子蓄电池循环寿命检测的判断标准

循环次数	电池类型	容量衰减率	平台衰减率	电池类型	容量衰减率	平台衰减率
20 次	方形钢壳和铝壳电池	≤2.5%	≤5%	圆柱形电池	≤4%	≤8%
50 次		≤4%	≤8%		≤6%	≤12%
100 次		≤6%	≤10%		≤8%	≤15%
200 次		≤10%	≤12%		≤12%	≤20%
300 次		≤15%	≤18%		≤18%	≤25%
500 次		≤20%	≤25%		≤25%	≤35%

任务实施▶

一、任务准备

1. 设备及工具准备

任务实施前需准备的设备及工具见表 6-9。

表 6-9 设备及工具准备

序　号	设备及工具名称	数　量
1	电池内阻测试仪	1 台
2	电池内阻测试仪检测线	若干条
3	方形电池	1 个
4	动力蓄电池分容柜（型号：INW—BC—01）	1 台
5	万用表	1 台
6	个人防护套装	1 套

2. 场地设备准备

任务实施前需要做好场地防护准备，并检查实训场地和设备设施是否存在安全隐患。

3. 安全防护准备

1）将单体蓄电池放置在分容柜上，注意选择正确的仓位及单体蓄电池正负极的朝向。

2）分容柜不支持串联充放电，其单通道限压 5V、限流 20A，需注意设置电池保护参数。

3）单体蓄电池充电存在电压上限和电压下限，不同类型的电池一般不尽相同，充电和放电时应注意根据实际情况进行调整。

4）电池内阻测试仪的精度较高，在测量过程中表笔笔尖不得有脏物，以免影响测量精度。

二、实施步骤

1. 单体蓄电池的容量测试

扫码了解单体电池的容量、内阻、循环寿命检测

步骤 1：放置单体蓄电池时查看标志，方形电池的正极应朝外，启动仓位开关。

步骤 2：启动分容控制开关后可看到通道一的电压数值，则证明电池接触良好、安装正确。

步骤 3：依据单体蓄电池的规格，对电池参数进行设置。

步骤 4：对电池进行充电，第一阶段为涓流充电，需合理设置充电电流数值和充电终止电压数值。

步骤 5：设置标准充电电流数值和终止电压数值，进入快速充电（恒流充电）阶段；恒流充电完成后，设置标准的恒定充电电压和终止电流数值，对电池进行恒压充电。

步骤 6：当电池充电完成后，对电池进行搁置。电池的正常搁置时间为 30min，完成后设置标准放电电流和放电终止电压，对电池进行放电。

步骤 7：以上充放电步骤完成后，对通道保护参数进行设置。需设置 3 个保护参数，即电流上限数值、电压下限数值和电压上限数值。设置完成后，核实其通道位置号为 1，选择启动。当循环一结束后，读取电池可用容量。

2. 单体蓄电池的内阻测试

步骤 1：打开电池内阻测试仪，检查各项参数，将电池内阻比较功能和电池电压比较功能关闭，返回测量显示界面。

步骤2：连接电池内阻测试仪检测线并进行校验。检测线的金属头不分正负极。

步骤3：检测时，注意对表笔中心部分进行按压短接。短接过程中，若两表笔的接触内阻过大，则需进行校准：点击短路清理，点击确定，测量并确认表笔的接触内阻正常。

步骤4：检测电池内阻及电压。若测得的电池内阻和电压在正常范围内，则电池正常。

步骤5：首先打开电池内阻比较功能，选择绝对值，设置电阻标称值、电阻上限值和电阻下限值，然后测量电池内阻。

3. 单体蓄电池的循环寿命测试

步骤1：在 20±5℃ 的环境温度下，将单体蓄电池安装在分容柜里，以 $1C$ 的电流放电至 2.5V 或企业规定的放电终止条件，搁置不低于 1h 或企业规定的搁置条件。

步骤2：以 $0.1C$ 的电流恒流充电至 3.0V，再以 $1C$ 的电流充电至 3.6V 或企业规定的充电终止电压时，转恒压充电，至充电终止电流降至 $0.05C$ 时停止充电，充电后的搁置时间不低于 30min、不高于 1h。

步骤3：以 $1C$ 的电流放电至企业规定的放电终止条件，记录放电容量。

步骤4：循环步骤1~步骤3 500 次，若放电容量低于初始容量的90%，则终止检测。若放电容量高于初始容量的90%，则继续循环 500 次，计算室温放电容量和放电能量。

任务三　动力蓄电池配对与重组

学习目标 ▶

> **知识目标**

1. 掌握单体蓄电池的配对与模块的搭建。
2. 掌握模块的测试与分组。
3. 掌握电池管理系统的工作原理和测试。
4. 掌握动力蓄电池总成的测试项目与方法。

> **技能目标**

1. 具备完成单体蓄电池电压检测的能力。
2. 具备将单体蓄电池搭建成模块的能力。
3. 具备完成电池管理系统的均衡功能、电磁兼容（Electro-Magnetic Compatibility，EMC）性能和 SOC 估算功能测试的能力。
4. 具备将模块连接形成动力蓄电池系统的能力。
5. 具备完成动力蓄电池总成通用测试项目的能力。

> **素养目标**

1. 通过动手搭建模块，培养动手实践能力。
2. 通过了解动力蓄电池的配对与重组流程，提升职业素养能力。
3. 通过小组共同组装动力蓄电池总成，培养团结协作能力。
4. 在模块性能测试过程中严守岗位操作规程，培养爱岗敬业精神。
5. 通过实操养成定期反思与总结的习惯，改进不足，树立严谨细致的工作态度。
6. 严格执行 6S 现场管理。

梯次利用产业链与动力蓄电池的生产制造、车载应用、退役回收、测试筛选、系统重组、储能应用及电池报废、资源再生等多个环节都密切相关。其中，动力蓄电池的退役回收、测试筛选、系统重组及储能利用是核心环节，共同决定了梯次利用的技术能力、经济性水平和系统运行状况。那么，你了解动力蓄电池配对和重组技术吗？

相关知识▶

一、单体蓄电池的配对与模块搭建

1. 模块结构

在电芯模块设计中，模块的结构是多种多样的，主要根据客户和车型的需求来确定，最终会导致模块的制造工艺也不一样。模块一般由电芯及上下支架、汇流排（又称连接片）、采样线束、绝缘板等主要部件组成，图 6-19 是较典型的一种圆柱电芯模块结构。

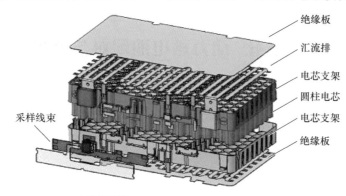

图 6-19 典型的圆柱电芯模块结构

2. 模块搭建

下面以图 6-20 所示的典型圆柱电芯模块工艺流程为例介绍模块搭建的步骤。

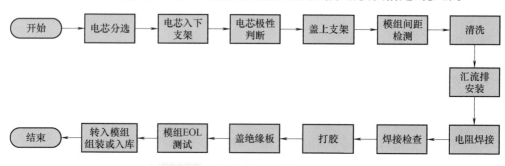

图 6-20 典型圆柱电芯模块工艺流程

（1）电芯分选 模块工艺设计时，需要考虑模块电性能的一致性，以确保模组（PACK）的整体性能满足整车的要求。为了保证模块电性能的一致性，需要测量电芯的电压、内阻和容量，将一致性相近的电芯进行分选，但是电芯厂商与PACK厂商的最终需求是不同的，考虑到制造工艺、成本、电芯性能等因素，PACK厂商一般会按自己的标准重新对电芯进行分选。电芯分选需要考虑分选标准的问题，标准制定得合理会减少剩余闲置的电芯、提升生产效率、降低生产成本。在实际生产过程中，还需要对电芯的外观进行检查，如检查电芯有无绝缘膜破损、电芯漏液、绝缘膜起翘、正负极端面污渍等不良现象。

（2）电芯入下支架　电芯入下支架是指把电芯插入下支架的定位孔中。电芯与下支架定位孔之间的配合公差是一个难点：孔太大，便于电芯插入，但是易导致电芯固定不好，影响焊接效果；孔太小，电芯插入会比较困难，严重时可能导致电芯插不进去，影响生产效率。为了便于电芯插入，又能固定好电芯，可以把下支架定位孔的前端开成喇叭口（见图6-21）。装配时需要防止电芯极性装反，若是手动装配，需要对电芯极性进行快速检查，以免不良品流入后面工序。

（3）电芯极性判断　电芯极性判断是指检查电芯的极性是否符合文件要求，属于安全检查。假如没有极性判断，而电芯极性又装反了，在装入第二面的汇流排时，模块就会产生短路，导致产品毁坏，严重时可能导致人员受伤。

（4）盖上支架　盖上支架（见图6-22）是指把上支架盖到电芯上，并把电芯固定在支架内。一般情况下，盖上支架比电芯入下支架困难，一方面这与圆柱电芯的生产工艺有关，工艺里面有个滚槽的工序，假如控制不好，会导致电芯尺寸的一致性差，影响盖上支架，严重时会盖不上去；另一方面，电芯与下支架固定不好，可能使电芯有一定的歪斜，这也会导致上支架不好盖或者盖不上。

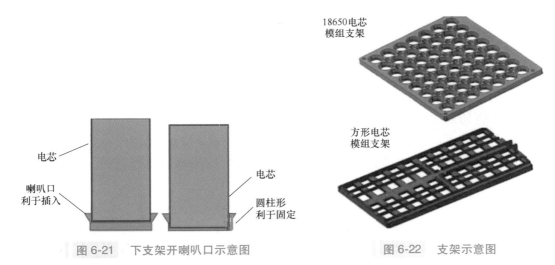

图 6-21　下支架开喇叭口示意图　　　　图 6-22　支架示意图

（5）模块间距检测　模块间距检测是指检测电芯极柱端面与支架表面的间距，目的在于检查电芯极柱端面与支架的配合程度，用于判断电芯是否固定到位，对是否满足焊接条件进行预判。

（6）清洗　等离子清洗是一种干法清洗，主要是依靠等离子中活性离子的"活化作用"达到去除物体表面污渍的目的。这种方式可以有效地去除电芯极柱端面的污物、粉尘等，为电阻焊接做准备，以减少焊接的不良品。

（7）汇流排安装 汇流排（见图6-23）安装是指把汇流排安装并固定到模块上，以便电阻点焊。设计时需要考虑汇流排与电芯的位置精度，特别是定位基准的问题，目的是使汇流排的位置处于电芯极柱端面的中心，便于焊接。在进行上下支架设计时，要考虑对汇流排的隔离；假如不好做隔离设计，在工序设计时需要考虑增加防短路工装的使用，可以避免在异常情况下发生短路。

（8）电阻焊接 电阻焊接是指通过电阻焊的方式把汇流排与电芯极柱端面熔接在一起。目前，国内一般采用电阻点焊。在进行电阻点焊工艺设计时，需要考虑以下4点：汇流排的材质、结构和厚度；电极（又称焊针）的材质、形状、前端直径和修磨频次；工艺参数优化，如焊接电流、焊接电压、焊接时间、加压力等；焊接面的清洁度和平整度。

图6-23 汇流排示意图

（9）焊接检查 在电阻焊接过程中，设备一般对焊接的参数都有监测，如果监测到参数异常，设备会自动报警。由于影响焊接质量的因素很多，只通过参数监测来判断焊接是否失效，目前结果还不是特别理想。在实际的生产控制中，通常还会通过人工检查外观和人工挑拨汇流排的方式，再次检查和确认焊接效果。

（10）打胶 在模块应用中，胶水一般有两种用途：一种是固定电芯，主要强调胶水的黏结力、抗剪强度、耐老化、寿命等性能指标；另一种是把电芯和模块的热量通过导热胶传递出去，主要强调胶水的导热系数、耐老化、电气绝缘性、阻燃性等性能指标。由于胶水的用途不同，胶水的性能和配方也不同，实现打胶工艺的方法和设备就不同。

（11）盖绝缘板 盖绝缘板是指把模块的汇流排进行绝缘保护起来。盖好绝缘板后模块就搭建完成。

二、模块的测试与分组

1. 模块的 EOL 测试

EOL（End of Line）测试（又称下线测试）是生产过程中质量控制的关键环节，如图6-24所示。EOL测试主要针对模块的特殊特性进行，主要项目有绝缘耐电压测试、内阻测试、电压采样测试、尺寸检测及外观检查。经 EOL 测试合格的模块，按规定转入组装工序或入库，转运过程中需要对模块进行绝缘保护和防止模块跌落。EOL 测试项目一般根据客户和产品的要求来增减，其中安全检测项目是必不可少的。

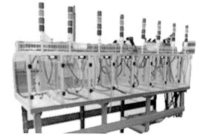

图6-24 模块的 EOL 测试

2. 模块分组

在优化梯次利用废旧动力蓄电池的成组过程中，需要对不同的废旧动力蓄电池模块建立数据库，根据材料体系、容量、内阻、剩余循环寿命等参数重新分组。分组参数设定要合理：过大不好，模块离散性大，成组为系统后对系统性能和寿命的影响很大；过小也不行，分组过于严格，会导致可匹配的模块少，系统集成困难，产品成本很高。

分组后的废旧动力蓄电池模块组成系统前，需要结合产品定位和目标市场（高端、中端、低端），并结合现有废旧动力蓄电池模块的等级和类型，以及产品开发的具体目标（性能、寿命等），建立一个系统级模型，推算出相关的匹配系数，确定产品的总体方案。

三、单体蓄电池连接与模块连接

1. 单体蓄电池的连接方式

动力蓄电池模块是由若干单体蓄电池的电芯通过导电连接件串并联而成，而单体蓄电池之间连接的方法和工艺的选择需根据电池类型及其极柱（极耳）的类型来定。在动力蓄电池成组时，单体蓄电池之间的连接片一般采用激光焊焊接、电阻焊焊接或螺栓机械锁紧的方式连接。每个单体蓄电池电芯之间连接的一致性、牢固性，对整体动力蓄电池模块的能量发挥和整车安全具有重要作用。按照极柱分类，单体蓄电池可以分为外螺纹极柱型电池、内螺纹极柱型电池、平头极柱型电池和长条极柱型电池。

（1）外螺纹极柱型电池 外螺纹极柱型电池（见图6-25）通常采用机械锁紧的连接工艺，用螺栓或螺母机械锁紧，顾名思义就是用螺栓或螺母将汇流排与带螺纹极柱拧紧固定，防止松动。它在连接防松设计上可分为摩擦防松、机械防松、永久防松。摩擦防松一般可采用弹簧垫片防松、自锁螺母防松等；机械防松一般可采用槽形螺母和销子防松、止动垫片防松等；永久防松一般可采用螺纹紧固胶（如厌氧胶）防松等。

上述防止松动的可靠度依次增强，如果考虑后续易拆卸、易更换等因素，可采用机械防松，但其抗振动性需多方面验证，验证通过后方可采用。这一工艺的优点是组装连接可以采用多种方式，简单灵活；缺点是受自身结构限制，与平头极柱型电池相比，其体积偏大，会使体积能量密度受到一定影响。

（2）内螺纹极柱型电池 内螺纹极柱型电池（见图6-26）之间通常采用机械锁紧的连接工艺。此工艺的优点是组装连接可以采用多种方式，易于拆卸；缺点是由于自身结构限制，与平头极柱型电池相比，组装过程需要增加金属配件，会使动力蓄电池模块的质量有所增大。

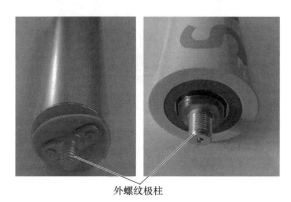

外螺纹极柱

图 6-25 外螺纹极柱示意图

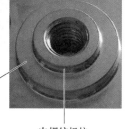

内螺纹极柱

图 6-26 内螺纹极柱示意图

（3）平头极柱型电池 平头极柱型电池（见图6-27）通常采用电阻焊焊接。电阻焊是工件组合后，通过电极施加压力，利用电流通过接头的接触面及邻近区域产生的热，将焊件接触点加热到塑性或熔化状态，然后使工件组合焊接到一起的焊接方法。该工艺的优点是成组后的动力蓄电池模块具有体积小、体积能量密度高、质量能量密度高等优点；缺点是连接工艺选择方式单一，组装完成的单体锂离子蓄电池不易拆卸替换，只能以焊接方式完成成组组装。

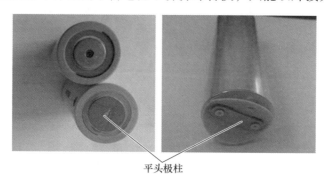

平头极柱

图6-27　平头极柱示意图

（4）长条极柱型电池　将长条极柱型电池（见图6-28）连接成组时，其连接片与极柱之间通常采用激光焊、锡焊或电阻焊的连接工艺，或非焊接式机械压紧。这种工艺的优点是体积能量密度和质量能量密度较高；缺点是成组工序复杂，需要较多辅助的支架等。

目前，聚合物电芯的连接工艺主要有焊接与不焊接（机械压接）两种方式。焊接包括激光焊和锡焊两种。激光焊（见图6-29）是较为理想的焊接方式。采用机械压接的长条极柱型锂离子蓄电池模块，以每个单体蓄电池电芯作为独立单元，将每个单元串并联，且能够保证每个单体锂离子蓄电池可拆卸和替换。

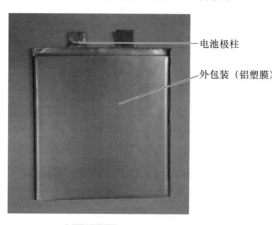

电池极柱

外包装（铝塑膜）

图6-28　长条极柱示意图

图6-29　激光焊接机

2. 模块的连接方式

（1）模块参数计算　如果动力蓄电池组所需电压比单体蓄电池的电压高时，则由其电池单元串联而成，即它的某个单体蓄电池或电池模块的正极连接另外一个单体蓄电池或电池模块的负极，以此类推。动力蓄电池组的总电压与单体蓄电池的电压之和相同。例如图6-30中的总电压 $U_{ges} = U_1 + U_2 + U_3$。

串联动力蓄电池组中的每个单体蓄电池的开路电压为 U，内阻为 R_i，N 个单体蓄电池串联组成的动力蓄电池组的电压为 NU，总内阻为 NR_i。

将单体蓄电池并联可以提高动力蓄电池组的电容量，电压则保持不变。动力蓄电池组的性能通常比单体蓄电池性能差。例如，图 6-31 中的总电压 $U_{\text{ges}} = U_1 = U_2 = U_3$。

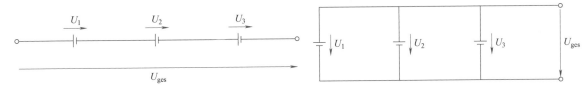

图 6-30　动力蓄电池组的串联　　　　　　　图 6-31　动力蓄电池组的并联

某些带充电系统的电动汽车（插电式混合动力汽车和纯电动汽车）则采用混联的方式将单体蓄电池组成动力蓄电池组，可同时增加电池的电压和容量，让供电输出最大化。例如，雪佛兰沃蓝达的动力蓄电池组就是由 96 个电池模块串联而成，其中每个电池模块又包括了 3 个并联的 3.7V 单体蓄电池。由于每个单体蓄电池的输出电压为 3.7V，全部 96 个电池模块的总输出电压大约是 355V。

（2）动力蓄电池组的连接方式　动力蓄电池组的典型连接方式有先并联后串联、先串联后并联，以及混联，如图 6-32 所示。从电池组连接的可靠性、电池电压不一致性和电池组性能影响的角度分析，先并联后串联优于先串联后并联，而先串联后并联的电池拓扑结构有利于对系统中各个单体蓄电池进行检测和管理。

（3）电池模块规格尺寸　随着新能源汽车行业的发展和规范化应用，零部件和电池模块的要求逐渐标准化。根据国家标准《电动汽车用动力蓄电池产品规格尺寸》（GB/T 34013—2017），电池模块的尺寸系列见表 6-10。

表 6-10　电池模块的尺寸系列

序号	L/mm	W/mm	H/mm
1	211~515	141	211/235
2	252~590	151	108/119/130/141
3	157	159	269
4	285~793	178	130/163/177/200/216/240/255/265
5	270~793	190	47/90/110/140/197/225/250
6	191/590	220	108/294
7	547	226	144
8	269~319	234	85/297
9	280	325	207
10	18~27，330~672	367	114/275/429
11	242~246	402	167
12	162~861	439	363

注：L 表示长度，W 表示宽度，H 表示高度。

（4）电池模块的固定与连接　电池模块的尺寸确定后，需要考虑固定与连接方式。电池模块的固定和连接有两个作用：一方面是固定和连接单体蓄电池自身，使之成为一个整

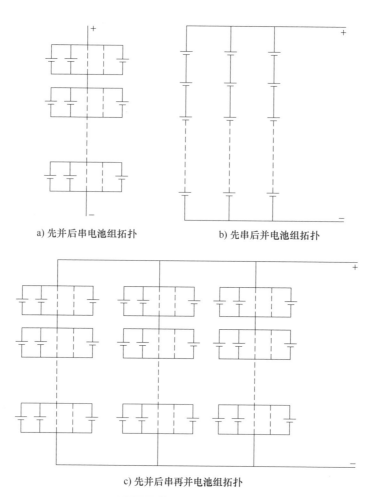

a) 先并后串电池组拓扑　　　　　b) 先串后并电池组拓扑

c) 先并后串再并电池组拓扑

图 6-32　电池组的连接

体，并且具备足够的机械强度和刚度；另一方面是预留模块对外的连接、固定方式和位置。按使用功能分类，固定与连接可以分为机械固定与连接、电气固定与连接。

机械固定和连接主要发挥的是机械承载的作用，设计时需要考虑机械固定与连接的强度和刚度。电池模块主要靠复合 PCB 板、连接汇流排和塑胶支架进行机械固定。汇流排可以由铜、镍、铝等材质制作而成，是截面为矩形或倒角（圆角）矩形的长导体，在电路中起输送电流和连接电气设备的作用。现在的汇流一般都用圆角铜排，以免产生尖端放电，且铜排具有电阻率低、可折弯度大等优点，如图 6-33 所示。复合 PCB 全称为复合 PCB 集流板，如图 6-34 所示。它由材质为 T2 纯铜板（T2 指铜含量为 99.90% 以上，厚度为 1.0mm）与 FR4 材质 PCB（FR4 是玻璃纤维环氧树脂覆铜板）加工而成，在产品中起到纵向过电流保护的作用，其中熔丝是复合 PCB 的核心，任何优化改善均需围绕此核心来展开设计。

动力蓄电池成组的电气固定与连接不仅需要考虑固定与连接的强度，还需要考虑过电流能力、是否有电化学腐蚀现象等。电池箱内主要有电压采集线、温度采集线、模块间通信线、电池箱通信线。电压采集线分单线采集与采集板采集线两种设计方式。温度采集线的设计包含对插电压采集模块端胶壳及端子的选型、线材的使用、温度采集线标签命名方式等。设计时需要计算出电池箱内需要的温感探头总数量，根据电池箱中电池模块的实际排列合理、平均地分配温感探头，位置不得相隔太远，以免影响温度采集精度。模块间通信线的设计包含胶壳及端子的使用、模块通信线定义、模块通信线和电源线的使用、模块通信线命名。电池箱通信线的整体示意图如图 6-35 所示。

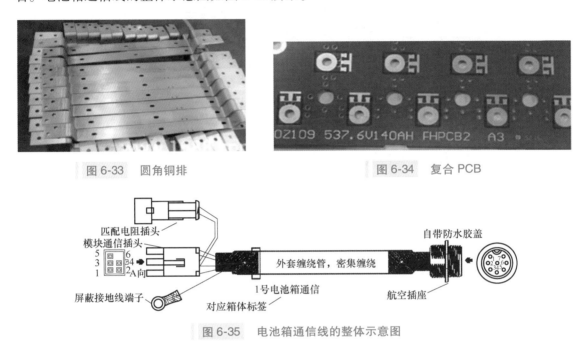

图 6-33　圆角铜排　　　　　　　　　　　图 6-34　复合 PCB

图 6-35　电池箱通信线的整体示意图

四、动力蓄电池系统的柔性设计

1. 动力蓄电池系统方案设计流程

动力蓄电池系统（见图 6-36）的设计要以满足整车的动力要求和其他设计要求为前提，同时要考虑动力蓄电池系统自身的内部结构和安全及管理设计等。整车厂商会针对要设计的整车，在考虑线束连接设计、安全设计、插接件设计等相关要求后，首先形成一个有限的动力蓄电池系统空间。然后在有限的空间约束下，进行电池模块、电池管理系统、热管理系统、高压系统等的布置，保证单体蓄电池及电池模块均匀散热，保证电池的一致性，提高动力蓄电池系统的寿命与安全。设计时要考虑到的一些整体和通用性原则，包括安全性好、高比能量、高比功率、使用寿命长、温度适应性强、安装维护性强、综合成本低等。

不同种类电动汽车的结构和工作模式不同，这导致它们对动力蓄电池的性能要求也不一样。纯电动汽车的行驶完全依赖动力蓄电池系统的能量，动力蓄电池系统的容量越大，续驶里程越长，但所需动力蓄电池系统的体积和质量也越大。虽然混合动力汽车对动力蓄电池系统的容量要求比纯电动汽车要低，但要能够在某些时候提供较大的瞬时功率。而串联式和并联式混合动力汽车对动力蓄电池系统的要求又有所区别。

动力蓄电池系统的设计流程一般为：确定整车的设计要求，确定车辆的功率及能量要

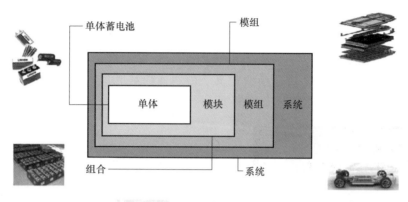

图 6-36　动力蓄电池系统构成

求，选择合适的单体蓄电池，确定电池模块的组合结构形式，确定电池管理系统及热管理系统的设计要求，仿真模拟及具体试验验证。

2. 动力蓄电池系统方案设计需求

确定方案设计需求的目的是了解整车及用户对动力蓄电池系统的相关要求预期达成的目标，并分析与实际需求之间存在的差距。在产品开发初期，系统需求分析的主要作用是构建产品总体功能、总体结构和系统参数等。

（1）动力蓄电池系统的总体功能　作为电动汽车的重要组成部分，动力蓄电池系统的作用是给车载高压电气系统提供电能的吸收、存储和供应，并且能通过车载充电机，或者连接到电网或发电机的专门充电装置进行充电。动力蓄电池系统的总体功能见表 6-11。

表 6-11　动力蓄电池系统的总体功能

序号	功　　能
1	满足功能安全要求，提供电池安全保护（过充电/过放电/过温保护等）功能
2	满足 EMC 要求
3	满足热管理要求，包括高温散热、低温加热、保温、热分布均匀性要求
4	提供电能（支持整车驱动，同时支持其高压附件系统工作）
5	充电功能（接受交流充电器和直流充电器充电）
6	回收电能（接收整车电机再生制动回收的能量）
7	存储电能（支持长时间的能量存储，不发生明显的自放电或能量损失）
8	满足工作温度、存储温度、湿度条件，以及海拔条件等环境要求，满足环境兼容性要求
9	满足整车电机、电机控制器等工作电压范围要求
10	满足能量、充放电功率性能要求
11	满足使用寿命、存储寿命要求
12	满足力学性能和安全性能要求，包括机械刚度和强度、质量/轻量化要求，机械振动和冲击、跌落、碰撞防护、密封防护要求（防尘、防水），以及满足机械滥用（挤压、穿钉等）的安全要求等
13	满足压力平衡/补偿，以及紧急排气要求
14	满足阻燃性能要求，满足热失控蔓延控制要求，满足外部火烧要求

（续）

序号	功　能
15	满足高压电安全管理要求，至少包括高电压互锁（HVIL）、高电压绝缘监测、继电器状态诊断、碰撞断电保护
16	提供电池状态［SOC、SOH等］估算功能，提供CAN通信功能、CAN网络管理功能
17	提供电能物理参数（电压、温度、电流等）实时监测功能，提供故障诊断和预警功能
18	满足相关法律法规及相关政策性要求，满足强检认证相关要求
19	满足耐蚀性要求，满足可制造性、可维护性要求，满足质量与可靠性要求
20	满足可回收、循环利用要求

（2）动力蓄电池系统的总体结构　系统方案设计通常采用与结构化相似的分析方法，将一个复杂的产品分解成多个容易分别实现和维护的子系统层级。按结构组成划分，整个动力蓄电池系统的主要子部件构成如下所述。

1）电池模块：主要由单体蓄电池、模块结构件（如端板、侧板、底板、盖板、绝缘板、导热部件等）、电池参数检测传感器（如温度/电压采样传感器及线束等）、电气连接部件（如单体蓄电池串并联汇流排、模块输出极等）等组件构成。

2）电池箱体组件：主要由电池箱体（上盖、下壳体）、固定/支撑结构部件（支架、压板/压条等）、密封组件（如密封条）、平衡阀（具有防爆炸功能）、标准件（如螺栓、螺母、垫片等）等组件构成。

3）电子电气组件：主要由电池管理系统、继电器、熔丝、电流传感器、预充电阻、高/低压线束、连接器等组件构成。

4）热管理系统组件：主要由冷板、软管、管接头、弹性支撑、电阻丝/加热膜等组件构成。

5）功能辅件：主要由平衡防爆阀、卡扣、扎带、密封圈/垫、密封胶、导热胶等组件构成。

（3）动力蓄电池系统的参数

1）额定电压及电压应用范围：根据《电动汽车高压系统电压系统电压等级》（GB/T 31466—2015），高速电动车辆动力蓄电池系统的额定电压等级可选择144V、288V、320V、346V、400V、576V等。对于微型低速电动车动力蓄电池系统的电压等级，100V以下主要以48V、60V、72V和96V为主。动力蓄电池系统的额定电压及电压范围必须与整车所选用的电机和电机控制器工作电压匹配，因此为保证整车动力系统的可靠运行，需要根据电动整车电机的电压等级及工作电压范围要求，选择合适的单体蓄电池规格（化学体系、额定电压、容量规格等）并确定单体蓄电池的串联数量、系统额定电压及工作电压范围，通常允许使用的电压范围上限为系统额定电压的115%～120%，下限为系统额定电压的75%～80%。

2）容量：在整车概念设计阶段，从整车车重和设定的典型工况出发，根据续驶里程、整车性能（最高车速、爬坡度、加速时间等）要求，可以计算出汽车行驶所需搭载的总能量需求。动力蓄电池系统的容量主要基于总能量和额定电压来进行计算。

$$系统容量 = \frac{总能量}{系统额定电压} \tag{6-4}$$

$$系统可用容量 = \frac{总能量×可用\,SOC(\%)}{系统额定电压} \tag{6-5}$$

3) 功率和工作电流：整车在急加速情况下，动力蓄电池系统需要提供短时脉冲放电功率，对应的工作电流为峰值放电电流。在紧急制动情况下，需要提供短时能量回收功率，对应的回馈电流为峰值充电电流。整车在平路持续加速或长坡道时，动力蓄电池系统需要提供稳定的持续放电功率，此时要求能够长时间稳定输出一定额度的电流，即持续放电工作电流。

$$峰值放电工作电流 = \frac{峰值放电功率}{系统端电压} \tag{6-6}$$

$$峰值充电工作电流 = \frac{峰值充电功率}{系统端电压} \tag{6-7}$$

4) 可用 SOC 范围：在动力蓄电池系统产品设计中，由于可用 SOC 范围会直接影响总能量的设计，直接体现到单体蓄电池的选型及数量要求，因此，也会对电池箱体的包络尺寸设计、内部布置及安装空间间隙，以及总体成本等方面产生最直接的影响。对于动力蓄电池系统可用 SOC 范围的选择，首先考虑整车对充放电功率和可用能量等方面的需求，同时结合单体蓄电池在不同温度条件下的充放电能力（功率和能量）、存储性能（自放电率）、寿命、安全特性，以及电池管理系统的 SOC 估算精度等影响因素来确定。

动力蓄电池系统在其可用 SOC 范围内，必须满足整车负载的峰值放电功率要求，保证动力蓄电池系统的峰值放电能力大于负载的最大功率需求；同时，为了尽可能多地接收回收的能量，应满足所设定的峰值充电功率回充功率要求。由于动力蓄电池系统的充放电功率能力主要受选用的单体蓄电池功率能力限制，其中：在低温、低 SOC 条件下，单体蓄电池的放电功率会受到限制；而在低温、高 SOC 条件下，单体蓄电池的充电回充功率也会受到限制。因此，需要结合整车动力系统峰值（放电回充）功率需求，定义可用 SOC 范围。动力蓄电池系统可用 SOC 范围的选择，还要根据整车设计的纯电续驶里程目标，通过分析整车能耗情况确定对应的可用能量需求，计算动力蓄电池系统可用能量与整车能量需求差距，并调整可用 SOC 范围需求。

通常，为了更好地保护动力蓄电池系统，并延长其使用寿命，充电时不能将其完全充满（接近 100%SOC），放电时也不能完全放电（低于 5%SOC），否则可能会损坏单体蓄电池，缩短其使用寿命。但是，如果单方面地为了延长动力蓄电池的使用寿命而加大动力蓄电池系统的能量，来减小可用 SOC 范围，对系统成本和空间布置都会产生不利影响。

由于动力蓄电池均存在一定程度的自放电现象，因此，考虑到电池包的存储周期可能达到 3 个月以上的情况，为避免因为自放电而导致单体蓄电池过放电的情况发生，通常动力蓄电池系统的 SOC 下限应不低于 5%。

综上所述，动力蓄电池系统可用 SOC 范围的选择应该综合权衡以上各个影响因素，确定可用 SOC 范围的最佳方案。

5) 温度应用范围：动力蓄电池系统的温度应用范围主要考虑：低温条件下对单体蓄电池的充电、放电功率和能量的影响；高温条件下对单体蓄电池的寿命和安全特性的影响。应基于整车对应的持续放电和脉冲放电功率能力要求，以及单体蓄电池在低温条件下的充电窗口，确定温度下限应用范围。为避免由于温度过高引起单体蓄电池寿命的快速衰减和出现热失控，应根据单体蓄电池的温度特性及以往电池包产品使用经验，确定温度上限应用范围。

五、电池管理系统的工作原理与测试

1. 电池管理系统的工作原理

电池管理系统通过检测动力蓄电池组中各单体蓄电池的状态来确定整个动力蓄电池系统的状态，并根据它们的状态对动力蓄电池系统进行对应的控制调整和策略实施，实现对动力蓄电池系统及各单体蓄电池的充放电管理，以保证动力蓄电池系统安全稳定地运行。电池管理系统如图 6-37 所示。

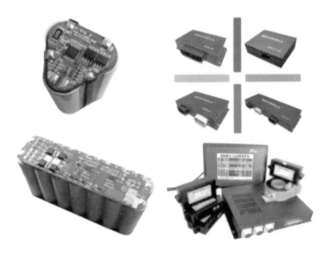

扫码学习电池管理系统（BMS）的工作原理与测试

图 6-37　电池管理系统

典型的电池管理系统拓扑图结构主要分为主控模块和从控模块两大部分。具体来说，由中央处理单元（主控模块）、数据采集模块、数据检测模块、显示单元模块、控制部件（熔断装置、继电器）等构成。一般通过采用内部 CAN 总线技术实现模块之间的数据信息通信。

基于各个模块的功能，电池管理系统能实时检测动力蓄电池的电压、电流、温度等参数，实现对动力蓄电池的热管理、均衡管理、高压及绝缘检测等，并且能够计算动力蓄电池的剩余容量、充放电功率及 SOC、SOH。

2. 电池管理系统测试

新能源汽车的工作环境总是处于变化之中，这导致电池管理系统的工作环境比较恶劣。因此，对电池管理系统进行可靠性测试是必要的。

（1）主要设备　电池管理系统测试的主要设备有电池模拟器、高低温湿热试验箱、电池仿真测试系统、组合式干扰发生器、雷击浪涌数据线耦合/去耦网络、静电实验台、静电放电枪头。

1）电池模拟器如图 6-38 所示，主要应用于动力蓄电池组和整车电池管理系统的测试，

可完成电池管理系统整体的性能测试及各项技术指标的测试，并生成完善的测试报告。电池模拟器的功能见表 6-12。

表 6-12　电池模拟器的功能

序号	功　能
1	静态电流消耗测试与对比
2	电池模拟：模拟多个电池串联与充放电曲线
3	均衡电流测试与对比
4	电压测试与比对（电压精度）
5	电流测试与对比（电流精度）
6	过电流测试
7	工况模拟测试
8	温度测试（过温保护）
9	SOC 对比
10	电池管理系统外壳与内部回路绝缘测试
11	电池管理系统通信与数据采集测试

2）高低温湿热试验箱主要用于电池管理系统测试，如图 6-39 所示。

3）图 6-40 为电池仿真测试系统，其主要功能：动力蓄电池组基于不同工况的循环充放电试验，电池管理系统的 SOC 校准表达，对被测产品电池管理系统的电压、电流等参数的校准标定。

图 6-38　电池模拟器　　　　图 6-39　高低温湿热试验箱　　　图 6-40　电池仿真测试系统

其他测试设备如图 6-41～图 6-44 所示，其中图 6-41 为组合式干扰发生器，图 6-42 为雷击浪涌数据线耦合/去耦网络，图 6-43 为静电实验台，图 6-44 为静电放电枪头。

（2）物理参数测量要求　为保证测试的可靠性及准确性，所有测试仪表、设备应具有足够的精度和稳定度，其精度应高于被测指标精度一个数量级或误差小于被测参数允许误差的 1/3。安时积分测量设备的电流采样频率应高于 1ms，时钟误差不应超过 0.5s/d。

图 6-41 组合式干扰发生器

图 6-42 雷击浪涌数据线耦合/去耦网络

图 6-43 静电实验台

图 6-44 静电放电枪头

测试过程中若使用电池模拟系统，则模拟仪表、设备须满足以下条件：单体电压模拟设备的稳压精度小于 1mV，工频纹波系数小于 0.5mV；总电压模拟设备的稳压精度小于 1%，工频纹波系数小于 0.5%；总电流信号源的稳流精度 1%，响应时间小于 10ms。

同步电池管理系统存储的温度数据和多路测温仪所存储的数据，计算出电池管理系统的温度检测精度，并验证是否达标。图 6-45 为电池管理系统测试现场。

（3）物理参数采样精度测试 实时监控作为电池管理系统最基本也最重要的功能之一，其各个状态参数的精度当然必须足够高。针对各个状态度参数的精度测试，必须包含电压、电流、温度、绝缘电阻、安时积分

图 6-45 电池管理系统测试现场

等内容，其测试方法是将电池管理系统采集的数据（单体或模块电压采集通道数不少于 5

个，温度采集通道不少于 2 个，测试电流采用动力蓄电池系统额定充放电电流进行精度测量）与检测设备检测的对应数据进行比较，检测设备的精度必须比电池管理系统的采样精度高一个数量级。电池管理系统检测状态参数测试精度要求见表 6-13。

表 6-13　电池管理系统检测状态参数测试精度要求

参数	总电压值	电流值	温度值	单体电压值	安时积分值	绝缘电阻值
测量程	≤±2%FS	≤±2%FS	≤±2℃	≤±0.5%FS	8%	±20%
最大误差	5V	2A	—	10mV	1A·h	50kΩ

注：状态参数测量精度应满足两个要求中的较小值。

1）总电压的具体测试方法：在-40℃、常温和 85℃（或由制造商和检测机构根据实际应用情况确定）下，用电池管理系统分别检测 0、20%、40%、60%、80%、100% 满量程总电压，将电池管理系统采集的数据与检测设备检测的数据进行比较。

2）单体电压的具体测试方法：在-40℃、常温和 85℃（或由制造商和检测机构根据实际应用情况确定）下，用电池管理系统分别检测 1V、2V、3V、4V、5V 单体电压（通道数不少于 5 个），将电池管理系统采集的数据与检测设备检测的数据进行比较。

3）总电流的具体测试方法：在-40℃、常温和 85℃（或由制造商和检测机构根据实际应用情况确定）下，用电池管理系统分别检测 0、±10%、±20%、±30%、±40%、±50%、±60%、±70%、±80%、±90%、±100% 满量程总电流，将电池管理系统采集的数据与检测设备检测的数据进行比较。

4）温度的具体测试方法：在-40~100℃，通过电池管理系统测温装置探头与检测设备传感器探头测量温度值，将电池管理系统采集的数据与检测设备检测的数据进行比较。其中，-40~0℃、50~100℃ 每隔 10℃ 测量一次，0~50℃ 每隔 5℃ 测量一次。

5）安时积分的具体测试方法：采用 $1I_1$ 电流模拟电池恒流充电 1h 后，再放电 1h，记录电池管理系统采集的数据与检测设备检测的安时积分数据。采用充放电工况模拟电池充放电 2h，记录电池管理系统采集的数据与检测设备检测的安时积分数据。安时积分精度的计算公式为

$$充电安时积分精度 = \frac{充电安时_{BMS} - 充电安时_{真值}}{充电安时_{真值}} \times 100\% \tag{6-8}$$

$$放电安时积分精度 = \frac{放电安时_{BMS} - 放电安时_{真值}}{充电安时_{真值}} \times 100\% \tag{6-9}$$

6）绝缘电阻的具体测试方法：在电池管理系统带电部分与壳体之间施加 500V 电压，通过测量带电部分和壳体之间的电流，利用欧姆定律推算出电阻。一般情况下，绝缘电阻应不小于 2MΩ。

（4）EMC 性能测试　电动汽车中有动力蓄电池及其管理系统、电机及其控制系统、电力变换系统、整车通信系统、车灯仪表系统及其他车载电子设备等。在数字信号电路中，电磁干扰（EMI）会使电路出现误码率的概率增大或使之出现错误。在模拟信号中，EMI 会增大噪声电平并会导致电路和系统运行功能下降。而电池管理系统是个模数混合系统，如果抗干扰处理不好，可能会引起诸多不良后果，如数据不稳定、系统通信不正常、系统软件运行

错误等，严重时可能导致意外事故。

（5）SOC 估算功能测试　电池管理系统的核心是上层应用算法，算法的核心是 SOC 估算。所以，一款合格的产品应该能实时地估算电池的容量状态。针对 SOC 测试，应包含可用容量测试、充电 SOC 估算和放电 SOC 估算 3 个方面。可用容量测试可按标准充电方式进行充放电循环，依据放电容量来进行标定。而 SOC 估算相对复杂，应根据产品应用过程实际出现的各种复杂工况，搭建测试模型进行测试，并且针对电池，测试区间应涵盖从空电到满电的各个状态。一款合格产品的 SOC 估算误差应不能超过 5%，下面介绍一种常规的测试方案。电池管理系统的测试包括 SOC≥80% 的情况。对于其他类型的新能源汽车，是否需要在 SOC≥80% 时进行测试，应根据实际情况进行。SOC 的估算精度应满足以下要求：当 SOC≥80% 时，误差≤6%；当 30%<SOC<80% 时，误差≤10%；当 SOC≤30% 时，误差≤6%。

1）可用容量测试：

① 以 $1I_1$（单位为 A）电流放电，达到以下条件之一时终止：动力蓄电池系统的单体（模块）电压保护下限，总电压保护下限。

② 静置 30~60min。

③ 以 $1I_1$（单位为 A）电流恒流充电，达到以下条件时终止：动力蓄电池系统的单体（模块）电压达到制造商技术规范中规定的终止条件。

④ 以恒压充电方式进行充电，达到以下条件之一时终止：充电电流减少到 $0.05I_1$（单位为 A）或技术规范中规定的其他充电终止条件。

⑤ 静置 30~60min。

⑥ 以与步骤①相同的放电规范进行放电，记录放电过程总的放电量 Q_{01}（单位为 A·h）。

⑦ 静置 30~60min。

⑧ 重复步骤③~⑦，放电量分别为 Q_{02} 和 Q_{03}，则三次放电量的算术平均值为 Q_0。如果 Q_{01}、Q_{02} 和 Q_{03} 与 Q_0 的偏差均小于 2%，则 Q_0 为该动力蓄电池系统的可用容量。如果 Q_{01}、Q_{02} 和 Q_{03} 与 Q_0 的偏差有不小于 2% 的情况，则需要重复进行可用容量测试过程，直至连续 3 次的放电量满足可用容量确认的条件。

2）SOC 计算误差测试：可以根据动力蓄电池系统所应用的整车类型、电池的倍率充放电能力及测试环境温度的不同，采用《电动汽车用电池管理系统技术条件》（QC/T 897—2011）中合适的充放电工况进行测试，在不同 SOC 范围内测试时可以选择不同的充放电工况，见表 6-14。

表 6-14　不同 SOC 范围内测试

SOC 范围	测 试 步 骤
SOC≥80%	1. 以可用容量测试时所采用的充电规范将动力蓄电池系统充电至满电状态，静置 30~60min 2. 以 $1Q_0$（单位为 A）放电 10min，静置 10min 3. 采用《电动汽车用电池管理系统技术条件》中的一种充放电工况进行循环测试，至少循环 10 次，静置 10min 4. 记录电池管理系统上报的 SOC 值 5. 以可用容量测试时所采用的充电规范将动力蓄电池系统充电至满电状态，记录充电量 Q_1，SOC 真值按 $(Q_0-Q_1)/Q_0$ 计

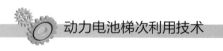

（续）

SOC 范围	测 试 步 骤
30%<SOC<80%	1. 以可用容量测试时所采用的充电规范将动力蓄电池系统充电至满电状态，静置 30~60min 2. 以 $1Q_0$（单位为 A）放电 20min，静置 10min 3. 采用《电动汽车用电池管理系统技术条件》中的一种充放电工况进行循环测试，至少循环 10 次，静置 10min 4. 记录电池管理系统上报的 SOC 值 5. 以可用容量测试时所采用的放电规范将电池系统放电，记录放电量 Q_1，SOC 真值按 $(Q_0-Q_1)/Q_0$ 计
SOC≤30%	1. 以可用容量测试时所采用的充电规范将动力蓄电池系统充电至满电状态，静置 30~60min 2. 以 $1Q_0$（单位为 A）放电 40min，静置 20min 3. 采用《电动汽车用电池管理系统技术条件》中的一种充放电工况进行循环测试，至少循环 10 次，静置 10min 4. 记录电池管理系统上报的 SOC 值 5. 以可用容量测试时所采用的放电规范将电池系统放电，记录放电量 Q_1，SOC 真值按 $(Q_0-Q_1)/Q_0$ 计

3）充电 SOC 测试：正确连接电池管理系统、动力蓄电池组、充电机并打开监控程序；给电池管理系统上电，读取电池管理系统上报的 SOC 值；使用充电机对动力蓄电池组恒流充电，每隔 1h 记录电池管理系统显示的 SOC 值，直至过充电；将电池管理系统测量的 SOC 变化值与按恒定电流计算的理论 SOC 变化值进行比较。

4）放电 SOC 测试：正确连接电池管理系统、动力蓄电池组、负载并打开监控程序；给电池管理系统上电，读取电池管理系统上报的 SOC 值；使动力蓄电池组对负载以恒流放电，每隔 1h 记录电池管理系统显示的 SOC 值，直至过放电；将电池管理系统测量的 SOC 变化值与按恒定电流计算的理论 SOC 变化值进行比较。

（6）电池均衡功能测试　动力蓄电池组具备有别于单体蓄电池的额外特性。基于目前的动力蓄电池设计与制造技术水平，单体蓄电池之间的性能差异在其整个生命周期里客观存在，要想避免单体蓄电池由于过充电、过放电导致提前失效，使动力蓄电池组的功能和性能指标达到或者接近单体蓄电池的平均水平，对动力蓄电池组中单体蓄电池之间实现均衡控制和管理是必由之路。其测试方法为首先人为地调整动力蓄电池组中不同单体蓄电池间的电压差，然后进行充放电循环，通过测试均衡之前和均衡之后的动力蓄电池组容量变化，来评判电池管理系统均衡功能的作用及效率。具有均衡功能的电池管理系统应能够减小单体蓄电池间的 SOC 差异性，均衡后电池间的 SOC 差异应不超过 10%，或者在循环之后，整个动力蓄电池系统的 SOC 能有明显的提升。下面介绍一种常规的测试方案。

1）将每个单体蓄电池以 $1I_1$（单位为 A）电流恒流放电，至单体蓄电池电压达到电池制造商技术规范中规定的放电终止条件时停止放电。

2）静置不低于 30min 或企业规定的搁置时间（不高于 60min）。

3）每个单体蓄电池以 $1I_1$ 电流恒流充电，至单体蓄电池电压达到电池制造商技术规范中规定的充电终止电压时转恒压充电，至充电电流降至 $0.05I_1$ 时停止充电。

4）静置不低于 30min 或企业规定的搁置时间（不高于 60min）。

5）将其中 1 个单体蓄电池以 $1I_1$ 放电 10min，另外 1 个单体蓄电池以 $1I_1$ 放电 5min。

6) 静置不低于 30min 或企业规定的搁置时间（不高于 60min）。

7) 将所有单体蓄电池连接成组，接入电池管理系统。

8) 以 $1I_1$ 电流放电，达到以下条件之一时终止：动力蓄电池系统的单体（模块）电压保护下限，制造商技术规范中规定的其他放电终止条件。

9) 静置不低于 30min 或企业规定的搁置时间（不高于 60min）。

10) 以 $1I_1$ 电流恒流充电，达到以下条件之一时终止：动力蓄电池系统的单体（模块）电压达到保护上限，制造商技术规范中规定的其他终止条件。

11) 以恒压充电方式进行充电，达到以下条件之一时终止：充电电流减少到 $0.05I_1$，制造商技术规范中规定的其他充电终止条件。

12) 静置不低于 30min 或企业规定的搁置时间（不高于 60min）。

13) 重复步骤⑧~步骤⑫，循环 n 次，单体蓄电池的额定容量为 Q。

14) 将每个单体蓄电池以 $1I_1$ 电流单独补电，至单体蓄电池电压达到电池制造商技术规范中规定的充电终止电压时转恒压充电，至充电电流降至 $0.05I_1$ 时停止充电。记录每个单体蓄电池的充电容量 $Q_1, Q_2, Q_3, \cdots, Q_n$，则 SOC 差异计算公式为

$$\text{SOC 差异} = \left(\frac{\max\left[(Q-Q_1)(Q-Q_2) \cdots (Q-Q_n) \right] - \min\left[(Q-Q_1)(Q-Q_2) \cdots (Q-Q_n) \right]}{Q} \right) \times 100\%$$

(6-10)

六、动力蓄电池总成的测试项目与测试方法

随着动力蓄电池组的体积能量密度越来越高、容量越来越大，动力蓄电池的安全性也越来越被人们所关注。为了确保动力蓄电池的安全性，动力蓄电池总成（见图 6-46）在出厂前需要经过多种性能测试来保证动力蓄电池在不同车辆行驶工况下的安全性和可靠性。

图 6-46 动力蓄电池总成

1. 安全性测试

安全性测试的目的是验证动力蓄电池系统在滥用情况下的安全性，其中最重要的是验证动力蓄电池系统保护自身的能力，以及在发生危险的情况下对乘员的保护能力。安全性测试主要包括跌落、挤压、火烧、水浸、热蔓延等测试。

（1）电池跌落测试

1) 1m 跌落：室温下，测试对象以实际维修或安装过程中最可能跌落的方向（若无法确

定最可能跌落的方向，则沿 z 轴方向）将充满电的电池的每个面（共 6 个面）从 1m 的高度自由跌落到水泥地面上各 1 次。6 个面跌落完成为 1 个跌落循环，总计跌落 6 个循环。试验完成 2h 后进行外观检查，看电池是否有漏液、起火、爆炸现象。

2）10m 高空跌落：测试对象以最可能跌落的方向（若无法确定最可能跌落的方向，则沿 z 轴方向）将充满电的电池的每个面（共 6 个面）从 10m 的高度自由跌落到水泥地面上各 1 次，6 个面跌落完成为 1 个跌落循环，总计跌落 6 个循环。试验完后观察 2h，看电池是否有漏液、起火、爆炸现象，如图 6-47 所示。

图 6-47　电池跌落测试

（2）电池平面挤压测试　室温下，电池满充电后，按下列条件进行加压。

1）挤压板形式：半径为 75mm 的半圆柱体，长度大于测试对象的高度，但不超过 1m。

2）挤压方向：x 方向和 y 方向（汽车行驶方向为 x 轴，另一垂直于行驶方向的水平方向为 y 轴）。

3）挤压程度：以压力 13kN 的平板平压电池至压强为 17.2MPa 时停止挤压。

4）保持 10min。

5）试验完成后观察 2h，看电池是否有漏液、起火、爆炸现象。

（3）电池盐水浸泡测试　室温下，测试对象以实车装配状态与整车线束相连，然后以实车装配方向（以电池的上盖朝上、下托盘朝下的方式）置于质量百分比为 3.5% 的氯化钠溶液（模拟常温下的海水成分）中并观察 2h（水深要足以淹没测试对象）。对于满足 IPX7 的样品，要求振动测试完成后进行电池盐水浸泡测试，如图 6-48 所示。

图 6-48　电池盐水浸泡测试

（4）电池燃烧测试

1）短时间耐火烧测试。该测试中，盛放汽油的平盘尺寸应超过测试对象水平尺寸20cm，但不超过50cm；平盘高度不高于汽油表面8cm；汽油液面与测试对象的距离设定为50cm，或者为车辆空载状态下测试对象底面的离地高度，或者由双方商定。平盘底层注入水，测试装置如图6-49所示。测试分为4个阶段，第一阶段为预热：在离被测设备至少3m远的地方点燃汽油，经过60s的预热后，将油盘置于被测设备下方。如果油盘尺寸太大，无法移动，可以采用移动被测样品和测试台架的方式。第二阶段为直接燃烧：测试对象直接暴露在火焰下70s。第三阶段为间接燃烧：将耐火隔板盖在油盘上，测试对象在该状态下测试60s。或经双方协商同意，继续直接暴露在火焰中60s。第四阶段为离开火源：将油盘或测试对象移开，观察2h或测试对象外表温度降至45℃以下。

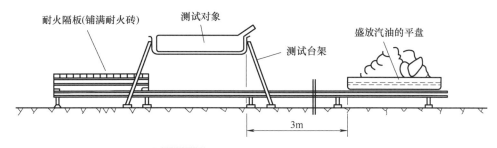

图 6-49　电池燃烧测试装置示意图

2）长时间耐火烧试验。该测试中，盛放汽油的平盘尺寸超过测试对象水平尺寸20cm，但不超过50cm；平盘高度不高于汽油表面8cm；汽油液面与测试对象的距离设定为50cm，或者为车辆空载状态下测试对象底面的离地高度，或者由双方商定。测试时，先将平盘底层注入水，再在离被测设备至少3m远的地方点燃汽油；经过60s的预热后，将油盘置于被测设备下方（如果油盘尺寸太大，无法移动，可以采用移动被测样品和测试台架的方式），使测试对象直接暴露在火焰下20min；将油盘移走，观察2h。

3）电池燃烧测试。室温下，先将充满电的电池至于铁丝网内，对其进行加热至燃烧或爆炸，持续30min后停止；接着观察2h，看电池部件（粉尘状产物除外）或电池整体是否穿透铁丝网。测试场景如图6-50所示。

图 6-50　电池燃烧测试场景

（5）电池热蔓延测试　热蔓延测试主要验证动力蓄电池系统发生热失控时，是否能确保车内乘客的人身安全。测试对象为整车、完整的车载可充电储能系统，或包括蓄电池及电气连接的车载可充电储能系统子系统。如果选择储能系统子系统作为测试对象，则需证明子系统的试验结果能够合理地反映完整的车载动力蓄电池系统在同等条件下的安全性能。如果储能系统的电子管理单元（电池管理系统或其他装置）没有集成在封装蓄电池的壳体内，则必须保证电子管理单元能够正常运行并发送报警信号。

1）测试条件。除另有规定外，测试应在室温（25±5℃）条件下，相对湿度为15%～90%，大气压力为86～106kPa的环境中进行；测试开始前，测试对象的SOC应调至大于电池厂商规定的正常SOC工作范围的90%或95%；测试开始前，所有的测试装置都必须正常运行，若选择过充电作为热失控触发方法，需关闭充电保护功能；测试应尽可能少地对测试样品进行改动，并需提交所做改动的清单；测试应在室内环境或无风条件下进行。

2）测试方法。从测试的可行性和可重复性来考虑，有3种不同的方法可作为触发动力电池系统热失控扩展试验的候选方法，分别是加热触发、针刺触发和过充电触发。它们都只需对动力蓄电池系统做很小的改动。针刺触发要求提前在动力蓄电池系统的外壳上钻孔，过充电触发要求在触发对象上连接额外的导线以实现过充电。选择通过其中一种方法实现热失控触发的单体蓄电池作为热失控触发对象，该对象热失控产生的热量应非常容易传递至相邻单体蓄电池。

针刺触发热失控时，应先在室温下为充满电的单体蓄电池测定厚度，然后按以下要求开展针刺：刺针材料为圆锥形钢针，刺针直径为3mm或8mm；针刺角度为20°～60°；针刺速度为10～100mm/s；选择可能触发单体蓄电池发生热失控的位置和方向进行针刺。如果能够发生热失控，也可以直接从单体蓄电池的防爆阀刺入，被针刺穿孔的单体蓄电池称为触发对象。触发热失控后先保持5min，再进行静特性检查。针刺触发热失控的场景如图6-51所示。

过充电触发热失控：以最小1/3C、最大不超过电池厂商规定正常工作范围的最大电流对触发对象进行恒流充电，直至其发生热失控或者达到200%SOC。动力蓄电池系统中的其他单体蓄电池不能被过充电。

加热触发热失控时，应使用平面状或棒状加热装置，并且其表面应覆盖陶瓷、金属或绝缘层。对于尺寸和单体蓄电池相同的块状加热装置，可用该加热装置代替其中一个单体蓄电池；对于尺寸比单体蓄电池小的块状加热装置，则可将其安装在模块中，并与触发对象的

图6-51　针刺触发热失控的场景

表面直接接触；对于薄膜加热装置，则应将其始终附着在触发对象的表面。在任何可能的情况下，加热装置的加热面积都不应大于单体蓄电池的表面积。将加热装置的加热面与单体蓄电池表面直接接触，加热装置的位置应与规定的温度传感器的位置相对。安装完成后，立即启动加热装置，以加热装置的最大功率对触发对象进行加热。加热装置的功率要求见表6-15，但不做强制性要求。当发生热失控或监测点温度达到300℃时，停止触发。

表 6-15　加热装置的功率要求

触发对象的能量 $E/W \cdot h$	加热装置的最大功率/W
$E < 100$	30~300
$100 \leqslant E < 400$	300~1000
$400 \leqslant E < 800$	300~2000
$E \geqslant 800$	>600

判断是否发生热失控的条件：测试对象产生电压降；监测点温度达到电池厂商规定的最高工作温度；监测点的温升速率 $dT/dt \geqslant 1℃/s$。当上述条件中的两个同时发生时，则判定发生热失控。如果测试已经停止，且过程中未发生热失控，测试中止。

监测触发对象的电压和温度以判定是否发生热失控。监测电压时，应不改动原始的电路；监测温度时，应测试触发对象的最高表面温度。温度数据的采样间隔应小于 1s，准确度要求为±2℃，温度传感器尖端的直径应小于 1mm。

针刺触发热失控时，温度传感器的位置应尽可能接近针刺点。过充电触发时，温度传感器应布置在单体蓄电池表面与正负极柱等距且离正负极柱最近的位置。加热触发时，温度传感器应布置在远离热传导的一侧，即安装在加热装置的对侧。如果很难直接安装温度传感器，则应将其布置在能够探测到触发对象连续温升的位置。

（6）电池热箱（130℃）测试　将满充电的单体蓄电池放在电池热箱里以 5℃±2℃/min 的速度升至 130℃±2℃，并在 130℃±2℃ 的环境中保持 30min。试验完成 2h 后进行外观检查。评价标准：电池无起火、爆炸且电池最高温度≤150℃。

（7）电池温度冲击测试　电池满充电后分别在 75℃±2℃、-40℃±2℃ 的条件下放置 6h，共循环 10 次，不同温度切换应在 30min 内完成，试验完成 24h 后检查外观。评价标准：电池无漏液、起火、爆炸。

2. 电性能测试

电性能测试以测试动力蓄电池系统的基本电性能为主，验证其是否符合动力蓄电池系统的设计目标，是否满足车辆实际需求。电性能测试包括容量和能量测试、功率和内阻测试、能量效率测试、起动测试、自放电性能测试、充电接受能力测试、寿命测试等内容。

（1）容量和能量测试　测定动力蓄电池系统在不同条件下的可用容量和能量是容量和能量测试的主要目的。一般情况下，对测试结果影响较大的是环境温度，同时放电机制也会有一定的影响。下面着重从环境温度出发，验证动力蓄电池系统在不同条件下的可用容量和能量，以及在不同的放电机制下的性能指标。

环境温度以低温、常温、高温 3 种条件为主，其中常温为 25℃，低温和高温根据整车实际使用情况确定。放电机制采用恒流放电和恒功率放电两种条件。通常情况下，在相同的环境下，放电倍率越大，系统的放电容量越小，如图 6-52 所示。

在室温下，首先将动力蓄电池系统以 CC/CV 模式用 $0.5C$ 的电流充电至上限电压，$0.05C$ 截止，然后分别在 25℃、-20℃、-10℃、0℃、60℃ 的环境下放置 2h，接着进行 $0.2C$ 放电至下限电压。在不同温度下进行测试时，需要充分研究动力蓄电池系统的使用状态。通过测试，模拟车辆实际使用中可能发生的情况。在不同温度下进行测试时，通常情况下，环境温度越低，系统的放电容量越小，如图 6-53 所示。

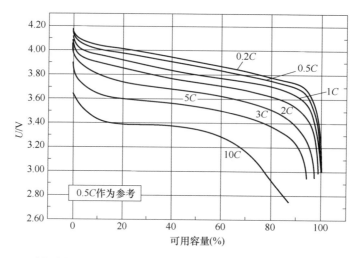

图 6-52　相同温度下，不同放电倍率时的放电容量曲线

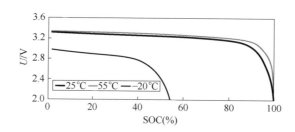

图 6-53　不同温度下动力蓄电池系统 1C 放电容量曲线

（2）功率和内阻测试　动力蓄电池系统的功率和内阻测试主要是测定动力蓄电池系统在不同温度下的可用功率和直流内阻情况。主要测试标准包括 ISO 12405 和 FreedomCAR。ISO 12405 规定功率和内阻测试分别在高温、低温和常温环境下进行，动力蓄电池系统的 SOC 可选择为 90%（或制造商规定的最高允许状态）、50%、20%（或制造商规定的最低允许状态）。详细测试步骤可参阅 ISO 12405。需要注意的是，在高温、低温环境下进行功率和内阻测试时，需要在常温状态下进行 SOC 调节，然后在目标环境温度下进行温度均衡，最后进行相应测试。

FreedomCAR 中规定的混合功率脉冲（HPPC）测试可以测定动力蓄电池系统 10%SOC ～ 90%SOC 下的直流内阻和可用功率，SOC 间隔为 10%SOC。HPPC 测试也是行业中使用最广泛的内阻和功率测试方法。表 6-16 为 HPPC 测试的脉冲参数。

表 6-16　HPPC 测试的脉冲参数

持续时间/s	累积时间/s	电流倍率
10	10	1.00C
40	50	0
10	60	0.75C

（3）能量效率测试 针对不同的应用类型，能量效率测试的方法各不相同。对于高功率应用，能量效率测试偏重验证系统对高倍率回馈能量的回收和利用；对于高能量应用，偏重验证不同充电机制下的充电性能。

1）对于高功率应用类型，能量效率主要用于验证在不同环境温度下动力蓄电池系统在不同 SOC 状态时回收和利用高倍率回馈能量的能力。环境温度分为低温、常温和高温，动力蓄电池系统的 SOC 状态主要根据整车实际使用状态确定，推荐使用 65%、50%、35% 等。

能量效率测试的过程由电量相互中和的放电脉冲和充电脉冲及静置过程组成：$20C$ 或 I_{max}（取二者之间较大值）恒流放电，持续 12s；静置 40s；$15C$ 或 $0.75I_{max}$（取二者之间较大值）恒流充电，持续 16s。

计算能量效率时，首先对上述测试过程中恒流放电和恒流充电时的电流和电压的乘积对时间积分，分别计算出动力蓄电池系统放电脉冲输出的能量 E_0 和充电脉冲过程输入的能量 E_i，单位为 $W \cdot h$。

然后，计算高功率动力蓄电池系统的能量效率：

$$\eta = \left| \frac{E_0}{E_i} \right| \times 100\% \tag{6-11}$$

2）对于高能量应用类型，能量效率主要用于验证不同环境温度下充电的性能。首先在常温、高温和低温条件下，以制造商规定的充电机制进行充电，直至达到充电截止条件；然后在常温条件下，以相同的放电机制进行放电，验证不同条件下的充电可用容量和能量。表 6-17 为能量效率测试结果示例。

表 6-17　能量效率测试结果示例

序号	温度/℃	电　　流	充电能量/A·h	放电能量/A·h	能量效率（%）
1	20	$1C$	12. 16	11. 52	94. 78
2	0	$1C$	11. 94	11. 15	93. 34
3	−25	$1C$	11. 49	10. 34	89. 95

（4）起动测试 动力蓄电池系统的起动能力主要是验证在低温和低 SOC 下的起动功率输出能力。起动能力测试以恒压放电的方式进行，并将制造商规定的最大脉冲放电电流作为电流上限，采集放电脉冲末端的电压 U 和电流 I，根据式（6-12）和式（6-13）计算动力蓄电池系统的低温起动功率。

第 i 次恒压放电平均功率：

$$P'_i = \frac{\sum UI}{n} \tag{6-12}$$

低温起动功率：

$$P' = \frac{P'_1 + P'_2 + P'_3}{3} \tag{6-13}$$

（5）自放电性能测试 自放电性能用于验证长期搁置的动力蓄电池系统在荷电状态下的荷电保持能力及荷电恢复能力。同时，自放电性能测试中最小监控单元的电压差可以作为系统内部是否有内短路隐患的依据。在搁置过程中，应断开动力蓄电池系统的高电压连接、低电压连接，关闭冷却系统及其他必要的连接装置。系统的 SOC 可依据具体情况确定。

1）60℃/7 天贮存测试：首先对电池进行厚度测定，然后在室温下进行标准充电和放电，接着将电池充满电，并在 60℃±2℃ 的环境中贮存 7 天，最后在室温下放置 2h 后进行标准放电，记录贮存前后的放电容量。测试完成后，进行尺寸和外观检查。评价标准：残存容量≥80%，内阻增加比例<25%，外观无漏液。

2）常温/30 天贮存测试：首先对电池厚度进行测定，然后在室温下进行标准充电和放电，接着将电池满充电，并在常温环境中贮存 30 天，最后在室温下放置 2h 后进行标准放电，记录贮存前后的放电容量。测试完成后，进行尺寸和外观检查。评价标准：残存容量≥90%，内阻增加比例≤25%。

3）高温高湿测试：首先对电池进行厚度测定，然后在室温下进行标准充电和放电，接着将电池满充电，并在 60℃±2℃/95%RH 的环境中贮存 7 天，最后在室温下搁置 2h 并进行观测，电池外观应该无异常现象。完成上述过程后，先将电池以 $1C$ 恒流放电到 2.75V，然后在 20℃±5℃ 的条件下进行 $1C$ 充电、$1C$ 放电循环，直至放电容量不小于初始容量的 85%，但循环次数不多于 3 次。

（6）充电接受能力测试　由于不同厂商的电池使用材料和制造工艺存在差异，其充电能力有所不同。充电接受能力关系到电动汽车的实际使用效果，所以这项测试是一项必不可少的程序。

1）快速充电测试。完全充电的电池在温度为 20℃±5℃ 的条件下，以 I_3 电流放电至电压为 1.65V/单体（I_3 为电池 3h 率放电电流，数值等于 $\frac{1}{3}C_3$，单位为 A）。放电结束后，先以 $6I_3$ 电流将电池恒流充电到充电终止电压，然后转为恒压充电，两阶段充电时间总计为 1h。以 I_3 电流放电至电压为 1.65V/单体，记录放电时间 t。用放电电流 I_3 乘以 t，即得到电池快速充电容量 C_k。C_k 应不小于额定容量的 70%。

2）过充电（$3C$-4.6V）测试。在室温下将完全放电的电池以 CC/CV 的方式 $3C$ 充电至 4.6V，至充电电流达到 20mA 或充电时间达到 8h 时结束，搁置 2h 后进行外观检查。评价标准：电池无破裂、起火、冒烟、爆炸，且电池最高温度≤150℃。

3）过充电（$1C$-4.8V）测试。在室温下将完全放电的电池以 CC-CV 方式 $1C$ 充电至 4.8V，至充电电流达到 20mA 或充电时间达到 8h 时结束，搁置 2h 后进行外观检查。评价标准：电池无破裂、起火、冒烟、爆炸，且电池最高温度≤150℃。

（7）寿命测试　在室温下，电池先按企业标准进行充电，并在室温下静置 30min；运行"主放电工况"直至-20%SOC（或企业规定的最低 SOC，或企业规定的放电终止条件），搁置 30min；再将电池在室温下以 0.5C 的电流进行充放电循环 500 次，充放电之间休止 30min，测试完成后进行厚度检查。评价标准：放电容量维持率应满足第 1 次=100%、第 500 次≥80%C_{min}；厚度增加比例≤11%（最大厚度）。车用蓄电池的主放电工况参数见表 6-18。

表 6-18　车用蓄电池的主放电工况参数

时间增量/s	累计时间/s	电流	ΔSOC（%）
5	5	$3C$	−0.417
3	8	$−1C$	−0.333
6	14	$−1/3C$	−0.278
40	54	$1/3C$	−0.648
30	84	$1/2C$	−1.065
10	94	$1C$	1.343

3. 可靠性测试

可靠性测试主要是验证动力蓄电池系统在不同的使用条件下可靠运行的能力，包括机械可靠性测试和保护可靠性测试等内容。

（1）机械可靠性测试　机械可靠性测试主要是通过模拟不同的运行条件，验证动力蓄电池系统在振动、机械冲击、模拟碰撞等条件下的可靠性。

1）振动测试主要采用两种振动方式：扫频振动和随机振动。扫频振动是指用一个连续变化但不间断的频率进行振动。随机振动是指未来任一给定时刻的瞬时值不能预先确定的机械振动。

2）机械冲击和模拟碰撞测试都是验证动力蓄电池系统在经受惯性载荷影响的情况下的可靠性。机械冲击侧重垂直方向，模拟车辆过不平路面或其他情况下车辆受到冲击时动力蓄电池系统受到的 z 方向冲击载荷。模拟碰撞是验证车辆以一定的车速发生碰撞时在水平方向上受到的惯性载荷。在国内外测试规范和标准中，均有机械冲击的测试方法，见表 6-19。

表 6-19　机械冲击测试方法

序号	标　准	加速度值	脉冲时间/ms	方　　向
1	ISO 12405—3	50g	6	z
2	GB/T 31467.3—2015	25g	15	z
3	SAEJ 2380	25g	15	x、y、z

机械冲击测试主要是验证在动力蓄电池系统 z 方向上的可靠性。测试时，应在对样品施加一定的冲击载荷后，观察样品状态。一般情况下，完成测试后的动力蓄电池系统应安装可靠、无松动或脱落、无漏液、无着火、无爆炸等。在验证试验中，遇到最多的问题是测试后样品的连接处断裂等现象。

对于动力蓄电池系统的模拟碰撞测试，国内外相关规范和标准中的测试方法比较一致，均沿用了 ECER 100 中的规定，见表 6-20。

表 6-20 模拟碰撞测试的脉冲参数表

序号	脉宽/ms	≤3.5t		3.5~7.5t		≥7.5t	
		x 方向加速度	y 方向加速度	x 方向加速度	y 方向加速度	x 方向加速度	y 方向加速度
A	20	0	0	0	0	0	0
B	50	20g	8.0g	10g	5.0g	6.6g	5.0g
C	65	20g	8.0g	10g	5.0g	6.6g	5.0g
D	100	0	0	0	0	0	0
E	0	10g	4.5g	5.0g	2.5g	4.0g	2.5g
F	50	28g	15.0g	17g	10.0g	12.0g	10.0g
G	80	28g	15.0g	17g	10.0g	12.0g	10.0g
H	120	0	0	0	0	0	0

（2）保护可靠性测试 保护可靠性是通过模拟车辆使用过程中可能发生的意外情况，验证动力蓄电池系统的保护功能，包括过充电保护、过放电保护、过温保护、过电流保护、短路保护等。保护可靠性测试中，电池管理系统或保护装置起作用是唯一的合格条件。制造商在保护条件设定上，可以分为不同的等级。以过充电为例，可以规定不同级别的电压阈值对应不同的动作，如提示、报警、断开继电器等。

1）过充电保护：测试中，测试对象的所有控制系统应处于工作状态。充电电流倍率为 $1C$ 或由双方协商确定，充电至电池管理系统起作用，或达到以下条件时停止测试：达到测试对象的最高电压的 1.2 倍，SOC=130%，超过厂家规定的最高温度 5℃，或出现其他意外情况。

2）过放电保护：测试中，测试对象的所有控制系统应处于工作状态。标准放电至放电截止条件，继续以 $1C$（不超过 400A）放电，直至电池管理系统起作用，或达到以下条件时停止测试：总电压低于额定电压的 25%，放电时间超过 30min，超过厂家规定的最高温度 5℃，或出现其他意外情况。

3）过温保护：测试中，测试对象的所有控制系统应处于工作状态。测试温度为测试对象的最高工作温度，以测试对象允许的最大持续充放电电流进行充放电测试，直至电池管理系统起作用，或达到以下条件时停止测试：超过最高工作温度 10℃，在 1h 内最高温度变化值小于 4℃，或出现其他意外情况。

4）过电流保护：测试中，测试对象的所有控制系统应处于工作状态。室温下，逐步增大电池的充放电电流，当电池电流达到充放电电流保护限值时，电池管理系统起作用，或达到以下条件时停止测试：超过最大电流限值的 10%，温度达到最高温度限值，或出现其他意外情况。

4. 壳体防护功能测试

壳体防护功能测试主要是验证动力蓄电池系统壳体的保护功能以及壳体的耐腐蚀功能，主要包括防尘、防水、碎石冲击、阻燃、耐腐蚀等内容。

（1）防尘 壳体防尘功能测试主要参照《外壳防护等级（IP 代码）》（GB 4208—2017）完成。标准中规定了防尘等级分为 IP0X~IP6X 共 7 个等级。其中，IP0X 要求最低，为无防护；IP6X 为最高等级，要求无灰尘进入。表 6-21 为防止固体进入的防护等级表。

表 6-21 防止固体进入的防护等级表

等级	简 要 说 明	含 义
IP0X	无防护	
IP1X	防护直径不小于 50mm 的固体异物	直径为 50mm 的球形物体不得完全进入壳内
IP2X	防护直径不小于 12.5mm 的固体异物	直径为 12.5mm 球形物体不得完全进入壳内
IP3X	防护直径不小于 2.5mm 的固体异物	直径为 2.5mm 球形物体不得完全进入壳内
IP4X	防护直径不小于 1.0mm 的固体异物	直径为 1.0mm 球形物体不得完全进入壳内
IP5X	防尘	不能完全防止尘埃进入，但进入的灰尘量不能影响设备的正常运行，不得影响安全
IP6X	尘密	无灰尘进入

通常情况下，电动汽车用的动力蓄电池系统均要求是"IP6X 尘密"级别，即测试过程中无灰尘进入。测试在防尘箱内进行，如图 6-54 所示，持续时间为 8h。测试后，壳内无明显的灰尘沉积，则认为试验合格。

（2）防水 防水功能测试主要参照《外壳防护等级（IP 代码）》（GB 4208—2017）完成。标准中规定了防水等级分为 IPX0～IPX8 共 9 个等级。其中，IPX0 要求最低，为无防护；IPX8 为最高等级，要求防持续潜水影响。表 6-22 为防止水进入的防护等级表。

图 6-54 动力蓄电池系统测试用防尘箱

表 6-22 防止水进入的防护等级表

等级	简 要 说 明	含 义
IP0X	无防护	
IP1X	防止垂直方向滴水	垂直方向滴水应无有害影响
IP2X	防止当壳体在 15°范围内倾斜时垂直方向流水	当外壳的各垂直面在 15°范围内倾斜时，垂直水滴应无有害影响
IP3X	防淋水	各垂直面在 60°范围内淋水，无有害影响
IP4X	防溅水	向外壳各方向溅水无有害影响
IP5X	防喷水	向外壳各方向喷水无有害影响
IP6X	防强烈喷水	向外壳各方向强烈喷水无有害影响
IP7X	防短时间浸水影响	浸入规定压力的水中，经规定的时间后外壳进水量不致达到有害程度
IP8X	防持续潜水影响	持续潜水后外壳进水量不致达到有害程度

通常情况下，电动汽车用动力蓄电池系统均要求满足"IPX7 防短时间浸水影响"等级。IPX7 测试如图 6-55 所示，具体测试方法如下。

1）对于高度小于 850mm 的样品，要求其外壳的最低点低于水面 1000mm。

2）对于高度等于或大于 850mm 的样品，要求其外壳的最高点低于水面 150mm。

3）测试持续时间 30min。

（3）碎石冲击　针对壳体表面涂层的碎石冲击测试按 SAEJ 400 中规定的砂石（砂砾）冲击测试进行。测试中，砂砾通过喷气嘴喷向电池壳体（采用的砂砾是直径为 9~15mm 的花岗岩），撞击到倾斜角为 20°的样品上。通常情况下，测试中喷气的空气压力为 0.2MPa±0.02MPa，喷射压力为 20.4MPa±0.03MPa，砂砾量约为 850g，测试次数为 3 次或者 5 次。

图 6-55　IPX7 测试

（4）阻燃特性测试　动力蓄电池系统的阻燃特性测试主要是验证动力蓄电池系统使用的绝缘材料及线束、线缆等材料的阻燃特性，具体试验方法和要求需参照《新能源客车技术条件》，如下所述。

1）B 级电压部件所用绝缘材料的阻燃性能应符合 GB/T 2408—2008 规定的水平燃烧 HB 级，垂直燃烧 V-0 级。B 级电压电缆防护用波纹管及热收缩双壁管的温度等级应不低于 125℃，热收缩双壁管的性能应符合 QC/T 29106—2014 中附录 B 的要求，波纹管的性能应符合 QC/T 29106—2014 中附录 D 的要求。

2）可充电储能系统内应使用阻燃材料，阻燃材料的阻燃等级应达到 GB/T 2408—2008 规定的水平燃烧 HB 级，垂直燃烧 V-0 级。

（5）耐腐蚀　动力蓄电池系统壳体材料的耐腐蚀试验主要参照 ISO 16750—5 进行。腐蚀测试的目的主要是验证壳体材料的耐腐蚀能力，研究其使用寿命，并选择有效的防腐措施，提高壳体的防腐能力。耐腐蚀测试主要分为三大类：实验室测试、现场测试和实物测试。实验室测试是有目的地在人工配制的受控制的环境介质条件下进行腐蚀测试。现场测试是将专门制备的样件置于现场的实际环境进行腐蚀测试。实物测试是将材料制成实物部件、设备或者装置，在现场的实际应用下进行腐蚀测试。

通常情况下，实验室测试是主要的测试手段。一般采用 3~12 个平行测试，通常采用 5 个。对于电动汽车用动力蓄电池系统壳体，应根据实际情况选择合适的腐蚀液，如汽油、机油、电池电解液等。

七、单体蓄电池、电池模块、动力蓄电池总成的包装、贮存与运输

1. 包装

（1）电池包装箱应具有的标志

1）产品名称，型号规格，初始出厂与修复日期，数量，单体蓄电池质量，制造和二次利用的厂名、厂址、邮政编码等。

2）每箱的净重、毛重和外形尺寸。

3）标明"防潮""不得倒置""小心轻放"等标志，包装标志的图形符号应符合《危险货物包装标志》（GB 190—2009）和《包装储运标志》（GB/T 191）的规定，如图 6-56 所示。

4）标明电池产品标签"二次利用电池"。

5）标明"可回收利用""不可将电池等同生活垃圾处置"等文字或符号。

6）运输时，应标明运输环境（温度、相对湿度、气压等）等相关技术要求。

7）标明包装标记代号，相关代号应符合《危险货物运输包装通用技术条件》（GB 12463—2009）的规定。

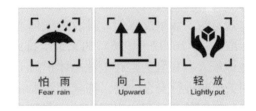

图 6-56　包装箱怕雨、向上和轻放标志

（2）电池的包装应符合防潮、防振的要求，包装箱应牢固可靠。蓄电池应以放电态正向位置放入规定的包装箱内。包装箱内应附有下述文件：装箱清单、产品合格证、产品使用说明书、易损零部件清单。

2. 贮存

1）禁止将电池堆放在露天场地，应存放在干燥、洁净、通风良好的场所内，其环境温度宜为 5~40℃，相对湿度不超过 80%。

2）不应将酸性电池、碱性电池放在同一室内，并防止电池外部短路。

3）贮存时，电池不得倒置或侧放，不得受机械冲击或重压，不得受阳光直射，离热源（如暖气设备等）不应少于 2m。

4）贮存时，避免与任何液体和有害物质（如有毒气体、腐蚀性气体和挥发性腐蚀物等）接触。

5）贮存时，电池应按厂家、型号和标签进行分类存放，并按照检测前、检测后和修复后三类进行分区存放。

6）贮存场所应设置环保图形标志和警示标志，设置要求应符合《环境保护图形标志固体废物贮存（处置）场》（GB 15562.2—2020）的相关规定，并应具有防雷、防火、防扬尘装置。

7）贮存库应远离易燃、易爆等危险品仓库、高压输电线路防护区域，且贮存库应设计建造雨水径流导排系统，保证能防止多年一遇的暴雨侵入。

8）贮存库应铺有坚固、防渗的耐酸地面及裙角，且表面无裂痕，并应提供监控、照明和消防设施，以及安全防护（含防静电）服装及工具。

9）长期贮存和暂时贮存的规模应与贮存场所的容量相匹配，且单位面积的电池堆放量还应根据地面承压能力进行确定，一般应符合以下条件：长期贮存场所的空间宜在 500m² 以上，单位面积贮存的电池不宜超过 400kg/m²；暂时贮存场所的空间宜在 100m² 以上（中心城区）或 200m² 以上（郊区），单位面积贮存的电池不宜超过 200kg/m²。

10）长期贮存单位应建立环境监测制度，定期对废水、废气排放污染物和库区及库区周边的土壤、地下水质量进行监测。

11）长期贮存的场所应选择在城市工业地块内，并符合环保和区域发展规划及相关要求；新建的长期贮存场所建设项目应通过环境影响（风险）评价。

12）长期贮存时，贮存库应具有温度和湿度控制系统、排气系统及空气过滤装置，用以过滤空气中的含铅灰尘、酸雾和更新空气，使之达到《环境空气质量标准》（GB 3095—2012）规定的二级浓度限值，排放的气体通过过滤等装置处理后应达到《大气污染物综合排放标准》（GB 16297—1996）的无组织排放监控浓度限值要求；贮存库应设置废酸液收集池（池体最大容积宜为贮存电池总体积的10%，且池体应有防渗处理），并对所收集的酸液按照相关标准进行安全处置，符合《污水综合排放标准》（GB 8978）的要求后方可排放。

13）长期贮存过程中出现酸液泄漏等不合格的电池需报废时，应按照《废铅蓄电池处理污染控制技术规范》（HJ 519）中关于废旧铅酸蓄电池安全处置的相应规定进行。

14）电池不宜大量集中贮存，暂存库贮存的电池总量不宜大于30t。

15）电池的长期贮存时间不宜超过1年，暂时贮存时间不宜超过60天。

16）锂离子蓄电池模块应在不完全充电状态下贮存。SOC根据贮存的时间和自放电情况确定，但应为20%~60%。制造厂商的产品技术文件中有具体规定时，按厂家产品技术文件的规定执行。

17）锂离子蓄电池模块贮存期间，剩余电量应大于40%。贮存期间应至少6个月进行一次补充充电。

18）镉镍蓄电池按相应程序放电至1.0V/节后贮存。铅酸蓄电池按相应程序完全充电后贮存，铅酸蓄电池贮存时间超过3个月，应按相应的充电程序对蓄电池进行补充电。

3. 运输

1）运输包装应结构合理，并具有足够的强度，防护性能好。材质、形式、规格和方法应与所装货物的性质和用途相适应，便于装卸、贮存和运输。

2）运输包装的材质应与电池相容，可选择木材、硬质纤维、硬纸板、塑料等材质，并且运输包装件还应符合《危险货物运输包装通用技术条件》（GB 12463—2009）中关于堆码试验和跌落试验等包装性能试验的技术要求。

3）运输包装应质量良好，其构造和封闭形式应能承受正常运输条件下的各种作业风险，表面应清洁。

4）运输包装时，应对电池极柱加保护套，保持绝缘状态。

5）二次利用铅酸蓄电池宜采用公路运输，车辆应按《道路运输危险货物车辆标志》（GB 13392—2005）的规定悬挂相应标志。

6）运输工具宜安装卫星定位系统。

7）在电池包装运输前和运输过程中不得损坏电池，保证其结构完整。

8）运输前，应对运输舱体内的电池进行特殊固定，以防跌落。对可能发生的事故性跌落，应采用重点保护电池棱角和棱边的特殊固定卡槽装置，加强电池固定效果。

9）在装卸过程中，电池应轻搬轻放，严防摔掷、翻滚、重压。

10）运输过程中，电池不应受剧烈机械冲撞、暴晒、雨淋，且不得倒置或侧放。包装箱内的温度范围应为-20~55℃。

11）运输过程中，应具有防止电池短路、破损的措施和补救办法。

12）长途运输过程中环境温度不宜高于40℃。

13）电池运输应遵循公路危险货物运输管理等相关规定，符合《危险货物道路运输规则》（JT/T 617—2018）和《道路危险货物运输管理规定》等管理要求。

14）运输单位应防范电池包装发生破裂、泄漏或其他事故，并具备进行应急处理的能力，配备事故应急及个人防护装备，防止对环境造成污染，其安全措施应做相应记录。

15）锂离子蓄电池模块应在不完全充电的状态下运输。SOC根据运输的时间和自放电情况确定，但应为20%~60%。在制造厂商产品技术文件中有具体规定时，按厂家产品技术文件的规定执行。

16）包装成箱的产品在避雨雪的条件下，应能使用汽车，火车、轮船、飞机等各种交通工具运输。

任务实施

一、任务准备

1. 设备及工具准备

任务实施前需准备的设备及工具如表6-23所示。

表6-23 设备及工具准备

序 号	设备及工具名称	数 量
1	抓取模块工装	1套
2	电池训练包	1个
3	工位防护套装	1套
4	动力蓄电池分容柜（型号：INW—BC—01）	1台
5	绝缘桌	1张
6	检测工具套装	1套
7	个人防护套装	1套
8	稳压电源	1套
9	测试柜	1台
10	绝缘内阻测试仪	1台
11	检漏仪	1台
12	绝缘耐电压测试仪	1台

2. 场地设备准备

进行动力蓄电池总成的组装前，需要配备好专用的拆解工具、消防设备和急救箱等。

3. 安全防护准备

（1）组装过程应使用安全防护装备，如高压绝缘手套、防砸绝缘鞋、护目镜等。

（2）组装过程应使用专业防护罩组装工装台、绝缘工具等。

（3）应按企业所提供的组装信息或组装手册进行合理组装。

（4）动力蓄电池的电压远超过安全电压，未经过培训的人员不宜参与组装，组装过程应具备不低于 2 名持电工证人员。

二、实施步骤

1. 单体蓄电池的测试与配对

扫码了解单体电池的测试与配对、模组与总成的组装与测试

步骤 1：筛选单体蓄电池，注意检查是否鼓包、漏液，极柱是否锈蚀，螺纹是否损坏，尺寸是否一致。

步骤 2：先对电池内阻测试仪进行较准，然后测量各单体蓄电池的内阻和电压，选用的单体蓄电池电压应接近 3.3V，并且电压差值 ≤ 50mV，内阻 ≤ 20mΩ，如图 6-57 所示。

步骤 3：将内阻和电压一致性相近的单体蓄电池放在合格区域，盖上防护板，并将内阻相差过大的单体蓄电池放置在不合格区域，如图 6-58 所示。

图 6-57　测量单体蓄电池的电压和电阻

图 6-58　分类贮存

2. 模块与总成的组装与测试

步骤 1：将单体蓄电池的防护盖打开，把内阻和电压接近的单体蓄电池按照极性放入模块箱中。6 个单体蓄电池成一个模块，如图 6-59 所示。

步骤 2：红点为电池的正极，正负极按照首尾相连原则连接，并检查电池有没有放反。对所有正负极进行等离子清洗，并焊接正负极镀镍钢片，检查焊点，如图 6-60 所示。

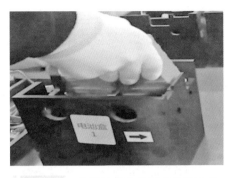

图 6-59　在模块箱中放置单体蓄电池

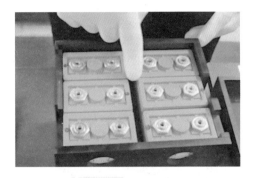

图 6-60　检查焊点

步骤 3：盖上模块上隔板，注意检查防护板的极性与电池极性对应，如图 6-61 所示。

步骤 4：手动预紧防护板，然后用工具紧固螺栓，张贴条码，如图 6-62 所示。

步骤 5：使用等离子设备对组装后模块的所有正负极进行清洁，测试模块的电压内阻并扫码记录数据，选择合格的模块和连接铜片、支撑板，利用螺钉组装成模块，并粘贴条码，如图 6-63 所示。

步骤 6：对模块进行下线测试，进行外观检查，看有无破损、变形、漏液等现象。

步骤 7：用绝缘耐电压测试仪接模块的正负极，进行绝缘耐电压测试，看模块绝缘耐电压性能是否符合标准，如图 6-64 所示。

图 6-61　盖上模块上隔板

图 6-62　紧固螺栓

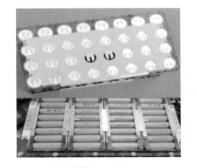

图 6-63　组装模块

图 6-64　绝缘耐电压测试仪

步骤 8：将模块放进测试柜中，进行内阻测试和电压采样测试，看模块内阻和电压是否符合标准，如图 6-65 所示。

步骤 9：在上述测试都合格后，用尺寸测量机测量模块全尺寸，尽量选择尺寸相差较小的模块转入模组组装工序或入库，如图 6-66 所示。

图 6-65　模块测试柜

图 6-66　电池模块全尺寸测量

步骤 10：将熔断器及电池管理系统固定到电池箱的箱体上，在箱体上安装高压连接器及高压板，在高压板、高压连接器、熔断器等组件之间连接铜排及电缆，如图 6-67 所示。

步骤 11：将模块固定在电池箱的箱底（见图 6-68），将采集线固定到模块上，连接总正、总负铜排，整理线束走向，并利用扎带将线束固定到线槽和模块上，测量总正、总负对箱体的绝缘内阻（最小值应大于 $100\Omega/\mathrm{V}$）。至此，动力蓄电池总成完成。

步骤 12：检查稳压电源和测试柜处于关闭状态，连接电池包、稳压电源和测试柜，注意正极朝外、负极朝内。开启测试软件，测试电池包，如图 6-69 所示。

图 6-67　将熔断器及电池管理系统
固定到电池箱的箱体上

图 6-68　模块固定在电池箱箱底

图 6-69　测试电池包

步骤 13：用测试柜检查电池包的空电电压、满电电压、放电容量，并用半导体点温计测量放电 30min 的铜排温度，注意温度≤65℃才合格。填写数据。

步骤 14：将箱盖安装到箱体上，并用螺栓锁固（见图 6-70），利用检漏仪测试箱体的气密性。

紧固螺栓

图 6-70 将箱盖安装到箱体

任务四 电池梯次利用应用场合及维护

学习目标 ▶

> **知识目标**

1. 了解电池梯次利用的应用场合。
2. 了解电池梯次利用储能模式。
3. 了解国内电池梯次利用企业。
4. 了解电池梯次利用过程的维护。

> **技能目标**

1. 具备维护低速电动车中的梯次利用电池包的能力。
2. 具备维护储能电站中的梯次利用电池包的能力。
3. 具备维护通信基站中的梯次利用电池包的能力。
4. 具备维护电动工具中的梯次利用电池包的能力。

> **素养目标**

1. 通过中国铁塔的案例，树立科技报国的理想。
2. 了解电池的梯次利用领域，培养资源循环利用意识。
3. 了解电池梯次利用的最新前沿技术，培养创新精神。
4. 通过学习本任务，增强安全意识。
5. 通过学习本任务，树立可持续发展观。

任务导入 ▶

中国铁塔是我国最大的动力蓄电池梯次利用企业，主要将重组后的退役动力蓄电池应用于大型通信基础设施，在全国范围拥有190万多个基站，对备用电源有较大需求。目前，中国铁塔已经成为消化退役锂离子蓄电池的"大胃王"。那么，电池梯次利用的应用场合还有哪些呢？

相关知识 ▶

一、低速电动车

退役锂离子蓄电池梯次利用可对标替代的重要目标是规模巨大的新增铅酸电动三轮车和存量燃油三轮车市场。近年来，我国快递业务量连续每年保持高速增长，城内末端物流运力需求持续大增，电动三轮车（见图6-71）以其机动灵活、价格低廉等优点，广受快递企业欢迎。2018年年初，我国三轮车保有量达7000多万辆，其中2000多万辆为电动三轮车，但大多使用铅酸蓄电池。

图 6-71 电动三轮车

2016年，国家邮政局在《快递专用电动三轮车技术要求》中规定，整车质量<200kg、最高车速<15km/h 时，建议采用更环保的锂离子蓄电池或光伏电池，一般容量为 2~3kW·h。电商物流发达的杭州等城市，多家快递企业已投用数千辆采用梯次利用锂离子蓄电池的三轮车。见表6-24，退役锂离子蓄电池与传统铅酸蓄电池相比具有更多优势，如体积小、质量小、运输成本低。锂离子蓄电池的质量和体积为同容量铅酸蓄电池的 1/2~2/3；锂离子蓄电池的循环寿命长，退役的锂离子蓄电池梯次利用后，理论上仍能够有6年的实际寿命、400次以上的深度循环次数，较传统铅酸蓄电池的5年使用寿命、100次左右的深度循环次数有大幅提高；放电特性好，可大电流放电；从全生命周期计算，使用成本低于铅酸蓄电池，且车辆载重能力和使用年限都有提高。

表 6-24 铅酸蓄电池和退役磷酸铁锂电池的性能对比

电池性能指标	铅酸蓄电池	退役磷酸铁锂电池
循环寿命/次	200	400~2000
质量比能量/W·h·kg^{-1}	30~45	90~120
体积比能量/W·h·L^{-1}	70	125~250
自放电率	高	低
工作温度范围/℃	25~28	-20~55
工作电压范围/V	1.75~2.35	2.50~3.65
单体标准电压/V	2	3.2

快递电动三轮车对电池容量要求不高，因此在对退役锂离子蓄电池进行重新设计制造时，只需要用少量模块进行重组。车辆一般低速行驶，路况较平整简单，同时电池便

于拆卸，随着第三方共享与换电运营商的兴起，专业维保、租赁，以及物联网实时定位、监测等服务日益完善，车辆不需要频繁、快速地充电，因此对电池一致性、重组的复杂性及充放电循环倍率性等方面的要求不高，安全风险较易控制。但也存在其他的问题，如在雨水较多的南方地区，淋雨浸水会造成电池内部短路的安全风险较大，因此在梯次利用锂离子蓄电池时，要注意提高防水能力。

针对快递公司所使用的电动三轮车，部分公司开展了梯次利用电池租赁模式的示范推广，采取电池的产权归属梯次利用企业，快递公司付费租用，后期的电池维修、更换也由梯次利用企业负责的模式。这种商业模式可以带来以下的几点优势：可以减小快递公司单次采购大批量电池带来的成本压力；电池的电量消耗完毕后，通常放置在充电柜中进行充电，充电条件温和，有利于延长电池的使用寿命；梯次利用之后还可以将电池有效回收，进入再生利用环节，提高电池的使用年限，避免电池造成不必要的环境污染。按照《四轮低速电动车技术条件》（草案）要求，低速电动汽车的动力蓄电池在安全、电性能及循环寿命 3 项关键技术方面的要求均引用新能源车用动力蓄电池对应的标准，车用梯次利用动力蓄电池在低速车领域的适应性较高。低速电动汽车对动力蓄电池的性能要求见表 6-25。

表 6-25　低速电动汽车对动力蓄电池的性能要求

参 数 名 称	要　　　求
安全	满足 GB 38031—2020 所规定的要求，并配备电池管理系统
电性能	满足 GB/T 31486—2015 所规定的要求
循环寿命	满足 GB/T 31484—2015 所规定的要求
质量比能量	不低于 70W·h/kg

二、储能电站

储能电站既是新能源汽车能量补充的重要基础设施，也是不断成长的退役动力蓄电池梯次利用储能的大市场。退役动力蓄电池的梯次利用情景中，小批量的退役动力蓄电池比较适合小型储能、家庭储能、基站备电等用途。对于大批量的退役动力蓄电池，在充分考虑系统安全性和可靠性的前提下，也可用在微电网系统，或以租赁服务等方式进入中大型电力储能市场。

1. 快速充电站

对于小规模的储能，可以通过储能集装箱的充电桩为新能源车充电。研究发现，在相同配置情况下，在快速充电站采用退役动力蓄电池储能，比常规使用同类新电池储能的经济效益更好。此外，采用退役动力蓄电池储能，还具有在充电站不增容扩容的条件下，改变充电设备的接入方案，即可满足直流快充负荷控制需求的优势。我国很早就开展了充电站使用梯次利用电池储能的示范，近年来城市公共充电站商业化梯次利用的实践也在加快。2014 年，国家电网在北京市大兴区出租车快速充电站梯次利用示范工程中采用了 2012 年退运电动汽车上的锰酸锂电池。实践发现，测算的使用寿命在削峰填谷情况下约为 1500 次，但实际运行后，循环不到 100 次，随即电池出现性能急剧降低、一致性分散过大过快等问题。这反映我国早期（2012 年以前）生产的动力蓄电池，（尤其是锰酸锂电池）退役后，难以满足大功率储能梯次利用需求。

充电站梯次利用电池的使用环境比在道路上运行的新能源汽车动力蓄电池的使用环境更宽松，一般为陆上静止环境，场地足够大，因而对电池的质量、大小和能量密度要求相对较低，但由于电池容量要求高于车用，使用的电池模块数量多，因而对一致性要求较高。另外，充电站梯次利用电池需要大电流、高电压快速充电，对充放电安全性的要求较高。快速充电站的储能柜如图 6-72 所示。

图 6-72　快速充电站的储能柜

2. 微电网辅助服务

梯次利用电池在储能领域中通常用做应急能源，也可以在电网负荷高时输出能量，在电网负荷低时储能，实现削峰填谷的功能，减轻电网波动。储能集装箱系统将储能电池、电池管理系统、储能变流器系统 PCS（Power Control System）、消防系统、动环监控系统、空调系统等集中于一个集装箱内。

典型的 40 英尺（12192mm×2438mm×2896mm）集装箱储能系统主要包括 4 个部分：储能变流器 PCS、梯次利用电池组、主动均衡电池管理系统和电池柜，同时配备动力环境控制系统及消防系统。由于集装箱尺寸较大，因此该场景下常对废旧动力蓄电池进行整包利用，以减小电池拆包重组成本。同时，如果将该系统布置在工业园区等露天面积较大的场地，可以在屋顶配合光伏板发电，进一步提升储能系统的经济效益。

企业自行搭建的储能集装箱往往难以接入国家电网，组建园区内的电力微网成为最实际的方案。若储能规模较大，可考虑为办公楼等其他用电场所提供电力。露天储能系统如图 6-73 所示。

图 6-73　露天储能系统

三、通信基站

实践和研究结果显示，最适合退役锂离子蓄电池梯次应用的场景是通信基站，且市场需求巨大，中国铁塔现有近200万座基站，对退役动力蓄电池有长期稳定的需求，按单站电池容量需求约30kW·h（相当于1辆新能源汽车约62kW·h动力蓄电池退役后的可梯次利用容量）计算，仅该公司未来即可消纳近200万辆从新能源汽车退役的动力蓄电池。

作为我国重点动力蓄电池梯次回收利用试点企业，中国铁塔已提出逐渐使用梯次"再造"电池，加快探索提高安全及经济性的应用方案。2019年中国铁塔就在全国12个省（市）的3000多个基站开展了用退役动力蓄电池替代现有铅酸蓄电池的试验，在削峰填谷、基站备电、微电网等不同工况下，初步得出了梯次利用锂离子蓄电池在循环寿命、能量密度、高温性能放电特性等方面的各项性能指标均优于铅酸蓄电池，技术上完全能满足运行要求，未出现安全问题的结论。

云南某基站的试点结果显示，该站梯次利用电池的年使用成本只有铅酸蓄电池的31.4%，反映了梯次利用退役动力蓄电池的经济效益优势。通信基站储能电池的需求特点是梯次利用退役动力蓄电池的安全性风险相对较低，在一致性、充放电安全、能量密度等方面的要求相对宽松。单座基站需要的备用电池一般是30kW·h，接近新能源汽车动力蓄电池退役后的可用容量，只需用同一辆车退役的动力蓄电池"再造"即可，降低了用不同车源电池导致电池一致性差的风险和问题。基站一般不采用高电压、大电流的方式对电池充电，降低了电池在充电过程中发生爆炸燃烧的概率。

此外，通信基站与充电站的环境类似，相对空旷，对电池能量密度的要求不高。中国铁塔通过已有的试点实践，提出了通信基站梯次利用电池应遵循小模块、低电压、小电流、非移动、高冗余等原则，以及电池选型要适当，应尽量采取在同一站点内优先选用同初始标称容量、同厂家、同规格的梯次利用电池。对确有不同容量、不同厂家的梯次利用电池混用需求的，采用电池共用管理器等措施，最大限度地消减安全性风险。中国铁塔已达成合作意向的车企选择显示，退役磷酸铁锂电池也是后续梯次利用的一个重要方向。通信基站储能如图6-74所示。

图 6-74　通信基站储能

通信基站基于安全方面的考虑，对电池材料进行了限制，仅使用磷酸铁锂电池。电池分为分立式和集成式两种，两者的区别在于电池模块与电池管理系统是否集成为一体。废旧动力蓄电池在这两种形式的电源中均能实现梯次利用，对比《通信用磷酸铁锂电池组 第 1 部分：集成式电池组》（YD/T 2344.1—2011）和《通信用磷酸铁锂电池组 第 2 部分：分立式电池组》（YD/T 2344.2—2015）这两份电源相关标准可以看出，两种电池仅在循环寿命的要求上存在较大差异，其他指标要求几乎相同。通信用磷酸铁锂电池组的标准见表 6-26。

表 6-26　通信用磷酸铁锂电池组的标准

参数名称	集成式	分立式
额定容量/(A·h)	5、10、20、30、40、50、60、80、100	50、100、150、200、300
标称电压/V	48	48
标称电压/V	3.2	3.2
循环寿命	不少于 1000 次	25℃试验条件下，无电池管理系统时，电池组的循环寿命不低于 700 次；有电池管理系统时，循环寿命不低于 850 次。40℃试验条件下，无电池管理系统时，电池组循环寿命不低于 600 次；有电池管理系统时，电池组循环寿命不低于 700 次

通过对比车用动力蓄电池和通信基站备用电源的试验内容及方法，不难发现，车用动力蓄电池退役后，如果仅是剩余容量发生了变化，其他性能衰退不严重的情况下，只需容量保持率、电池组一致性、深度放电等重点指标通过相关检测后就能在通信基站备用电源领域应用。车用和基站用电池的标准及试验方法对比见表 6-27。

表 6-27　车用和基站用电池的标准及试验方法对比

检测项	标准要求	试验方法
外观、极性、高温放电容量	基本相同	基本相同
抗挤压	基本相同	车用严于基站
室温放电容量、循环寿命	车用严于基站	基本相同
低温放电容量、抗重物冲击、抗热冲击	车用严于基站	车用严于基站
容量保持率	基站严于车用	基本相同
电池组一致性、深度放电、电池管理系统要求、保护与报警功能等	基站独有	需按照基站标准的试验方法测试并满足要求

作为国内通信基站的引领者，中国铁塔于 2020 年底宣布将停止采购铅酸蓄电池，统一采购梯次利用锂离子蓄电池。中国铁塔系统将铅酸蓄电池换为锂离子蓄电池的过程已经开始启动。因为磷酸铁锂电池具备低生产成本、高循环次数的优点，尤其适用通信市场作为基站备用电源。

中国铁塔根据电价水平和电网负荷情况快速响应，在电价高峰时段和用电高峰等发电厂高负荷运转时段，利用梯次利用锂离子蓄电池为基站供电。受益于存量基站的更新换代、5G 基站大规模普及带来的通信储能的广阔市场空间，以及电力储能在发电侧、电网侧、用户侧的快速商业化，锂离子蓄电池储能市场发展迅速。

目前，中国铁塔采购梯次利用锂离子蓄电池主要有以下 3 种模式。

（1）重新组装 将回收的退役锂离子蓄电池包拆散，对每颗锂电芯进行剩余容量等性能评估，根据测试结果将容量相当的锂离子蓄电池重新成组组装，制作成标准的 48V 通信基站模组。这个工作主要由锂离子蓄电池厂和模组厂两类企业承担，尤其以后者居多。2019年，中国铁塔合作的电池厂及模组厂约达 20 家。由于国内锂离子蓄电池的尺寸不一、型号多样，这类模式电池包的组装要达到中国铁塔梯次利用的场景要求，对电池管理系统的技术要求较高。

（2）直接组合电池模块 由于各家整车厂细分市场、车型的不同，锂离子蓄电池及模组厂对电池包的容量、大小等均有订制化的设计。一般来说，电池模块主要分为 4 节、8节、12 节 3 种类型。在锂离子蓄电池一致性较高的前提下，锂离子蓄电池厂或模组厂会根据电池模块的类型进行直接组合，如 8+8、12+4、4+4+4 等。目前，这种模式以比亚迪为主导，除了自己承担部分模组，比亚迪也会释放一部分锂离子蓄电池至市场，由其他模组厂采购、消纳、成组售卖，中国铁塔也是顾客之一。

（3）整包使用 在采购退役锂离子蓄电池包后直接使用，不再拆散重组。目前，这种模式还停留在试点摸索阶段。阻碍的原因在于：锂离子蓄电池包的生命周期经济性未能准确判定，基于使用寿命和更换维护成本的考量，中国铁塔在该模式上还比较谨慎。一般而言，如果退役电池包的使用寿命可长达 5 年，对于中国铁塔来说，在现有梯次利用电池包 0.68元/（W·h）的成组价格下，具备经济可行性。但是如果只能使用 1~2 年，与铅酸蓄电池相比，梯次利用电池包的经济性并不占据优势，同时考虑到更换、维护等成本，这都会影响到整包使用模式的普及。目前，前两种模式已经得到批量应用，第三种模式中国铁塔也在摸索中。

中国铁塔拥有遍布全国的移动通信基站，因此对梯次利用电池有专业化的维护力量，而且还建立了"无线互联网+物联网"的监控平台，可实现对所有接入设备"可视、可管、可控"，以确保梯次利用电池的稳定运行和安全可靠。未来，中国铁塔将在储能应用、移动发电等领域不断拓展创新商业模式，持续提升价值创造能力。

四、电动工具

2018 年，电动工具市场锂离子蓄电池已基本完成了对镍镉电池、镍氢电池等其他二次电池的替代，随着电动工具的发展呈现小型化、轻型化、无绳化的趋势，锂离子蓄电池在电动工具领域中的发展非常迅速。

电动工具是指用手握持操作，以小功率电动机或电磁铁作为动力，通过传动机构来驱动作业工作头的工具。按照动力类型分类，电动工具可以分为传统电力式（有绳）和充电式（无绳）两类。2010 年之前，有绳电动工具因生产工艺和技术成熟、成本低廉等特点一直占据市场的主导地位，而无绳电动工具的市场虽起步相对较晚，但随着下游对小型化、便捷化的需求，并且电池成本逐渐降低，发展越来越快。2011 年，无绳电动工具的产量约占整个电动工具的 30%，到 2018 年已接近 50%。

1. 移动充电车

移动充电车不仅具有高度灵活性，可以弥补固定充电桩的应用短板，而且利用峰谷电价差也可获得巨大的经济效益，因此逐渐成为市场热点。从 2015 年开始，我国出现了专门提供移动充电的运营服务商。2018 年，英国石油公司（BP）向美国电动汽车车用移动式快速充电系统制造商 FreeWire 投资 500 万美元。我国则在 2018 年第 310 批新车型公告中，公布了根据移动充电要求，纯电动电源车随即出现，如图 6-75 所示。

图 6-75　纯电动电源车

此前，常见的移动充电设施有两种：一种是手推、牵引或车载式的充电宝，另一种是配备储能电池或柴油发电机的移动补电车。这种新型应急电源车，与上述两种移动充电设施相比更加高效、安全，但目前全部容量均采用新电池，成本高、售价高，市场需求激增但接受度不高。如果采用退役动力蓄电池作为储能备用电源，则可大幅降低成本，提高市场竞争力。以图 6-75 所示车型为例，现搭载了 218kW·h 磷酸铁锂新电池，其中一半容量（109kW·h）为储能电池，若使用同类梯次利用电池，整车成本可下降 25% 以上。

移动充电车一般只提供快充服务，其本身的安全风险较高，包括在给其他电动汽车充电时、从电网充电的过程，以及行驶中的安全问题都非常突出，尤其是后两种情况。移动充电车携带的锂离子蓄电池容量大，在接受充电过程中的安全要求较高，充电时需要高功率充电桩，若电压没有严格把控，易因过充、过热而使产品的安全性受到严重影响。此外，对大容量电池包的管理和新旧电池间一致性的保持也是难点，在行驶中要避免易引发安全事故的滥用。

2. 自动导引车

自动导引车（Automated Guided Vehicle，AGV）（见图 6-76）指装备有电磁或光学等自动导引装置，能够沿规定的导引路径行驶，具有安全保护及各种移载功能的运输车，常用作工业应用中不需驾驶员的搬运车。AGV 以蓄电池为动力来源，可通过计算机来控制其行进路径及行为，或利用电磁轨道跟踪系统（Electromagnetic Path-following System）来设立其行进路径（电磁轨道跟踪系统一般粘贴于地板上）。无人搬运车则依靠电磁轨道跟踪系统所带来的信息进行移动与动

图 6-76　AGV

作。AGV 的工况特点：固定路线、浅充浅放、使用条件温和。目前，AGV 使用的电池通常仍是铅酸蓄电池，若改用退役的动力蓄电池可提升其工作性能。因此，可用梯次利用动力蓄电池替换原有的铅酸蓄电池。AGV 用铅酸蓄电池和梯次利用锂离子蓄电池的性能对比见表 6-28。

表 6-28　AGV 用铅酸蓄电池和梯次利用锂离子蓄电池的性能对比

参数名称	铅酸蓄电池	梯次利用锂离子蓄电池
电压/V	12、24、48	48
额定容量/(A·h)	100	10~300
使用温度/℃	10~25	−20~60
活环寿命/次	300	≥500

五、电池梯次利用维护

与常规动力蓄电池系统相比，梯次利用电池系统面临的维护工作更加困难，需要研究高效的梯次利用电池系统维护方法，主要体现是维护电池间的一致性。动力蓄电池退役后应用于储能系统，与传统新电池储能电站相比，电池一致性发散的问题更为突出。在梯次利用电池储能电站中，通常由大量电池模块组成的梯次利用电池储能系统来进行工作，每个电池模块由多个单体蓄电池串联组成。由于当前的电动汽车的行驶工况、养护情况差别较大，退役后的动力蓄电池性能参差不齐，电池从电动汽车退役到储能应用，还面临很多技术问题。

有研究抽样检测了纯电动公交车退役电池模块的剩余容量、欧姆内阻等参数，并分析了欧姆内阻的不一致性和 SOC 使用区间的不一致性对容量的影响。结果发现，被测试退役动力蓄电池在循环过程中，欧姆内阻没有明显增大的趋势，容量的衰退主要由单体蓄电池容量的不一致性导致。各单体蓄电池的 SOC 使用区间变化较大，尤其是高端 SOC 区间容量利用率随着循环次数的增加逐渐降低，影响了电池模块的可用容量，这也是维护中要重点关注的部分。

要实现电池 SOC 的实时监控，除了电池管理系统的技术进步外，还可以通过给梯次利用电池加装监控设备来提高安全性。利用监控设备对梯次利用电池进行全时监控，一旦出现异常状况则进行报警，可以防止事故的扩大。单体蓄电池的梯次利用容量一致性的检测过程复杂、耗时过长、成本过高。目前，一些企业为节省成本，倾向模块利用或整包利用，即给电池模块或整包进行均衡并添加监控设施，集中放置在集装箱里，进行分布式储能或者集中储能。

例如，冀北电力公司在重点科技项目"基于衰退特征的梯次利用电池储能单元运行维护技术"中，研究了在不同储能工况下梯次利用电池的衰退规律，构建了考虑模块分散性能的多级串并联储能单元充放电模型，分析了电池模块外特性关键参数对其健康状态的影响，建立了梯次利用储能系统评估体系，研发了梯次利用电池储能单元智能综合检测设备。目前，此方法已在风光储梯次利用储能电站进行了示范应用，实现了梯次利用储能单元健康状态的离线评估，提高了梯次利用电池的运行维护水平。

1. 梯次利用电池的使用注意事项

（1）避免碰撞破损　在不同使用场景中，梯次利用电池模块如果发生碰撞事故，必须要及时检查电池组的损坏程度，否则电池组很可能因为碰撞发生变形，而导致内部短路，最终引起局部过热引发车辆自燃。一旦产生破损，不建议继续使用，应及时更换。

（2）避免内部进水　尽量避免电池包进水，虽然电池包也有一定的防水能力，现在我国一般要求达到 IP67 的防水等级，该等级不保证完全不会进水。在清洁电动工具时，最好不要把高压水枪直接对着动力蓄电池进行清洗，在压力差的作用下，动力蓄电池更可能因为个别部件密封不严而进水短路。

（3）避免环境温度过高或过低　应避免在温度超过 60℃ 的环境下使用梯次利用电池，温度过高会使动力蓄电池及控制系统的散热出现问题，从而导致系统报故障码，严重时会导致电路短路，有引发火灾的风险。很多电动汽车自燃就是因为热管理系统做得不到位或使用时出现了一定的失误。而当环境温度低于 -5℃ 时，需停止给电池包/车辆充电。电池都是有正常的充放电工作温度的，温度过低，电池会自我保护，不能进行充电。

（4）避免长期存放　尽量避免长时间存放梯次利用电池包，因为长时间存放会使动力蓄电池因长期充电不足而降低使用寿命。如果长期存放，电池包必须安全断电。车辆的小电池（也就是 12V 的电池）必须断开，因为断开小电池，也就断开了动力蓄电池的控制电路，这样动力蓄电池的电就不会释放出来了。但是如果长期不使用，建议断开动力蓄电池的维修开关，这样动力蓄电池内部就会断开，不会造成电量损耗，也保证了电池的安全性。

（5）避免过度放电　在日常使用梯次利用电池时，应该多注意仪表的电池电量显示。最好不要等动力蓄电池亏电后再去充电，因为过度放电会极大程度地影响动力蓄电池的使用寿命。

（6）避免电池自身过热　应经常检查梯次利用电池的过热保护装置。当出现动力蓄电池过热报警时，切记要对动力蓄电池进行充分散热。如果动力蓄电池出现过热报警后依然工作，很可能造成过热甚至自燃。

2. 动力蓄电池存放场地条件

一般电池内部均存在自放电现象（俗称"跑电"），电池的存放时间及存放环境，特别是温度对其有较大影响。通常，存放时间越长、温度越高，电池"跑电"就越多；温度高、湿度大，还会使电池的导电触头生锈而不易使用，且也会增加电池的"跑电"。因此，动力蓄电池存放区应清洁、凉爽、通风，温度应为 10~30℃，一般不应超过 40℃，相对湿度一般不大于 65% 为宜；存放时间不宜过长，存放时应排列整齐，切勿正、负极相连，以免造成电池的短路。

任务实施 ▶

一、任务准备

1. 进行任务分组，每 5~8 个人为一组。
2. 选出小组长，进行任务分工，查阅相关资料，对市场进行调查。

二、实施步骤（表 6-29）

表 6-29　实施步骤

步骤	实 施 内 容	结　果	是否完成
1	调查电池梯次利用应用场合		是□　否□
2	了解快速充电桩和微电网辅助服务		是□　否□
3	通过调查和查阅相关资料，了解通信基站对电池的要求		是□　否□
4	通过调查和查阅相关资料，了解电动工具对电池的要求		是□　否□
5	小组讨论梯次利用动力蓄电池时，需要注意的事项		是□　否□
6	对以下关于退役磷酸铁锂电池的特点的说法进行分析		是□　否□
	与铅酸蓄电池相比，退役磷酸铁锂电池的循环寿命更长	正确□　错误□　原因：	
	与铅酸蓄电池相比，退役磷酸铁锂电池的质量比能量更高	正确□　错误□　原因：	
	与铅酸蓄电池相比，退役磷酸铁锂电池的自放电率更低	正确□　错误□　原因：	
	与铅酸蓄电池相比，退役磷酸铁锂电池的单体标准电压更低	正确□　错误□　原因：	
7	查阅相关资料，分小组进行讨论，了解快递电动三轮车对动力蓄电池的要求	具体要求：	是□　否□
8	对比车用和基站用电池的标准及试验方法，分小组进行讨论并分析以下说法		是□　否□
	对于抗挤压标准，车用标准严于基站标准	正确□　错误□　原因：	
	对于循环寿命的要求，车用标准严于基站标准	正确□　错误□　原因：	
	两种标准对于高温放电容量的要求基本相同	正确□　错误□　原因：	
	对电池组一致性的要求为基站独有	正确□　错误□　原因：	
9	根据已经学习的内容，分小组进行讨论，说说梯次利用电池的使用注意事项	注意事项：	是□　否□

▷▷▷ ▶▶▶ 项目七

废旧失效电池
资源化利用

任务一 废旧失效电池处理要求

学习目标 ▶

➢ **知识目标**

1. 了解废旧失效电池的收集、贮存与运输要求。
2. 了解废旧失效电池处理的基本要求。
3. 了解废旧失效电池处理的三废排放要求。

➢ **技能目标**

1. 具备正确说出废旧失效电池的收集、贮存与运输要求的能力。
2. 具备正确说出废旧失效电池处理基本要点的能力。
3. 具备正确描述废旧失效电池处理的三废排放要求的能力。

➢ **素养目标**

1. 了解废旧失效电池处理要求，培养作业安全意识。
2. 通过了解生活中常见失效电池的处理方法，树立保护环境、人人有责的理念。
3. 宣传回收废旧失效电池的理念，增强环保意识。
4. 感受人与自然和谐相处的重要性，增强环境忧患意识。
5. 通过了解三废排放要求，加强信息收集和加工能力。
6. 通过学习本任务，树立牢固的可持续发展观念。

任务导入 ▶

科技改变生活，传统的 5 号（AA）电池、7 号电池等在生活中已很常见。但废旧失效电池若被大量丢弃于环境中，其中的酸、碱电解液会使土壤和水系酸性化或碱性化；而汞、镉等重金属进入人类的食物链，会导致人体致畸或致变，严重的甚至导致死亡。保护大自然，人人有责，我们应该合理地处理好废旧垃圾。那么，废旧失效电池的处理要求有哪些呢？

相关知识 ►

一、废旧失效电池的收集、贮存与运输要求

1. 收集要求

1）在具备资源化利用条件的地区，鼓励分类收集废旧失效电池。

2）禁止在收集点进行废旧铅酸蓄电池的电解液排空工作。

3）收集过程中禁止去除电池原有的编码、铭牌、标签、标志等。

4）鼓励电池生产企业、废旧电池收集企业及利用企业等建设废旧电池收集体系，鼓励电池生产企业履行生产者延伸责任。

5）鼓励废旧电池收集企业应用"物联网+"等信息化技术建立废旧电池收集体系，并通过信息公开等手段促进废旧电池的高效回收，如图7-1所示。

6）废旧电池收集企业应设立具有显著标志的废旧电池分类收集设施，鼓励消费者将废旧电池送到相应的废旧电池收集网点装置中，如图7-2所示。

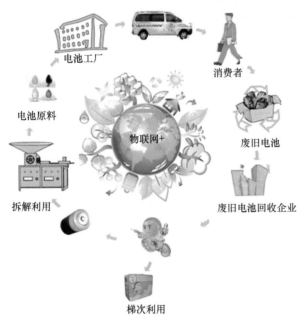

图 7-1 "物联网+"废旧电池收集体系

图 7-2 废旧电池收集设施

7）收集过程中应保持废旧电池的结构和外形完整，严禁私自毁坏废旧电池，已破损的废旧电池应单独存放。

8）应对收集到的废旧电池的模块或电池包进行余能检测，评估残余容量，将可梯次利用的废旧电池与不可梯次利用的废旧电池分开。

2. 贮存要求

1）废旧电池应分类贮存，破损的废旧电池应单独贮存。贮存场所应定期清理、清运。

2）暂时贮存废旧电池的场所应具有独立的集中场地和足够的贮存空间，贮存量不应超过 10t。

3）集中贮存场所应选择在城市工业地块内，并符合当地环境保护和区域发展规划。新建的集中贮存场所建设项目应通过环境影响评价。贮存规模应与贮存场所的容量相匹配，贮存场所的面积应不小于 $500m^2$。废旧电池的贮存时间不应超过 1 年。

4）暂时贮存场所和集中贮存场所均应具备防雨防汛功能，且地面干燥、防积水。污染控制应符合 GB 18599—2020 相关要求。

5）贮存场所应按 GB 50016—2014 和 GB 50140—2005 的要求设置消防安全设施，并按照 GB 2894—2008 和 GB 15630—1995 的要求设立消防安全和警示标志。

6）废旧电池应存放在封闭或半封闭且通风良好的环境中，不应露天堆放。废旧电池堆放应保持一定距离，并远离易燃、易爆等危险品仓库及高压输电线防护区域，如图 7-3 所示。

图 7-3　禁止在易燃、易爆和高压地区存放废电池

7）漏电的废旧电池应先进行绝缘等防护处理后再放置于绝缘、防火、隔热的容器中。

8）废旧锂离子蓄电池贮存前应进行安全性检测，避光贮存，并应控制贮存场所的环境温度，以免高温自燃等引起的安全与环境风险。

3. 运输要求

1）废旧电池应采取有效的包装措施，防止运输过程中有毒有害物质泄漏造成污染。

2）废旧锂离子蓄电池运输前应采取预放电、独立包装等措施，防止撞击或短路发生爆炸等引起的环境风险。

3）禁止在运输过程中擅自倾倒和丢弃废旧电池。

4）运输过程中，不同种类的废旧电池应带有相应的包装，防止出现暴晒、机械磨损、雨淋、泄漏、遗撒等现象。

5）运输可梯次利用的废旧电池包或电池模块时，宜使用周转托盘；散装的软包电池、圆柱形电池、纽扣形电池应使用周转箱运输，如图 7-4 所示。

6）废旧铅酸蓄电池必须按危险废物运输规范进行运输，运输过程中的主要问题是电解液渗漏。为了避免电解液从废旧铅酸蓄电池中漏出，运输过程中应采取相应的预防措施，并制定事故情况下应采

图 7-4　塑料周转箱和托盘

取的应急预案。无论采取什么运输方式，如汽车、船、火车等，废旧铅酸蓄电池必须在密封容器中运输，以防发生电解液泄漏事故。

二、废旧失效电池处理的基本要求

根据我国的《废电池污染防治技术政策》，废旧电池的收集重点是镉镍电池、氢镍电池、锂离子蓄电池、铅酸蓄电池等废弃的可充电电池和氧化银电池等废弃的纽扣形一次电池（汞含量较高）。电瓶车电池、废弃手机电池、纽扣形电池分别属于锂离子蓄电池、铅酸蓄电池和一次电池。在缺乏有效回收的技术经济条件下，不鼓励集中收集已达到国家低汞或无汞要求的废旧一次电池。现阶段，纳入危险废物进行管理的废旧电池主要包括废镉镍电池和废铅酸蓄电池。对于一次电池、锂离子蓄电池、镍氢电池等，因环境风险相对较小，未纳入危险废物进行管理，如图 7-5 所示。废旧电池处理的基本要求如下。

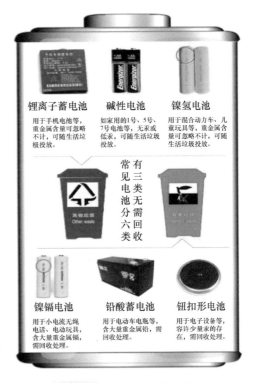

图 7-5　常见电池回收分类

1）禁止人工、露天拆解和破碎废旧电池。

2）应根据废旧电池的特性选择干法冶炼、湿法冶金等技术利用废旧电池。干法冶炼应在负压设施中进行，严格控制处理工序中的废气无组织排放。

3）处理废旧锂离子蓄电池前应进行放电，宜在低温条件下拆解以防止电解液挥发。鼓励采用酸碱溶解-沉淀、高效萃取、分步沉淀等技术回收有价金属。对利用过程中产生的高浓度氨氮废水，鼓励采用精馏、膜处理等技术处理并回用。

4）处理废旧含汞电池时，鼓励采用分段控制的真空蒸馏等技术回收汞。

5）废旧锌锰电池和废旧镉镍电池应在密闭装置中破碎。

6）干法冶炼时，应采用吸附、布袋除尘等技术处理废气。

7）湿法冶金时，提取有价金属产生的废水宜采用膜分离法、功能材料吸附法等处理技术。

8）废旧铅酸蓄电池利用企业的废水、废气排放应执行《再生铜、铝、铅、锌工业污染物排放标准》（GB 31574—2015）。其他废旧电池利用企业的废气排放应执行《危险废物焚烧污染控制标准》（GB 18484—2020），废水排放应当满足《污水综合排放标准》（GB 8978—1996）和其他相应标准的要求。

9）处理废旧铅酸蓄电池时采用的污染防治技术应满足《铅蓄电池生产及再生污染防治技术政策》的要求。

10）应避免废旧电池进入生活垃圾焚烧装置或堆肥发酵装置。

11）对于已经收集的、目前还没有经济、有效的手段进行利用的废旧电池，宜分区分类填埋，以便将来利用。在对废旧电池进行填埋处置前和处置过程中，不应对废旧电池进行拆解、碾压及其他破碎操作，应保证废旧电池的外壳完整，减少并防止有害物质渗出。

12）鼓励研发的新技术主要包括：废旧电池高附加值和全组分利用技术；智能化废旧电池拆解、破碎、分选等技术；自动化、高效率和高安全性的废旧新能源汽车动力蓄电池的模块分离、定向循环利用和逆向拆解技术；废旧锂离子蓄电池隔膜、电极材料的利用技术和电解液的膜分离技术。

三、废旧电池处理的三废排放要求

1. 铅酸蓄电池的三废排放要求

（1）大气污染控制

1）对于铅回收企业的所有工序排放出来的粉尘，应经过收集和处理后排放。

2）对于粉尘，可根据污染治理程度的要求，采用布袋除尘器（见图7-6）、静电除尘器、旋风除尘器、陶瓷过滤器或湿式除尘器。收集好的粉尘可以直接返回铅回收生产系统。

3）对于 SO_2 的消除，可采用干式、半干式、半湿和湿式等方法，采用先进、成熟的脱硫技术和设备进行。

4）铅回收企业的废气排放应按照 GB 16297—1996、GB 9078—1996 的排放限值执行。

（2）酸性电解液和溢出液的污染控制

1）若采用中和处理，应达到中和渣无害化。

图 7-6　布袋除尘器

2）铅回收企业应有污水处理站，用来处理流出回收厂的污水、雨水、废旧铅酸蓄电池仓库的溢出液等。未经处理的电解液不得直接排放。再生厂排放废水应当满足 GB 8978 和相关标准的要求。

（3）残渣污染控制

1）铅回收企业产生的冶炼残渣、废气净化灰渣、废水处理污泥、分选残余物应按照危险废物进行管理，可送危险废物安全填埋场进行处置。

2）禁止将资源再生过程中产生的残渣等危险废物任意堆放或填埋。

2. 锂离子蓄电池的三废排放要求

（1）废气污染控制

1）废旧锂离子蓄电池拆解、破碎、分选工序，以及湿法工艺浸出、分离、提纯和化合物制备工序的废气排放应符合 GB 16297—1996 的规定；挥发性有机物的排放应符合 GB 37822—2019 的规定。监测因子包括二氧化硫、颗粒物、非甲烷总烃、氟化物、镍及其化合物、硫酸雾、氯化氢等。

2）废旧锂离子蓄电池焙烧工序和火法工艺冶炼工序的废气排放应符合 GB 9078—1996 的规定，其中镍及其化合物、非甲烷总烃的排放限值，应参照 GB 16297—1996 的规定执行；挥发性有机物的排放应符合 GB 37822—2019 的规定。

3）废旧锂离子蓄电池焙烧、破碎、分选工序，以及火法工艺冶炼工序的钴及其化合物排放限值，应参照 GB 31573—2015 的规定执行。

4）废旧锂离子蓄电池焙烧工序和火法工艺冶炼工序产生的二噁英类排放限值应参照 GB 18484—2020 的规定执行。

5）废旧锂离子蓄电池处理过程中，电极材料粉料应采用管道或其他防泄漏、防遗撒的措施输送，生产车间产生的废气应在收集后导入废气集中处理设施。

（2）废水污染控制

1）废旧锂离子蓄电池处理企业应建有废水收集处理设施，用于收集处理生产废水和初期雨水等。

2）废旧锂离子蓄电池处理企业废水总排放口、车间或生产设施废水排放口的污染物排放浓度，应满足 GB 8978—1996 的要求。监测因子包括流量、pH 值、化学需氧量、五日生化需氧量、悬浮物、氨氮、氟化物、总铜、总锰、总镍、总锌、总磷等。

3）废旧锂离子蓄电池处理企业废水总排放口总钴的排放限值应满足 GB 31573—2015 的要求。

4）采用湿法工艺的废旧锂离子蓄电池处理企业，车间生产废水应单独收集处理或回用，一类污染物总镍排放浓度应符合 GB 8978—1996 的要求；不应将车间生产废水与其他废水直接混合进行处理。

5）废旧锂离子蓄电池处理企业的厂内废水收集输送应雨污分流，生产区内的初期雨水应单独收集并进行处理。

（3）固体废物污染控制

1）废旧锂离子蓄电池处理企业应按照 GB 18597—2001 和 GB 18599—2020 设置危险废物贮存区和一般工业固体废物贮存区等，不应露天贮存废旧锂离子蓄电池及其处理产物。

2）废旧锂离子蓄电池处理企业产生的废电路板、废塑料、废金属、废冷却液、火法工艺残渣、废活性炭、废气净化灰渣、生产废水处理污泥等固体废物，应分类收集、贮存、利用处置；属于危险废物且需要委托外单位利用处置的，应交由具有相应资质的企业利用处置。

3）破碎、分选除尘工艺收集的颗粒物，应返回材料回收设施提取金属组分。

任务实施 ▶

一、任务准备

1. 进行任务分组，每 5~8 个人为一组。

2. 选出小组长，进行任务分工，查阅相关资料，最好能对市场及相关企业进行调查。

二、实施步骤

步骤1：分小组进行讨论和查阅相关资料，了解更加详细的废旧电池收集、贮存、运输的要求，并完成表7-1。

表7-1　废旧电池收集、贮存、运输的具体要求

序号	内　容	具　体　要　求	备　注
1	收集要求		
2	贮存要求		
3	运输要求		

步骤2：分小组讨论"应当在收集点集中进行废旧铅酸蓄电池中的电解液排空工作。"这句话的正确性，并说说为什么。

步骤3：分小组讨论"收集过程中应保持废旧电池的结构和外形完整，严禁私自毁坏废旧电池，已破损的废旧电池应单独存放。"这句话的正确性，并说说为什么。

步骤4：查阅相关资料，了解废旧电池的收集重点是什么。

步骤5：关于废旧电池处理的基本要求。分小组讨论以下说法的正误，并解析为什么。

1）禁止人工、露天拆解和破碎废旧电池。　　　　　　　　　　　　　　　　　　　（　　）

2）废旧锂离子蓄电池利用前应进行放电处理，宜在低温条件下拆解以防止电解液挥发。

　　　　　　　　　　　　　　　　　　　　　　　　　　　　　　　　　　　　　（　　）

3）对于已经收集的、目前还没有经济有效手段进行利用的废旧电池，应送入生活垃圾焚烧装置或堆肥发酵装置。　　　　　　　　　　　　　　　　　　　　　　　　　　（　　）

4）废旧含汞电池利用时，鼓励采用分段控制的真空蒸馏等技术回收汞。　　　　　（　　）

任务二　废旧失效电池处理

学习目标 ▶

➤ **知识目标**

1. 了解电池电芯的分解方法。
2. 了解电池材料的分类方法。
3. 了解电解液的处理方法。
4. 了解极片的处理方法。

➤ **技能目标**

1. 具备阐述电池电芯拆解流程的能力。
2. 具备运用电池材料的分类方法对电池进行分类的能力。
3. 具备清楚阐述电解液的处理工艺的能力。
4. 具备清楚阐述极片的处理流程的能力。

> ▶ **素养目标**

1. 通过学习电池分类方法，培养逻辑思维能力。
2. 通过了解电池拆解的各种设备，提升职业认知能力。
3. 通过国内企业赛得美的案例，培养科技创新能力。
4. 通过学习本任务，树立资源循环利用的可持续发展观。
5. 通过学习本任务，培养绿色低碳生活理念。
6. 通过了解电解液的处理方法，增强环境保护意识。

任务导入 ▶

锂离子蓄电池是目前电动车上最常用的电池种类之一。锂离子蓄电池的使用具有一定的生命周期，即使进行梯次利用，最终也要报废。锂离子蓄电池由壳体、正极（铝基片）、负极（石墨与铜基片）、电解液和隔膜等组成。如不进行拆解及分选，则无法回收废旧电池中的有价材料及成分，也会污染环境，因此废旧电池处理技术非常重要。那么，废旧电池该如何处理呢？

相关知识 ▶

一、电池材料的分类方法

在对单体蓄电池进行拆解前，应先根据电池材料将电池进行合理分类，按照不同类别选择合适的拆解工艺进行正负极和电解液的回收和后续的三废处理。

扫码学习电池材料的分类方法

1. 根据电解质材料分类

1）碱性电池的电解质以 KOH 溶液为主，如碱性锌锰电池（俗称碱锰电池或碱性电池）、镍镉电池和镍氢电池等，还有以 NaOH 溶液为电解质的高温电池。

2）酸性电池的电解质以硫酸水溶液为主，如铅酸蓄电池、铅碳电池、超级电容器等。

3）中性电池的电解质为盐溶液，如锌锰电池和海水电池。

4）有机电解质电池的电解质为有机溶液，如锂离子蓄电池。锂离子蓄电池分为液体锂离子蓄电池（LIB）和聚合物锂离子蓄电池（PLB）。液体锂离子蓄电池使用液体电解质（目前用于动力锂电池）。电解液通常由高纯度的有机溶剂、电解质锂盐（六氟磷酸锂，$LiPF_6$）、必要的添加剂等原料，在一定条件下，按一定比例配制而成。常见的有机溶剂有醚（Ether）、烷基碳酸脂（Alkyl Carbonate）、内脂（Lactone）、缩酮（Ketal）等。聚合物锂离子蓄电池的电解质被固体聚合物电解质取代，这种电解质既可以是干的，也可以是胶态的，目前大多数是聚合物凝胶电解质。

2. 按外壳材料分类

根据外壳材料的不同，电池可以分为 3 类，分别是钢壳电池、铝壳电池和聚合物电池。

1）钢壳电池指外壳是钢材的电池，如图 7-7 所示。

2）铝壳电池指外壳是铝材质的电池，如图 7-8 所示。

图 7-7　钢壳电池

图 7-8　铝壳电池

3）聚合物电池的外壳是一种聚合物材料，大多是银色的，少数几家厂商做的是黑色，业内称为黑皮，如图 7-9 所示。

图 7-9　聚合物电池（左为银色电池，右为黑皮）

3. 按正负极材料

以所用正负极材料分类，电池可以分为锌系列电池、镍系列电池、铅系列电池和锂系列电池。

（1）锌系列电池　锌系列电池主要有锌锰电池和锌银电池等。锌锰电池由碳棒、锌皮组成，但是其内部有镉和水银，不利于环保，后续回收处理应注意重金属离子的污染问题。普通的锌银电池的正极是氧化汞加石墨，或氧化银加石墨，负极材料是金属锌，电解质是强碱氢氧化钾，外形如图 7-10 所示。

（2）镍系列电池　镍系列电池主要有镍镉电池和镍氢电池等。镍镉电池的正极活性物质主要由镍制成，负极活性物质主要由镉制成，是一种碱性蓄电池，如图 7-11 所示。镍氢电池的正极活性物质为 $Ni(OH)_2$（称为 NiO 电极），负极活性物质为金属氢化物（又称贮氢合金）。

（3）铅系列电池　铅系列电池主要有铅酸蓄电池等。铅酸蓄电池正极的主要成分为二氧化铅，负极的主要成分为铅，外形如图 7-12 所示。

图 7-10 锌银电池

图 7-11 镍镉电池

（4）锂系列电池 通常说得最多的锂系列电池是锂离子蓄电池。锂离子蓄电池主要根据正极材料的不同进行划分，有磷酸铁锂电池、锰酸锂电池、钴酸锂电池及三元锂电池（镍钴锰酸锂、镍钴铝酸锂）等，如图 7-13 所示。

图 7-12 铅酸蓄电池

图 7-13 锂离子蓄电池

二、电池电芯的拆解方法

1. 预处理

在拆解处理已经报废的单体蓄电池前，应先对外观合格的单体蓄电池进行开路电压及内阻检测，对开路电压及内阻不合格的单体蓄电池进行拆解；对开路电压及内阻合格的单体蓄电池进行自耗电测试，对自耗电大于设定值的单体蓄电池进行拆解；对开路电压及内阻合格的单体蓄电池进行容量测试，对容量小于预设值的单体蓄电池进行拆解；将外观、开路电压、内阻和容量接近的单体蓄电池分为同一级别，并组合成新的电池组。对外观不合格的单体蓄电池直接进行拆解。

扫码学习电芯的分解方法

2. 分解流程

单体蓄电池的拆解作业流程如图 7-14 所示，或按照企业制定的拆解作业指导书进行。

3. 分解方法

（1）电压检测 经过外接电路法或浸泡法放电的单体蓄电池，应满足拆解企业规定的安全电压。超过企业规定安全电压的单体蓄电池，应按照《车用动力电池回收利用再生利用 第3部分：放电规范》（GB/T 33598.3—2021）和《废电池化学放电技术规范》（HG/T 5815—2020）规定的要求进行再次放电。

（2）电池分类

1）拆解前应采集单体蓄电池的型号、质量等信息。

2）根据单体蓄电池的结构类型、形态和可利用价值，将单体蓄电池分为 3 类：外形完好、结构完整的方形或软包单体蓄电池；丧失充放电能力、漏电、漏液或外形存在瑕疵的方形或软包单体蓄电池；圆柱形单体蓄电池。

（3）拆解

1）根据单体蓄电池的分类结果，选择适宜的拆解后续作业流程，以及配套的拆解设备设施。

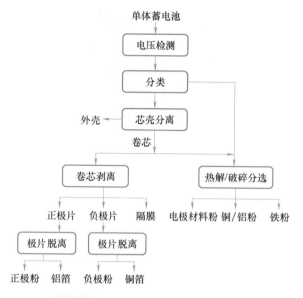

图 7-14　单体蓄电池的拆解作业流程

2）a 类单体蓄电池宜通过固定、切割和分离等操作进行芯壳分离，得到完整的卷芯和外壳，同步收集电解液和废气。单体蓄电池芯壳分离时的卷芯脱出率不宜低于 97%。

3）宜通过反卷等方式进行卷芯剥离，将正极片、负极片和隔膜进行分离。

4）宜对得到的极片进行极片脱离，得到活性物质和集流体。正极片中活性物质的脱离率不宜低于 98%。

5）拆解中的热解/破碎分选工艺，应按《废电池回收热解技术规范》（HG/T 5816—2020）和《废旧电池破碎分选回收技术规范》（YS/T 1174—2017）规定的要求执行。

6）b 类、c 类单体蓄电池或由步骤 2）得到的卷芯经热解/破碎分选得到电极材料粉，电极材料粉中正极活性物质的综合回收率应不低于 98%，铜、铝杂质含量应不高于 1%。

（4）拆解方式　目前，我国大部分废旧电池回收企业对动力蓄电池的拆解还是停留在人工拆解或半自动化阶段，主要拆解方式有 3 种。

1）全自动化拆解：目前，业界对全自动电池拆解流程的研究如图 7-15 所示，主要包括放电、上料、切割、取芯、卸料，部分拆解装备设有安全、环保系统。

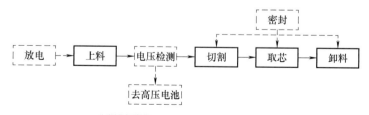

图 7-15　全自动电池拆解流程

专注于电池综合回收的新型企业赛德美自主研发了一套国内领先的全自动拆解生产线，如图 7-16 所示。单体蓄电池进入拆解生产线后，经过破碎、过筛、煅烧等工艺，可被彻底地"吃干榨净"：得到电池外壳的铜箔、铝箔等有色金属材料，分选出塑料膜制成的电池隔膜，将电池的正极、负极破碎成正极粉和负极粉，如图 7-17 所示。废电解液交由有资质的专业危废公司处置。

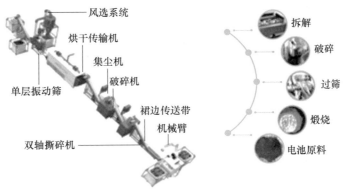

图 7-16　赛德美的电池柔性兼容拆解生产线

图 7-17　废电池筛选产物

2）半自动化拆解：人工拆解新能源汽车用动力型锂离子蓄电池的外壳，取出新能源汽车用动力型锂离子蓄电池内的单体蓄电池，对单体蓄电池进行剩余电量检测。未充分放电的单体蓄电池需要在充放电设备上进行充分自放电；将自放电完毕的单体蓄电池晾干后，放入破碎机内进行破碎；破碎物进一步粉碎后过筛，筛下物即为正负极材料和黏结剂的混合物，筛上物为单体蓄电池的外壳包装物、铝箔、铜箔与少量正负极材料混合物；将筛上物用摇床进行选矿分类，可将单体蓄电池的外壳包装物分离出去，即可回收得到铝箔、铜箔。其中，单体蓄电池的外壳包装物包括铝塑膜、铝壳、钢壳等。图 7-18 是废旧磷酸铁锂电池破碎法拆解流程。

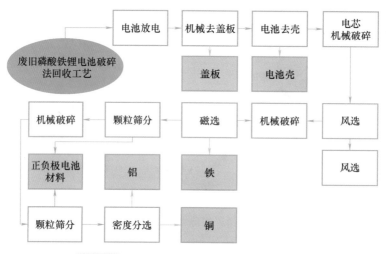

图 7-18　废旧磷酸铁锂电池破碎法拆解流程

3）人工拆解：图 7-19 为人工拆解具体流程。在进行拆解时，首先要将废旧电池通过物理放电或化学放电的方式进行完全放电。但是不管是物理放电还是化学放电，在放电结束，放置一段时间后，部分电池的电能转换依然存在，电压又会上升，在电池后续的处理过程中依然有可能引发安全事故。因此，需要将放电结束后的电池放在 60℃ 以下的烘干箱中继续放电 10h，然后人工对废旧电池的外壳进行拆解，从而得到电池的内芯，再由人工对电池包的隔膜、正极和负极进行拆解、分选，分选结果如图 7-20 所示。最后，对正极片进行进一步的分离处理，从而获取正极材料。

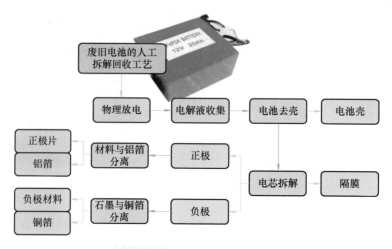

图 7-19　人工拆解具体流程

 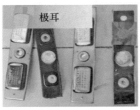  

图 7-20 电池拆解件

三、电解液的处理方法

1. 铅酸蓄电池电解液的处理方法

扫码学习电解
液的处理方法

铅酸蓄电池的电解液是硫酸。从废旧铅酸蓄电池中流出来的废酸，由适度斜坡设计的地沟收集到废酸集液池内，在集液池中沉淀重金属离子，经过滤后，滤渣与铅膏一同送铅冶炼。滤液（稀硫酸）作为副产品被送入废酸贮槽，贮存硫酸浓度约38%（凝固点为−10℃～−14℃），可作为副产品外售。

2. 镍氢电池电解液的处理方法

镍氢电池的电解液一般是氢氧化钠或氢氧化钾等强碱。废碱直接加用硫酸中和后，即可回收硫酸盐。

3. 锂离子蓄电池电解液的处理方法

锂离子蓄电池的电解液一般由锂盐、溶剂、添加剂混合而成。锂盐有高氯酸锂、六氟磷酸锂（$LiPF_6$）、四氟硼酸锂等，而六氟磷酸锂是商业化锂离子蓄电池电解液采用的主要锂盐。常用的溶剂有碳酸乙烯酯（EC）、碳酸二乙酯（DEC）、碳酸二甲酯（DMC）、碳酸甲乙酯（EMC）等。目前，锂离子蓄电池回收利用的大部分研究集中于有价金属的回收，而对电解液的回收与处理关注不够。数码类废旧锂离子蓄电池的电解液大多不回收，通常采用火法将其烧毁。而作为动力电源的锂离子蓄电池，其电解液占电池成本的15%左右，并且在潮湿的空气中，六氟磷酸锂会与水反应生成有害气体氟化氢。可见，有效地回收电解液不仅可以减少有害气体排放，还具有一定的经济效益。

（1）液氮条件下回收电解液 为了避免发生火灾和爆炸，可在液氮保护下，将废旧电池切开，取出活性物质。先将活性物质置于PC（聚碳酸酯）等溶剂中浸泡一段时间，以浸出电解质，然后在惰性气氛中过滤。PC的脱出速率最大，2h后可将电解质完全脱出。PC可重复使用多次。回收的电解质需根据情况进行纯化，回收六氟磷酸锂。

（2）高温热解挥发电解液 现阶段大多实验研究对电解液的重视不够，锂离子蓄电池通常采用高温热解或焙烧的方法处理，而电解液的热解温度较低（180℃左右），这会导致电解液在热解过程中自由分解，挥发出 HF、PF_5 等有毒气体。因此，在大规模锂离子蓄电池回收过程中，需要加大对尾气的二次处理。采用真空热解技术分离废旧锂离子蓄电池中的有机黏结剂和电解液，热解效率高，不会污染环境，但能耗高，收集物也无法进一步回收处理。

（3）碱溶液处理　采用稀碱水浸泡单体蓄电池进行放电处理时，电解液生成的氟化氢（HF）会发生如下反应：$HF+NaOH=NaF+H_2O$，再对电池进行粉碎处理。这种处理方法可以有效地减少 HF 的产生，但是不能实现含氟电解液的回收。加拿大的 Toxco Ine 对锂离子蓄电池电解液的处理比较具有特点：先使用低温球磨技术将锂离子蓄电池冷却到 $-198.3℃$，以降低电解液中各组分的相对活性，然后用 NaOH 溶液对电解液进行中和，从而实现对锂离子蓄电池电解液的回收处理。

（4）溶剂萃取法　液态的电解液分散吸附于电极和隔膜的空隙中，因此，可选择适当的溶剂［乙腈、N-甲基吡咯烷酮（NMP）］在 $T<50℃$ 的条件下浸出。先对浸出液进行减压蒸馏（$-50℃$）处理后，将固形物与溶剂分离后，再通过减压蒸馏回收循环利用溶剂，剩余的则是纯电解质。减压蒸馏的溶剂，沸点应低于电解质锂盐的分解温度（约 $80℃$），并且应当是无水操作。这种方法可以以经济环保的手段获取电解液最大的回收价值。

最新的超临界二氧化碳萃取法是在溶剂萃取法的基础上实现的。因为超临界二氧化碳对某些特殊天然产物具有特殊溶解作用，可以利用压力和温度提高超临界二氧化碳的溶解能力，使被萃取物质完全或基本析出，从而达到分离提纯的目的，如图 7-21 所示。

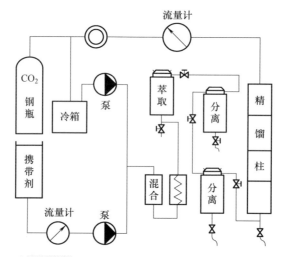

图 7-21　超临界二氧化碳萃取法的基本流程

四、极片的处理方法

不同材料的电池极片的处理方法不同，主要分为 3 类。

1. 铅酸蓄电池正负极的处理方法

铅酸蓄电池的两个电极都是涂膏式极板。在铅合金铸造的网格型骨架上，涂抹铅粉和硫酸等材料合成的铅膏，并做失水处理后，即可形成极板。

扫码学习极片
的处理方法

（1）未被腐蚀的电极、板栅　未被腐蚀的电极、板栅的主要成分为铅锑合金，极板还含有少量钙、铝等元素，因未被腐蚀，其成分基本没有变化。如果废旧铅酸蓄电池的来源较单一，可以重新熔融再铸成极板使用，否则使用 $PbSiF_6+H_2SiF_6$ 作为电解液进行电解精炼，生产电解铅。

（2）铅膏 铅膏的主要成分为 $PbSO_4$、PbO_2、Pb、PbO，需要通过冶金手段进行处理后回收。回收手段分为火法冶炼和湿法冶炼两种。

1）火法冶炼：废旧铅酸蓄电池的铅膏回收方法主要是借鉴铅冶炼工艺手段，利用氧化-还原熔炼法，在鼓风炉和反射炉内进行氧化还原熔炼。反应时除加入焦炭作为还原剂外，还需加入一些铁屑、碳酸钠、石灰石、石英、萤石等作为造渣剂，使锡、锑等杂质进入渣系。因为铅膏与一般铅精矿相比成分简单、含硫量少，且杂质较为简单，所以处理起来较容易。火法冶炼的特点是流程短、处理量大，但回收率较低、污染大、铅的品质不高。

2）湿法冶炼：可分为脱硫、还原、电解 3 个部分。首先，铅膏用 $(NH_4)_2CO_3$ 和 NaOH 进行脱硫反应；然后进行还原反应，主要是将 PbO_2 还原成 PbO，可采用 Na_2SO_3 作为还原剂；最后将沉淀过滤出来，用硅氟酸溶解，作为电解液，采用石墨或涂有 PbO_2 的钛板作为阳极，用铅或不锈钢板作为阴极。电解时，阴极上析出铅。回收的铅纯度可达到 99.9% 以上，回收率在 95% 以上。湿法冶炼的副产品为 Na_2SO_4，特点是回收率高、铅产品纯度高、污染较小、浸出液可循环利用，但流程较长、设备维护费用较高。

2. 废旧镍氢电池正负极分开处理技术

由于废旧镍氢电池的正负极板、隔膜等构件较易分离，因此正负极分开处理技术引起了人们的重视。其处理过程总体上是先将镍氢电池的各组件分离，然后对不同类型的材料采用不同的方法进行处理。对于正极活性物质，先将其浸在酸溶液中，经沉淀分离与电沉积，可有效回收其中的镍、钴等金属。对负极材料的处理与湿法冶金技术相似。镍氢电池采用正负极分开处理技术进行回收利用具有投资少、效率高等优点。

（1）正极常用处理技术 正极材料中主要的有价金属元素为镍和钴，这两种金属在正极中的含量总和接近 70%。由于两者性质十分相近，两者的分离一直是研究人员探讨的问题。目前，常用的镍钴分离技术如下。

1）萃取法：先将 2 价钴氧化成 3 价，并与某些配位体（如 NH_3 等）形成稳定的配合物，使钴不被萃取而与镍分离。这种方法的缺点是需加入大量的氧化剂和长时间通气，且钴不易被完全氧化。

2）离子交换法：利用镍和钴对离子交换树脂交换剂的亲和力差异进行分离。由于镍离子和钴离子的半径相近，对交换剂的亲和力差别较小，因此该方法分离镍和钴也不彻底。

3）化学沉淀法：依据镍和钴电极电位的差异（2 价钴易被氧化成 3 价，并迅速水解形成 $Co(OH)_3$ 沉淀，而镍不发生类似反应）实现两者的分离。该方法的缺点是要对 pH 值严格控制，其值稍有变化，就会引起镍的共沉淀，从而不能进行有效分离。

（2）负极常用处理技术 负极材料中除了含有大量的镍、钴有价金属外，还含有大量的镧、铈和钕等轻稀土元素。这些稀土元素价格昂贵，同样具有巨大的回收价值。将废旧镍氢电池的外壳剥开，从电池芯中分选出负极片，用超声波振荡和其他物理方法得到失效负极粉，再经化学处理得到处理后的负极粉，将此负极粉压片，在非自耗真空电弧炉中反复熔炼 3~4 次。除去熔炼铸锭表面的氧化层，将其破碎并混合均匀后，用电子耦合等离子体法（Inductive Coupled Plasma, ICP）方法测其混合稀土、镍、钴、锰、铝各元素的含量，根据贮氢合金元素流失的不同，以镍元素的含量为基准，补充其他必要元素，再进行冶炼，最终得到性能优良的回收合金。

目前常用的负极回收方法是先将负极材料进行酸浸，常用的酸有硫酸、盐酸和硝酸，也有利用浓硫酸和浓硝酸混合进行浸提。利用硫酸浸出时，浸出液中通常加入硫酸钠与稀土硫酸盐，形成复盐沉淀，从而分离稀土和镍、钴。然后，再利用正极镍、钴分离的方法对镍、钴分别进行回收。使用盐酸进行浸提时，主要利用萃取法分离稀土和镍、钴。负极处理流程如图 7-22 所示。

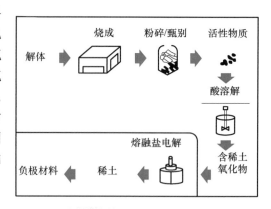

图 7-22　负极处理流程

3. 锂离子蓄电池的电极处理方法

目前，废旧锂离子蓄电池的资源化研究主要集中于价值较高的正极贵重金属钴和锂的回收，对负极材料的分离回收研究较少。基于锂离子蓄电池正负极结构及其组成材料（铜与碳粉）的物料特性，通常采用锤振破碎、振动筛分与气流分选组合工艺对废旧锂离子蓄电池正负极片中的铝箔、铜箔与正负极材料进行分离处理，以达到循环利用的目的，实现对废旧锂离子蓄电池正负极材料中金属与碳粉的资源化利用，如图 7-23 所示。

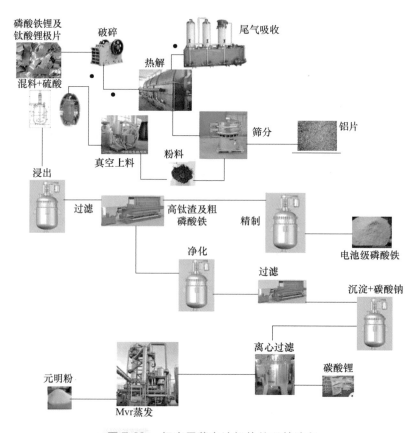

图 7-23　锂离子蓄电池极片处理的流程

（1）正极处理技术　目前，国内新能源汽车多数搭载三元锂电池。与磷酸铁锂电池相比，三元锂电池的寿命较短、循环性能欠佳，且存在一定安全风险，不适宜用于储能电站、通信基站后备电源等应用环境复杂的梯次利用领域。因此，业界倾向将三元锂电池进行拆解利用。三元锂电池的正极中含有镍、钴、锰等稀有金属（三元材料中金属的总含量高达47%），通过拆解提取其中两极的锂、钴、镍、锰、铜、铝、石墨、隔膜等材料，具有经济可行性。

废旧三元锂电池主要采用破碎分选的方法进行拆解，其工艺流程依次为投入电解质溶液进行盐水放电、机械破碎、粒径分选、密度分选等。废旧三元锂电池的极片处理流程如图7-24所示。

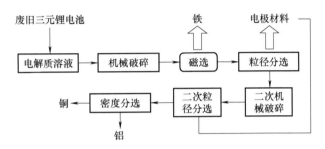

图7-24　废旧三元锂电池的极片处理流程

（2）负极处理技术　负极材料经过锤振破碎可有效地实现碳粉与铜箔间的相互剥离，再经基于颗粒间尺寸差和形状差的振动过筛可使铜箔与碳粉得以初步分离。锤振破碎与振动过筛的结果显示，铜与碳粉分别富集于粒径大于0.250mm和粒径小于0.125mm的粒级范围内，品位分别高达92.4%和96.6%，可直接送下游企业回收利用。对于粒径为0.125～0.250mm且铜品位较低的破碎颗粒，可采用气流分选实现铜与碳粉间的有效分离，当气流速度为1.00m/s时即可取得良好的回收效果，其中金属铜的回收率可达92.3%，品位可达84.4%。锤振破碎、振动过筛设备在负压状态下运作，无粉尘外泄，分离效率可达98%以上。

任务实施 ▸

一、任务准备

1. 进行任务分组，每5～8个人为一组。

2. 选出小组长，进行任务分工，查阅相关资料，最好能对市场及相关企业进行调查。

二、实施步骤

步骤1：请将图7-25补充完整。

步骤2：电池电芯的分解方法主要是预处理——（　　　　　　）——（　　　　　　）。

步骤3：结合本任务的"相关知识"，分组讨论极片的处理方法，总结提炼后完成表7-2。

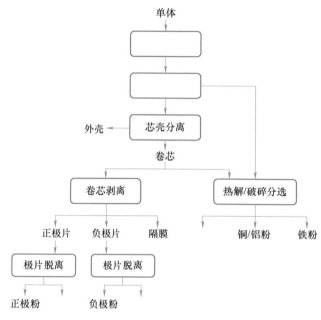

图 7-25　任务实施图

表 7-2　记录表

序号	内　容	具 体 方 法
1	废旧铅酸蓄电池的正负极处理方法	
2	废旧镍氢电池正负极分开处理技术	
3	废旧锂离子蓄电池的电极处理方法	

任务三　电池材料废弃物回收利用处理

学习目标 ▶

➢ 知识目标
1. 了解电池材料废弃物回收利用的原辅料与设备。
2. 了解电池材料废弃物回收利用的处理条件与工艺要求。
3. 了解电池材料废弃物回收利用的工艺流程与工艺控制要求。
4. 了解回收电池材料废弃物过程中的环境保护与安全要求。

➢ 技能目标
1. 具备正确说出电池材料废弃物回收所涉及的设备的能力。
2. 具备实践电池材料废弃物回收工艺要求的能力。
3. 具备实践电池材料废弃物回收工艺的环境保护要求的能力。

素养目标

1. 通过了解电池材料废弃物的回收再利用，树立资源可持续发展观。
2. 结合本任务介绍的工艺环境保护要求，增强绿色环保意识。
3. 结合邦普循环企业案例，增强科学科技素养。
4. 通过了解不同电池材料废弃物的处理工艺，增强信息加工扩展能力。
5. 通过了解回收工艺中的原辅料和设备，养成终身学习新知识的能力。
6. 通过了解工艺控制要求，培养严谨细致的工作态度。

任务导入 ▶

中国是电池生产和消费大国，电池产业链中涉及的材料种类多、数量大，每年电池材料废弃物量达数十万吨，且其中具有回收价值的金属以镍、钴、锰、铅、铜、铝为主，含量远高于原生矿石。若随意丢弃，或者进行不规范的回收，不仅浪费资源，还会给环境带来二次污染。你了解电池材料废弃物回收工艺吗？

扫码学习电池材料废弃物回收利用的工艺流程

相关知识 ▶

一、电池材料废弃物回收利用的原辅料与设备

1. 铅酸蓄电池材料废弃物

（1）定义 根据《废铅蓄电池处理污染控制技术规范》（HJ 519—2020）中的规定，铅酸蓄电池材料废弃物指铅酸蓄电池在生产环节产生的含铅的废渣、集尘装置收集的含铅粉尘、废水处理污泥、质量不合格的废极板和极群、报废的铅膏、运输过程中损坏的极板，以及废旧电池拆解过程中产生的废电解液、废铅板、废铅栅、废塑料、粉状或膏状含铅废料等。

（2）原辅料和设备

1）原辅料主要包括氨水、氢氧化钠、无水硫酸钠、氯化钠、碳酸钠、铁屑、乙醇、碳酸铵、硫酸亚铁、氟硅材料、苹果酸钠、柠檬酸钠、海藻酸钠、硅烷偶联剂 KH550、1,3-金刚烷二乙酸、邻联甲苯胺砜、二甲亚砜、多聚磷酸等。

2）主要设备包括破碎分选装置、热解炉、搅拌机、压滤机、反应装置、贮存装置、废气处理装置、废水处理装置、废渣收集设备等。

2. 镍氢电池材料废弃物

（1）定义 根据《镍氢电池材料废弃物回收利用的处理方法》（GB/T 33062—2016）中的规定，镍氢电池材料废弃物（Nickel-metal Hydride Battery Material Wastes）是指镍氢电池生产过程中产生的不合格极片、报废极片，以及电极材料废弃的浆料、粉末等，主要含有球形氢氧化镍贮氢合金粉、泡沫镍等。

（2）原辅料和设备

1）原辅料主要包括硫酸、盐酸、硝酸、过氧化氢、氨水、氢氧化钠、无水硫酸钠、硫酸钾、硫酸铵、铁粉、氯酸钠、碘化煤油、二(2,4,4-三甲基戊基)膦酸（Cyanex272）、单

2-乙基已基酯（P507 或 PC-88A）、二（2-乙基已基）磷酸酯（P204）、5-壬基水杨酸肟（Acorga M5640）、三辛胺（7301 或 TOA）等。

2）设备主要包括破碎分选装置、热解炉、搅拌机、压滤机、反应装置、贮存装置、废气处理装置、废水处理装置、废渣收集设备等。

3. 锂离子蓄电池材料废弃物

（1）定义　根据《锂离子电池材料废弃物回收利用的处理方法》（GB/T 33059—2016）中的规定，锂离子蓄电池材料废弃物（Lithium Ion Battery Material Wastes）是指锂离子蓄电池生产过程中产生的不合格极片、报废极片，以及电极材料废弃的浆料、粉末等，主要含有四氧化三钴、镍钴锰氧化物、镍钴锰氢氧化物、钴酸锂、锰酸锂、镍钴锰酸锂等。

（2）原辅料和设备

1）原辅料主要包括硫酸、盐酸、硝酸、过氧化氢、氨水、氢氧化钠、磺化煤油、二（2,4,4-三甲基戊基）膦酸（Cyanex272）、2-乙基已基膦酸-2-乙基已基酯（P507 或 PC-88A）、二（2-乙基已基）磷酸酯（P204）、三辛胺（7301 或 TOA）等。

2）主要设备包括破碎分选装置、热解炉、搅拌机、压滤机、反应装置、贮存装置、废气处理装置、废水处理装置、废渣收集设备等。

二、处理条件与工艺要求

1. 铅酸蓄电池废料

铅酸蓄电池废料电解沉积过程的处理条件及工艺要求如下。

1）滤渣在浸出槽中用氟硅酸浸出，得到电解液。浸出条件温度为 25~45℃，时间为 30~60min。

2）电解液经循环槽、高位槽进入电解槽进行电解。电解时，槽电压控制在 2.2~2.5V。

3）电解后的贫电解液返回浸出槽进行浸出。

2. 镍氢电池废料

镍氢电池废料的处理条件及工艺控制要求如下。

（1）热处理条件　热处理温度为 400~600℃，热处理时间为 0.5~1h。

（2）浸出条件

1）浸出溶剂为无机酸（硫酸、盐酸等）和助剂（过氧化氢等）的混合溶液。其中，无机酸（以 H^+ 计）的浓度为 1.5~3mol/L，助剂（以 H_2O_2 计）的浓度为 2~5mol/L。

2）浸出时间为 6~12h。

3）浸出温度为 70~90℃。

4）固液比为 1:5~1:10。

5）搅拌强度为 80~150rad/min。

（3）稀土回收条件　温度为 40~80℃，pH 值为 1.5~2.5，沉淀剂为碱性硫酸盐。

（4）pH 调节条件　温度为 80~90℃，pH 值为 4.0~4.5。

3. 锂离子蓄电池废料

锂离子蓄电池废料的处理条件及工艺控制要求如下。

（1）热处理条件　热处理温度为 400~600℃，热处理时间为 0.5~1h。

（2）浸出条件

1）浸出溶剂为无机酸（硫酸、盐酸等）和助剂（过氧化氢等）的混合溶液。其中，无机酸（以 H⁺计）的浓度为 1.5~3mol/L，助剂（以 H_2O_2 计）的浓度为 2~5mol/L。

2）浸出时间为 6~12h。

3）浸出温度为 70~90℃。

4）固液比为 1∶10~1∶5。

5）搅拌强度为 80~150rad/min。

三、电池材料废弃物回收利用的工艺流程与工艺控制要求

1. 铅酸蓄电池废料的回收利用

铅酸蓄电池废料回收利用的主要处理方法指对废旧铅酸蓄电池进行除污、拆解、物料分选、冶炼，通过分离、富集实现硫酸、硫酸盐、铅单质的回收。在废旧铅酸蓄电池再利用过程中，铅污染物主要有两种存在形式：烟尘和粉尘。极细小的铅烟尘在 500℃ 以上的条件下形成，因而较大颗粒的铅粉尘就成了主要污染物。铅粉尘经呼吸道最终会到达人体的血液，最后大约 90% 积累在人体骨骼中，可能造成贫血、腹痛和脉搏减弱，导致神经、代谢、生殖等方面的疾病，严重时会致人死亡。废旧铅酸蓄电池中的废酸处理不当，流入农田，会导致农作物的大量死亡。

（1）铅酸蓄电池废料的处理方法

1）酸性电解液和溢出液处理：通过萃取的方法，有些工艺可以用于分离电解液中的硫酸，用这些工艺能生产出含游离铅的硫酸，可重新作为电解液回收再利用；可以用 Na_2CO_3 或 $CaCO_3$ 来处理电解液，它们反应产生的含铅沉淀物可通过过滤去除，而剩下的 Na_2SO_4 或 $CaSO_4$ 可进一步提纯和出售；中和后的电解液也应经处理达标后再排放，直接排放未经处理的电解液会对环境造成严重污染，因此要严禁电解液直接排放。除此之外，每个铅回收工厂都应当有污水处理站，目的是处理那些流出回收厂的污水，包括电解中和液、雨水、废旧铅酸蓄电池仓库的溢出液等，这样做可以控制、保护和提高水环境质量。

2）粉尘收集和空气过滤：废旧铅酸蓄电池回收厂在铅回收过程中的所有工序都会排放出一些烟尘，必须经过收集和处理才能将其排放到环境中去。假设一个普通的废旧铅酸蓄电池回收厂每生产 1t 就必须过滤 70t 周围空气，控制这一过程就显得很重要了。那些所谓的"机械性"尘埃，如大颗粒的特殊物质，将它们从空气中过滤掉相对容易。然而处理细小的粉尘是比较困难的，需要运用特别的方法净化空气。可以根据污染治理程度的要求和预算，在较大范围内做出选择。例如，使用布袋除尘器、静电除尘器、湿式静电除尘器、旋风除尘器、陶瓷过滤器和湿式除尘器等方法。总体来说，所有收集好的粉尘都应直接运入冶炼厂，对粉尘中的铅元素进行再回收。

3）SO_2 消除：世界各国制定了相当严格的 SO_2 排放标准，因为它会对环境产生很严重的影响，如产生酸雨腐蚀植被和建筑物。所以，对 SO_2 排放的控制很重要。目前，烟气脱硫技术的种类达几十种，可按脱硫过程是否加水和脱硫产物的干湿形态分为湿法、半干法、干法三大类。一种简单的方法是用 $CaCO_3$ 作为反应物生成含硫石膏的湿式 SO_2 去除装置。

这种化合物既能出售，又能作为浮渣反应物用在炉膛里。但是，即使经过过滤和去除粉尘后，废气中仍残留有少量的尘埃和SO_2。

4）熔炼材料的选择和浮渣的稳定：在铅精炼过程中，炉膛里加入的$CaCO_3$会形成含钙浮渣，同时还会产生少量的碱性浮渣。这些浮渣对环境危害较小，但因需要提高冶炼的工作温度，会导致释放出更多的SO_2，因而增加了环境治理费用。也就是说，冶炼炉的能量消耗费用增加了。另外，$CaCO_3$是一种自然产物，比Na_2CO_3更容易处理，可以降低冶炼成本和避免其他一些问题，因此冶炼材料必须选择好。

浮渣的稳定从根本上来说，保证浮渣的稳定需要很好地控制"熔化——筛分——精炼"各步骤，以达到清洁生产的标准，因为这是整个生产过程中产生废物最多的环节。由于Na_2CO_3的使用会产生含钠的浮渣，没有任何用处，应当送往危险废物填埋场进行处置。另外，含钙浮渣也能用作制备混凝土的原材料，用于修公路和制砖等。因此，对含钙浮渣的综合利用是将来的发展趋势，它能解决大量废物的问题。

5）重有机物的处理：重有机物碎片是由50%的极板隔离物和50%的硬橡胶组成的，其中一半的化学成分是碳，这意味着重有机物可在铅冶炼炉膛中用作还原剂。重有机物用作还原剂可以减少其他添加剂，也可以减少其他污染物的量。然而这也是有一些缺点的，如具有流动性的浮渣减少，产生了焦油和其他一些物质。目前，将重有机物作为还原剂的方法还需进行深入研究。但总体来说，这仍是处理这类废物的好方法。

6）聚丙烯的处理：聚丙烯是一种有较高价值的产品，它使得回收废旧铅酸蓄电池更具效益。因此，塑料的分离和回收具有很高的经济价值。

7）对不可再生废物的处理：铅回收过程中会产生某些不可再生和利用的废物，对这些废物应该妥善处理。这些废物中的铅含量常常高达2%～5%，虽然这其中的铅不一定会浸出，但应作为危险废物进行填埋处置。

（2）回收利用工艺流程　拆解后的废旧铅酸蓄电池物料主要包括塑料外壳、废酸、隔板纸、未被腐蚀的电极、板栅和铅膏，应针对不同物料采用不同的回收技术。

1）塑料外壳：成分为ABS，回收利用流程为破碎→清洗→制粒→成型→再生塑料产品。

2）废酸：加石灰中和。

3）隔板纸：燃烧深埋。

4）未被腐蚀的电极、板栅：主要成分为铅锑合金，现代极板还含有少量钙、铝等元素，因未被腐蚀，其成分基本没有变化，如果废旧铅酸蓄电池的来源较单一，可以重新熔融再铸成极板使用。否则，可铸成阳极板，使用$PbSiF_6+H_2SiF_6$作为电解液进行电解精炼，生产电解铅。

5）铅膏：主要成分为$PbSO_4$、PbO_2、Pb、PbO。该物料需要通过冶金手段进行处理后回收，回收手段分为火法冶炼和湿法冶炼两种。火法冶炼的典型工艺流程如图7-26所示。

湿法工艺有两种，一种是中国科学院工程研究所研制成功的固相电解技术。该工艺先将废旧铅酸蓄电池材料用分离机分成塑料、隔板、板栅和铅泥4个部分。塑料可直接出售；隔板进行无害化焚烧处理；板栅进行低温熔化并调配其成分，制成六元铅合金锭，用于生产新的铅酸蓄电池；铅泥经处理后涂在阴极板上进行电解，将 $PbSO_4$、PbO_2、PbO 等还原成铅，再经熔化、锭铸，供给铅酸蓄电池生产厂使用。固相电解技术的工艺流程如图 7-27 所示。

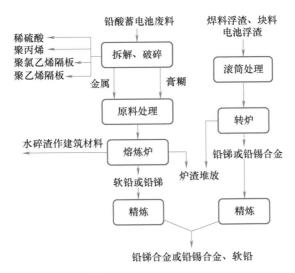

图 7-26 火法冶炼的典型工艺流程

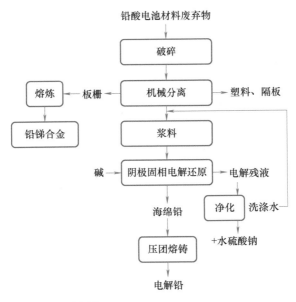

图 7-27 固相电解技术的工艺流程

另一种湿法工艺是沈阳环境科学研究院自主研发的预脱硫-电解沉积工艺，其流程如图 7-28 所示。该工艺是对铅泥预先进行脱硫处理，使硫酸液再生；然后对脱硫料进行酸性浸出，用富铅电解液进行电解沉积，得到析出铅，最终通过熔铸得到铅锭；贫电解液返回浸出工序。

（3）工艺控制要求

1）电铅的纯度大于 98%，符合 1 号电铅标准。

2）铅基合金可根据用户需要，调整合金成分。

3）硫酸钠符合 GB 3009—2014 标准，可在造纸工业中用于制造硫酸盐纸浆，在玻璃工业中代替纯碱，或在染料工业中用作填充剂。

4）稀硫酸的密度为 $1.2 \sim 1.4 t/m^3$。

5）塑料颗粒化，重新做铅酸蓄电池外壳。

6）铅回收率达 95%~97%。

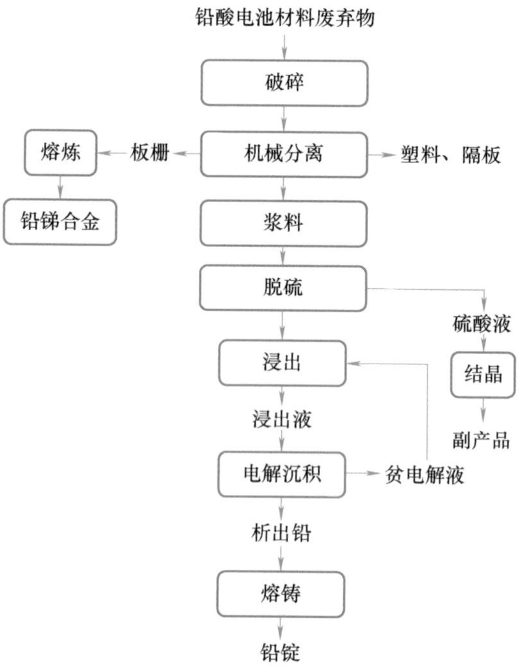

2. 镍氢电池废料的回收利用

镍氢电池废料回收利用的主要处理方法是将镍氢电池废料中的金属铜利用机械物理法分离回收，并将其他金属及其化合物溶于酸，转化为易溶于水的离子形态，通过分离、富集实现稀土、镍的回收。

（1）工艺流程

1）对镍氢电池废材进行粗破。

2）粗破后的物料经热处理去除隔膜、黏结剂等。

图 7-28　预脱硫-电解沉积工艺流程

3）热处理后应直接采用机械法对物料进行分离，回收铜、泡沫镍。

4）分离后的剩余物料应先进行酸溶，对得到的溶液进行镍、稀土元素的回收。

5）回收稀土复盐后的溶液经萃取、反萃回收得到镍盐纯化液，可用于生产化工镍盐、合成电池生产原料等。

6）镍氢电池废料经碱性硫酸盐沉淀后得到稀土复盐，通过电冶金方法加工获得各稀土元素。

7）镍氢电池废料的湿法回收处理工艺流程如图 7-29 所示。

（2）工艺控制要求

1）通过热处理去除镍氢电池废材中的隔膜、黏结剂等，去除率应不低于 99%。

2）通过机械分离获得铜，回收率应不低于 90%。

3）控制浸出工艺条件，镍氢电池废材中镍元素的浸出率应不低于 99%，稀土元素的浸出率应不低于 95%。

4）采用碱性硫酸盐法沉淀浸出液中的稀土元素，各稀土元素的回收率应不低于 95%。

5）采用调节 pH 和萃取除杂工艺，铜、铁铝、钙、镁等的去除率应不低于 99%。

6）采用萃取法分离并提纯镍元素，镍元素的损失率应不高于 1%，回收率应不低于 98%。

3. 锂离子蓄电池废料的回收利用

主要处理方法是将锂离子蓄电池废料中的金属铜、铝利用机械物理法分离回收；将其他金属及其化合物溶于酸，转化为易溶于水的离子形态，通过分离、富集实现镍、钴、锰的回收。

（1）工艺流程

1）锂离子蓄电池废料应先进行粗破。

2）粗破后的负极材料采用机械法分离回收铜。

3）粗破后的正极材料通过热处理去除其中的隔膜、黏结剂等。

4）热处理后直接采用机械法分离并回收铝。

5）分离后的剩余物料进行酸溶，得到的溶液经净化、萃取、反萃进行镍、钴、锰元素的回收，得到的镍、钴、锰盐纯化液可用于生产化工盐、合成电池生产原料等。

6）锂离子蓄电池废料的湿法回收处理工艺流程如图 7-30 所示。

（2）工艺控制要求

1）通过热处理去除锂离子蓄电池废料中的隔膜、黏结剂等，去除率应不低于 99%。

2）通过机械分离获得铜、铝，回收率应不低于 90%。

3）控制浸出工艺条件，锂离子蓄电池废料中镍、钴、锰元素的浸出率均应不低于 99%。

4）经净化、萃取分离并提纯镍、钴、锰元素，镍、钴、锰元素的损失率均应不高于 1%。

5）利用湿法回收处理工艺处理锂离子蓄电池废材，其中镍、钴元素的回收率均应不低于 98%，锰元素的回收率应不低于 95%。

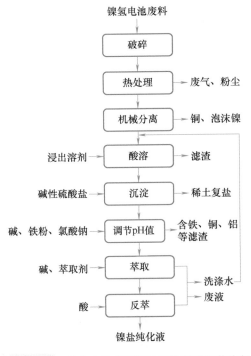

图 7-29 镍氢电池废料湿法回收处理工艺流程

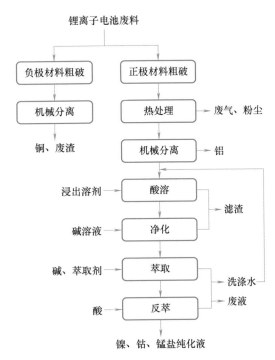

图 7-30 锂离子蓄电池废料湿法回收处理工艺流程

四、环境保护与安全要求

1. 废旧铅酸蓄电池回收安全环保要求

废旧铅酸蓄电池资源再生利用过程中产生的废气、废水、噪声等的防治与排放，应贯彻执行国家现行的环境保护法规和标准。再生铅厂建设应贯彻执行《中华人民共和国职业病防治法》，应符合国家职业卫生标准的工作环境和条件，在制定再生铅厂污染物治理措施前应落实污染源的特性和产生量。

废旧铅酸蓄电池的资源再生装置应设置尾气净化系统、报警系统和应急处理装置，废气排放应当参照执行《危险废物焚烧污染控制标准》（GB 18484）中大气污染物排放限值。废旧铅酸蓄电池资源再生厂应设置污水净化设施，工厂排放废水应当满足《污水综合排放标准》（GB 8978）和其他相应标准的要求；产生的工业固体废物（包括冶炼残渣、废气净化灰渣、废水处理污泥、分选残余物等）应按危险废物进行管理和处置；主要噪声设备，如破碎机、泵、风机等应采取基础减振、消声及隔声措施，厂界噪声应符合《工业企业厂界噪声标准》（GB 12348）要求。清洁生产标准中的"六类"指标要求（生产工艺与装备要求、资源能源利用指标、产品指标、污染物产生指标、废物回收利用指标和环境管理要求）的具体原则体现在如下 5 个方面。

1）符合清洁生产标准编制要求的原则。按照国家现行通用的清洁生产标准（分为 6 类指标要求），并综合考虑废旧铅酸蓄电池的铅回收再生利用生产实际，采用定性、定量相结合的方式编制。

2）符合清洁生产的思路，体现生产全过程以预防为主的原则。符合产品生命周期分析理论的要求，充分体现全过程污染预防思想，并覆盖从原材料的选取到生产过程和产品的处理处置的各个环节。

3）考虑清洁生产水平，因地制宜，分阶段实施原则。根据生产特点，特别是生产设备和原材料来源不同，技术经济指标不同；考虑到要调动大多数企业的积极性，以及今后进行清洁生产企业的绩效评定和公告制度的需要，制定清洁生产标准，并确定相应的清洁生产分级。

4）符合产业政策和铅回收业发展趋势要求的原则。促进废旧铅酸蓄电池的铅回收向物料定量化、生产规范化、检验标准化发展，向生产清洁型、技术先进型发展。

5）与现行管理制度相结合的原则。充分考虑铅回收业的生产工艺特点，与国内现行环境管理制度（环境影响评价、限期治理、排污许可证）相结合，以环境保护为重点，作为污染预防战略的技术支持。

2. 镍氢电池回收安全环保要求

镍氢电池电极材料中的镉、铅、汞等重金属元素含量不及镍镉电池高，因此被称为"环保电池"。但废旧镍氢电池对环境还是有危害的，危害源主要是电解液，还有重金属的污染。电解液会影响土壤里水系的 pH 值，使土壤和水系酸性化或碱性化。镍氢电池中含有的重金属离子会在土壤或水中溶解，并被树木、花草等植物的根系吸收，当牲畜以及人类食用这些植物时，身体内就会含有重金属。人类食用了含重金属的粮食、蔬菜、肉类和水，重金属就会在人体内聚集。由于重金属离子在人体内很难被排出，因此会危害人的神经系统及肝脏功能。

镍的毒性相较镉而言较小，但镍的含量超过一定浓度范围时，会对人体产生不良影响和危害，镍中毒主要引起呼吸系统损害，严重者神志模糊或昏迷，并发心肌损害。

钴是人体和植物所必需的微量元素之一。在人体内，钴主要通过形成维生素 B 发挥生物学作用及生理功能，但水中钴含量超过一定值时，会对水的色、嗅、味等性能指标产生影响，并有中毒和致癌作用。灌溉用水中钴的浓度为 $0.1 \sim 0.27 \text{mg/L}$ 时，会对西红柿等植物产生毒害作用，硫酸钴的浓度为 2mg/L 时可使农作物生长减缓，甚至枯萎；水体中的钴含量达到 0.9mg/L 时，会危害水体的自净能力，钴含量高达 $7.0 \sim 15.0 \text{mg/L}$ 时则会导致鱼类死亡。

随着人们环保意识的逐渐提高，全社会对镍、钴等元素的排放限制将越来越严，美国加利福尼亚州的环保法已对镍的最大溶出量做了规定，镍的最大允许溶出量（20mg/L）是其最大溶出量（$320 \sim 900 \text{mg/L}$）的 $\frac{1}{16} \sim \frac{1}{45}$，限制是非常严格的；欧洲各国规定的镍的最大溶出量更低，为 2mg/L。各国环境保护法对金属排放量的限制必然促进废旧镍氢电池的回收。

镍氢电池废料回收利用工艺流程中的环境保护和安全要求如下。

1）镍氢电池废料应根据形态不同，按《电池废料贮运规范》（GB/T 26493—2011）中的规定进行分类包装、运输、贮存。

2）企业在回收利用过程中产生的废水，经处理后钴离子排放浓度应满足《铜、镍、钴工业污染物排放标准》（GB 25467—2010）的要求，其他离子排放浓度应满足《电池工业污染物排放标准》（GB 30484—2013）的要求。

3）回收利用过程中产生的固体废物应按《危险废物鉴别标准》（GB 5085.7—2019）的规定进行鉴别，并符合下列规定：经鉴别属于危险废物，应按《危险废物贮存污染控制标准》（GB 18597—2001）和《危险废物收集、贮存、运输技术规范》（HJ 2025—2012）的要求进行收集、贮存、运输，并交由有资质单位进行处理；经鉴别属于一般固体废物，应按《一般工业固体废物贮存和填埋污染控制标准》（GB 18599—2020）的要求执行。

4）热处理中产生的废气，经处理后应满足《电池工业污染物排放标准》（GB 30484—2013）的要求。

5）回收利用过程中产生的粉尘，经处理后应满足《大气污染物综合排放标准》（GB 16297—1996）的要求。

6）回收处理企业厂界噪声的排放应满足《工业企业厂界噪声标准》（GB 12348—2008）的要求。

7）回收处理作业区应在配备通风管道（排气、吸尘）和贮存装置的厂房内进行。

8）处理设备和容器应具有安全防护措施。

3. 锂离子蓄电池安全环保要求

目前，我国车用动力蓄电池绝大多数为锂离子蓄电池，锂离子蓄电池虽然不含汞、镉、铅等毒害性较大的重金属元素，但也会带来环境污染。比如，废旧锂离子蓄电池的电极材料一旦进入环境中，可与环境中其他物质发生水解、分解、氧化等化学反应，产生重金属离子、强碱和负极碳粉尘，造成重金属污染、碱污染和粉尘污染。电解质进入环境中，可发生水解、分解、燃烧等化学反应，产生氢氟酸、含砷化合物和含磷化合物，造成氟污染和砷污染。当然，在锂离子蓄电池材料中，也包含不少可以重复利用的材料。有研究表明，回收锂离子蓄电池可节约51.3%的自然资源，包括减少45.3%矿石消耗和57.2%化石能源消耗。

锂离子蓄电池被普遍认为是环保的绿色动力蓄电池，但锂离子蓄电池的回收不当，同样会产生污染。锂离子动力蓄电池的正负极材料、电解液等对环境和人体的影响仍然较大。若采用普通垃圾处理方法处理锂离子蓄电池，如填埋、焚烧、堆肥等，锂离子蓄电池中的钴、镍、锂、锰等金属，以及各类有机物、无机化合物都会造成金属污染、有机物污染、粉尘污染、酸碱污染。锂离子蓄电池的有机转化物，如六氟磷酸锂（$LiPF_6$）、六氟合砷酸锂（$LiAsF_6$）、三氟甲磺酸锂（$LiCF_3SO_3$）、氢氟酸（HF）等溶剂和水解产物［如乙二醇二甲醚（DME）、甲醇、甲酸等］都是有毒物质。因此，废旧锂离子蓄电池需要经过回收处理。

锂离子蓄电池废料回收利用工艺流程中的环境保护和安全要求如下。

1）锂离子蓄电池废料应根据形态不同，按《电池废料贮运规范》（GB/T 26493—2011）的规定进行分类包装、运输、贮存。

2）企业在回收利用过程中产生的废水须经处理，其钴离子排放浓度应按《铜、镍、钴工业污染物排放标准》（GB 25467—2010）的要求执行，其他离子排放浓度应按《电池工业污染物排放标准》（GB 30484—2013）的要求执行。

3）回收利用过程中产生的固体废物应按《危险废物鉴别标准　通则》（GB 5085.7—2019）的规定进行鉴别，并符合下列规定：经鉴别属于危险废物，应按《危险废物贮存污染控制标准》（GB 18597—2001）和《危险废物收集、贮存、运输技术规范》（HJ 2025—2012）的要求进行收集、贮存、运输，并交由有资质的单位进行处理；经鉴别属于一般固体废物，应按《一般工业固体废物贮存和填埋污染控制标准》（GB 18599—2020）的要求执行。

4）热处理中产生的废气经处理后应符合 GB 30484—2013 的要求。

5）回收利用过程中产生的粉尘，经处理后应符合《大气污染物综合排放标准》（GB 16297—1996）的要求。

6）回收处理企业厂界噪声的排放应符合《工业企业厂界噪声标准》（GB 12348—2008）的要求。

7）回收处理作业区应在配备通风管道排气、吸尘和贮存装置的厂房内进行。

8）处理设备和容器应具有安全防护措施。

综上所述，针对电池废弃物回收的环境影响和安全问题等方面，我们应该遵守电池回收的 3R（Redesign、Reuse、Recycle）策略和 4H（High efficiency、High economic return、High environmental benefit、High safety）原则，如图 7-31 所示。

图 7-31　电池回收的 3R 策略和 4H 原则

任务实施 ▶

一、任务准备

1. 进行任务分组，每 5~8 个人为一组。
2. 选出小组长，进行任务分工。

二、实施步骤

步骤 1：每个小组进行讨论，并选出代表说说"铅酸蓄电池废料回收利用的主要处理方法指对废旧铅酸蓄电池进行除污、拆解、物料分选、冶炼，通过分离、富集实现硫酸、硫酸盐、铅单质的回收。"这句话是否完全正确？若不正确，请查阅相关资料进行纠正；若正确，请详细说说进行以上过程需要注意哪些事项。

步骤 2：查阅相关资料，以小组为单位，每组派一位代表简述废旧铅酸蓄电池中的废酸若处理不当会造成怎样的危害，并记录在表 7-3 中。

表 7-3　记录表 1

序号	废旧铅酸蓄电池中废酸处理不当会造成的危害
1	
2	
3	

步骤 3：查阅相关资料，以小组为单位，讨论"镍氢电池废料回收利用的工艺流程"与"锂离子蓄电池废料回收利用的工艺流程"的异同，并完成表 7-4。

表 7-4　记录表 2

序号	镍氢电池废料回收利用的工艺流程	锂离子蓄电池废料回收利用的工艺流程	异　同　点
1			
2			
3			
4			
5			
6			
7			
8			

参 考 文 献

［1］韩路，等. 动力电池梯次利用研究进展［J］. 大众用电，2014（3）：548-549.

［2］郑漳华. 储能技术在电网中的应用发展［J］. 国家电网，2016（5）：101-102.

［3］杨见青，等. 我国废弃磷酸铁锂电池的资源化研究［J］. 环境工程，2017（2）：127-132.

［4］张彬，等. 废旧镍氢电池回收再利用研究［J］. 环境科学与技术，2014（1）：135-143.

［5］赵鸿滨. 纯电动车电池的发展现状和前景［J］. 电源技术，2015（3）：631-632，646.

［6］宋勇华，等. 电动汽车电池的现状及发展趋势［J］. 电网技术，2011（4）：2-5.

［7］焦庆峰，等. 动力电池的发展历程［J］. 大众用电，2001（4）：21.

［8］李肖肖. 废旧动力锂离子电池回收的研究进展［J］. 电池，2017（2）：55-58.

［9］朱广燕，刘三兵，等. 动力电池回收及梯次利用研究现状［J］. 电源技术，2018（7）：239-241.

［10］朱国才，何向明，等. 废旧锂离子电池的拆解及梯次利用［J］. 新材料产业，2017（9）：43-46.

［11］吴越等. 废旧锂离子电池中有价金属的回收技术进展［J］. 稀有金属，2013（3）：320-329.

［12］李建波，等. 废旧锂离子电池回收的研究现状［J］. 稀有金属，2017（9）：201-212.

［13］张贵萍，等. 锂离子电池成组技术及其连接方法简述［J］. 新材料产业，2016（5）：38-43.

［14］马伟强，张彩萍，等. 梯次利用车用电池储能系统初探［J］. 科技视界，2012（7）：70-71.

［15］韩业斌，等. 废旧锂电池回收处理研究［J］. 中国资源综合利用，2013（7）：31-33.

［16］华政，等. 电动汽车电池的发展现状与趋势［J］. 化工进展，2017（7）：2874-2881.

［17］周涛，等. 从废旧钴镍锰酸锂电池中回收有价金属的新工艺［J］. 徐州工程学院学报：自然科学版，2017（3）：6-12.

［18］王刚，赵光金，等. 动力锂电池梯次利用与回收处理［M］. 北京：中国电力出版社，2015.

［19］周志敏，纪爱华. 电动汽车动力电池梯次利用与回收技术［M］. 北京：化学工业出版社，2019.

［20］李丽，姚莹，等. 锂离子电池回收与资源化技术［M］. 北京：科学出版社，2021.

［21］张勇耀，项文勤，赵文娟. 废旧锂离子电池电解液回收研究［J］. 浙江化工，2018，49（8）：12-15.

［22］刘展鹏，郭扬，贺文智. 废锂电池负极活性材料中锂的浸提研究［J］. 环境科学与技术，2015，38（S2）：93-95，99.

［23］程前，张婧. 废锂电池负极全组分绿色回收与再生［J］. 材料导报，2018，32（20）：3667-3672.

［24］黎宇科，郭淼，严傲. 车用动力电池回收利用经济性研究［J］. 汽车与配件，2014，（24）：48-51.

［25］郭家昕，叶锦和，王之元，等. 新能源汽车动力电池回收面临困境及解决方案［J］. 时代汽车，2018，299（8）：49-50.

［26］杨国亮，齐同启，柳熹，等. 纯电动汽车高压电气系统安全设计［J］. 汽车工程师，2015（11）：41-44.

［27］严永利. 电动汽车高压电气系统分析与安全防护设计［J］. 探索科学，2016（6）：68-69.